本師釋迦牟尼佛

晉美彭措法王如意寶

心一堂彭措佛緣叢書・索達吉堪布仁波切譯著文集

旅途腳印

仁波切365天的心路歷程

索達吉堪布仁波切　著

索達吉

書名：旅途腳印——仁波切３６５天的心路歷程
系列：心一堂彭措佛緣叢書・索達吉堪布仁波切譯著文集
作者：索達吉堪布仁波切
責任編輯：陳劍聰

出版：**心一堂有限公司**
地址/門市：香港九龍尖沙咀東麼地道六十三號好時中心LG六十一室
電話號碼：(852)2781-3722 (852) 6715-0840
傳真號碼：(852)2214-8777
網址：www.sunyata.cc
電郵：sunyatabook@gmail.com
心一堂 彭措佛緣叢書論壇： http://bbs.sunyata.cc
心一堂 彭措佛緣閣： http://buddhism.sunyata.cc
網上書店： http://book.sunyata.cc

香港及海外發行： 利源書報社
地址：香港新界大埔汀麗路36號中華商務印刷大廈地下
電話號碼：(852)2381-8251
傳真號碼：(852)2397-1519

台灣發行：秀威資訊科技股份有限公司
地址：台灣台北市內湖區瑞光路七十六巷六十五號一樓
電話號碼：(886)2796-3638
傳真號碼：(886)2796-1377
網絡書店：www.govbooks.com.tw
經銷：易可數位行銷股份有限公司
地址：新北市新店區中正路542之3號4樓
電話號碼：(886)82191500
傳真號碼：(886)82193383
網址：http://ecorebooks.pixnet.net/blog

中國大陸發行 零售：心一堂 彭措佛緣閣
深圳流通處：中國深圳羅湖立新路六號東門博雅負一層零零八號
電話號碼： (86)0755-82224934
北京地流通處：中國北京東城區雍和宮大街四十號
心一堂官方淘寶流通處： http://shop35178535.taobao.com/

版次： 二零一二年五月初版，平裝

	港幣	九十八元正
定價：	人民幣	八十元正
	新台幣	四百八十元正

國際書號 ISBN 978-988-8058-81-5

自序

總算是交稿了，我長長地舒了一口氣。

這本虎頭蛇尾的日記，差一點胎死腹中，能有今天的誕生，真可謂一波三折。今天，這位幽居「深閨」待嫁近兩年的「黃花閨女」，終於邁著「半老徐娘」的姍姍步子，羞羞答答地出來面見「公婆」了。但直到此刻，左右搖擺的念頭還在大腦中盤旋，使我對是否最終付梓仍然猶豫不決。恐怕在若干年後，我真的會為今天的一念之差而後悔。

當初動筆寫這些日記，是因為身居廈門，瑣事鮮少，閑來之餘，偶爾翻看金厄瓦．羅珠堅參撰寫的《開啟修心門扉》，每每感慨良多：如此之清涼盛宴，如果私自獨吞，實在是不合情理。不如每日從中摘錄一些妙言佳句，與他人共同分享，這樣就可起自他二利兼具的事半功倍之效，何樂而不為？

日記的雛形就在這樣的情況下形成了。但令人尷尬的是，後來我終於抵不住《門扉》的誘惑，將它徹頭徹尾地翻譯出來了。這樣一來，日記中的很多內容，也就陷入了進退兩難的境地。我曾嘗試著去刪改，但一來精力有限，二來懶惰懈怠，所以一直未能徹底付諸實施。

我為自己找到了一個冠冕堂皇的托詞：我寫日記的目的，主要是為了檢點自己的行為，審視自己的思想，對自己的所作所為進行反思，以促我成長，策我精進，並不是為了博得別人的掌聲和鮮花。既然如此，又何必過分注重形式上的完美呢？更何況，古人也云：「溫故而知

新。」即使將這些內容重看一次，也有百利而無一害，又何必勞神費力地把它改得面目全非呢？有了這個自我開脫的藉口，使我一下子輕鬆了許多。

雖然一開始，我將這本書命名為日記，但在日記所跨越的這段日子裡，卻並非每一天都能有感而發，有的時候因為太忙而靈感枯竭，就不得不日後還帳。但有時卻心潮澎湃、心緒飛揚，紛紜的念頭如同脫韁的野馬，有限的篇幅根本無法控制住我一瀉千里的思緒，我就趁此良機洋洋灑灑地將幾天的任務一氣呵成。

動筆之初，因為時間充裕，幾百字的篇幅根本不在話下，隨心所欲之間便一揮而就，所以也感到躊躇滿志、志在必得。但下半年回到學院後，我就被繁重而瑣碎的雜事所纏繞，想從每天紛亂的頭緒中整理出條理清晰的日記，個中艱辛，實在一筆難述。騎虎難下的我，時常被江郎才盡之感所逼迫。尤其是當我發現在漫長的一年中，居然還有一個閏十月時，驚恐得我幾乎想扔下鍾愛的筆。在道友的鼓勵下，才不得不硬著頭皮，艱難地往前跋涉。我仿佛被債主追得窮途末路的窮鬼，身不由己地四處狼狽逃竄，卻怎麼也逃不掉日日積累的債務。

我沒有精力再應付下去了，只有暫時擱筆。習慣於筆耕不輟的我，終於絞盡腦汁為自己的半途而廢想到一個下臺階：在以後的某個不是很忙的下半年中，將未完成的日記補足，我甚至為將來的作品起好了名字——《730天中的365天》。但是，要想在我的有生之年中，找到一個不太忙的下半年，恐怕是難上其難的。所以，這個願望也就一直未能實現。這本殘缺的日記書稿，就在我的書櫃底層沉睡了將近兩年的時間。

直到2004年1月7日的那個寒冷冬日，三界導師、眾生怙主——法王如意寶，忽然在我們措手不及之間離開了人世。每一位弟子，都一下子跌落在遠甚於痛失親人的悲慟之中。異常沉重的打擊，使脆弱的我幾乎一蹶不振，無依無靠的失落感一次次地鞭打著我傷痛的心。直至荼毗儀式結束，空蕩蕩的心仍然沒有著落。上師用刻骨銘心的現實，給我們上了一堂生動的無常課，使我更真切地體會到萬法的無常。

「不能再等待了！」一個聲音不斷在耳邊響起，叩擊著我那顆幾近麻木的心房，使做著長遠打算的我，放棄了期待日記有朝一日能夠完整的念頭。我翻出了塵封已久的殘稿，漫無目的地翻閱著。在這本日記中，也記載了一些上師的教言，在上師離去之後，更顯得彌足珍貴。如果能早日與大家見面，或許能夠幫助大家度過這段冰冷陰沉的日子。在沒有足夠的興趣與心情的情況下，我只是將文字作了一個簡單的校對，就讓缺胳膊少腿的日記匆匆上路了。它究竟會遇到什麼樣的命運呢？我不禁為它的將來感到擔憂。

世間以筆桿為生的人如恒河沙數，這本寒磣的日記，從文字的角度來評價，趕不上普通的漢族，他們語言上的優勢也足以讓我自愧不如，更何況那些令我望塵莫及的大師們？它只能算得上是一名忠誠的記錄者，像登流水帳一樣地記錄了我的心路歷程，每天頭腦中閃現的一絲絲念頭，與平時生活相關的人和事，反映了一個普通佛教徒真實的思想、生活和感悟，沒有前所未有的高見，沒有深奧晦澀的理論，沒有驚世駭俗的語言。它像一些零碎的音節，組成了一段接近自然但卻並不輝煌的樂章，奏出了我在一年中所經歷的風風雨雨、點點滴滴；它像一隻普通的腳印，記載了我在茫茫無邊的人生沙漠曠野中行進的一個真實片斷。

雖然我曾一再囑咐他人，

不應過分分心於外境，更無須攪入宗派之爭，而應向內觀心。但在這本日記中，除了一些老生常談、鸚鵡學舌之外，也免不了對他人的評價與批判，事後發現，咄咄逼人的語言太多，自揭其短的內容卻太少。書中所推薦的一些自以為殊勝的教言，雖然自己愛不釋手，別人是否會生起同感也很難保證。

每個修行人，在修行的旅途中都會有一些體悟，只是有的人喜歡將其深埋於心而已。正是別人的不願聲張，卻給不甘寂寞的我，提供了一個王婆賣瓜的絕佳機會。《集學論》云:「譬如甘蔗堅硬皮中少有其味，人食皮已，無復能得甘蔗甜味，是故廣說者如甘蔗皮。伎藝者住戲場中別說功勤自以為得。」我這個「自以為得」的「伎藝者」，卻不聽規勸，自不量力地將這個如同懶女人裹腳般的「甘蔗皮」奉獻了出來。

還算是有自知之明的是，如果讓我推薦自己的作品，那一定還是《大圓滿前行引導文》或《入行論》。與聖者的智慧相比，凡夫的分別念實在不能與其相提並論。所以，諸位如果對此不感興趣，儘管將其束之高閣，我實在不願擔當浪費別人時間的罪名。

但是，在你修行的閒暇之中，如果能以翻看這本日記作為消遣方式，應該勝過世間那些以貪嗔癡為主題的娛樂形式。當然，如果能因

這本書，而令你或你身邊的人對三寶生起恭敬之情，對眾生萌發悲憫之心，哪怕只是一剎那，我的一番心血也算是沒有白費了。

我默默地發願：如果這本日記是一道光，我不敢奢望這點寒光能與日月爭輝，只希望它能在無月的夜晚，充當一顆不起眼的星星，為照亮幽冥的黑暗作出一絲微弱的貢獻；如果這本日記是一點清涼，我不敢奢望它能成為橫掃炎夏的秋風，只希望它能在酷熱的夏日，充當一棵不知名的小樹，給煩熱難賴的人帶來些許的涼意；如果這本日記是一劑藥，我不敢奢望這副藥能包醫百病，只希望它能在人們心煩意亂的時刻，充當一支鎮靜劑，讓一顆躁動疾馳的心有片刻的停駐。春歸的大雁，請你告訴我，我的願望能實現嗎？

謹以此書奉獻給與我一同懷念大恩上師的道友們

甲申年正月初三法王如意寶誕辰之日

索達吉恭書于喇榮

目錄

放生

「年歲漸長，體魄日衰，盛年不在，暮境即來。」古羅馬詩人盧克萊修的這句話恰到好處地描繪了我的現狀。歲月之流，即將跨入第40個春秋，常言道「三十而立，四十而不惑。」但作為一名凡夫，要徹底泯滅業惑煩惱，卻絕非一日之寒。人的一生能有多少個365天？眼看生命的時日不多，如何抓住稍縱即逝的時光，使之過得豐盈飽滿？前輩的高僧大德們留下了難以計數的教言，時刻觀察自己的心和行為，每天哪怕是以論典中的一個偈子來約束自己，也必定會有所裨益。在這新一年的開端，忽然產生這樣一個念頭，記下每一天的經歷和感受，時刻提醒自己要珍惜這難得的暇滿人生，或許對自己、對道友們會有一些益處。這就是我寫這本日記的初衷。

今天是藏曆的大年初一，農曆大年初二，街頭洋溢著濃濃的節日氣氛。很多人都穿著今年最流行的唐裝，到農貿市場買各種鮮活的雞鴨魚兔、蝦蟹蟲鳥回家過年，這幾天也是這些可憐眾生最悲慘的日子。我決定以救護生命作為新一年的開端。

剛進農貿市場，就看見

一幕令人觸目驚心的場面。一位青年男子正在以猙獰的神態從竹籠裡抓出一隻鵪鶉，毫不留情地活活將它的羽毛拔掉，可憐的鳥兒發出啁啾的叫聲，這叫聲是那麼的虛弱而短暫，以至於不能讓屠夫產生絲毫的猶豫。很快，它的羽毛被拔光，露出粉紅色的身體，一把鋒利的剪刀剖開了它的腹腔，內臟被掏了出來，頭腳被剪下扔到一邊，所有程式的完成不到一分鐘，被掏空的身體發出微微的顫動，扔在一邊的頭睜著不屈的眼，仿佛在控訴它的委屈:「為什麼？為什麼？」

我不忍心再看下去，買下了所有剩餘的鵪鶉，共150只，送到郊外的閩南佛學院，使之回歸山林。一邊念著放生儀軌，一邊默默地祈禱：但願當地人能廢除「天上龍肉，地下鵪鶉肉」、「吃了鵪鶉肉，活到九十九」的陋習。也希望我的後半生能為放生多做一些貢獻。

今天也是學院持明法會召開的第一天，法王如意寶打電話給學院全體僧眾，希望大家好好念咒，他老人家也將與眷屬一起在成都共修。上師的教導帶給大家莫大的鼓勵和安慰，很多人都流下了激動和思念的淚水。

近一個多月以來，為了聽從醫囑，我不得不離開雪域高原，來到這春色宜人的廈門，獨在異鄉為異客，難免有浪跡天涯、四處飄零之感。回想在學院的美好時光，不由自主地撥通了弟弟的電話，請他把話筒放在喇叭旁，聽筒裡傳出了悠揚的誦經聲，令人心馳神往。我多麼盼望著冰雪消融、春暖花開、草木復蘇的季節能早點到來，美麗的喇榮能春色常在，學院的僧眾們不再遭受嚴寒的襲擊，能在融融春光裡接受佛法甘露的洗禮啊！

希望這一天能早日到來。喇嘛欽！

壬午年正月初一
2002年2月13日

快修

當今很多在家修行人，時常被各種瑣事所纏繞，父母、兒子、工作、家庭……時刻懸懸在念，始終捨不得放棄；而應當以修行為主業的出家人，雖然披上了袈裟，卻整日忙碌於建道場、塑佛像、攝受弟子……執著一些名相上的善事，往內觀的時間實在是微乎其微。這些不正常的現象，令人生出無數感慨：作為一名真正的修行人，應放下外緣，內觀心的本性。這也是歷代大成就者成功的要訣。

《米拉日巴廣傳》中曾有這樣的一段描述：一次，至尊米拉日巴即將返回家鄉，在與瑪爾巴譯師依依惜別之際，譯師贈送了一段金玉良

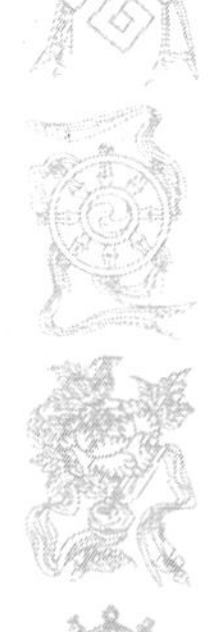

言作為精神口糧:「弟子啊!如果沒有捨棄塵世，將世間瑣事與勝法混為一談，則修法必將荒廢。弟子當思輪回苦，所謂輪回之自性，縱吾幻變生百舌，歷經無邊俱胝劫，不能盡數悉宣說，吾演妙法莫糟蹋。」米拉日巴一直牢記上師言教，離開上師後也依教奉行，最終圓證聖者果位。

不僅佛教的成就者們有此感慨，包括世間的智者，也深知貪戀榮華富貴，浪費大好時光，終將落得一場空的道理。《菜根譚》中云:「一場閑富貴，狠狠爭來，只得還是失;百歲好光陰，忙忙過了，縱壽也為夭。」生死者，呼吸之間也。

學會放下吧!

壬午年正月初二

2002年2月14日

生日

今天是上師如意寶晉美彭措的誕辰之日，若按藏曆的計歲方式計算，他老人家已是七十高齡了。

作為弟子，在相續中生起的哪怕是一絲的慈悲和智慧，無不得益於上師的大悲加持。

且不論上師多生累劫的無量功德，僅於此生，上師就以其無緣大悲度化了難以計數的無邊眾生，利生事業高如須彌。其威名已傳遍東西方，可謂震寰宇、撼三界。上師的無邊功德、無量慈悲、無比恩德，即使窮我一生也

難敘其九牛一毛，概括而言即：具足智慧、悲願廣大、戒律清淨、廣轉法輪。但這單薄蒼白的十六個字，又豈能與上師的巍巍厚德相提並論？

「人活七十古來稀」，如今上師在顯現上已進入老年，並身患各種疾病。然而，度化眾生的事業並未因此而停滯，反而日益增上。即使躺在病床上，他仍不顧年老體衰，為各地信眾摸頂加持，盡心盡力地在他眾的心田中播下善根的種子。

很多地方的弟子都不約而同地在今天大力放生，並祈禱上師長久住世。以上師的加持力，而使無數生靈從寒光凜冽的屠刀下解救出來，如果這些生靈有知，它們該如何表達對這份救命之恩的感激之情？在它們聆聽各種心咒與名號的時刻，它們又該如何傳遞對這份恩情的回報之意？這些信眾們因此而培植的善根，世間的哪一種語言又能貼切地加以描述？……以我淺陋的智慧實在無力想像這一切。他老人家哪怕住世一刻，利益都是不可思議的啊！

今天，來自美國的醫生正在為上師精心治療，我雙手合十，虔誠祈禱，願上師的病體能早日痊癒。使我們能日日蒙受他老人家的大恩加被。喇嘛欽！

壬午年正月初三

2002年2月15日

護士

那個小護士又板著她那張擠不出一絲笑容的臉進來了,「昨天大便幾次?」

住院一個多月以來，每天除了這句例行公事的話，再也沒有多餘的一句問候。我覺得實在可笑:「你為什麼不問問我的病情如何，只問這些無聊的問題?」她抬起那顆高貴的頭顱，白我一眼，便轉身拂袖而去，令我思緒紛紜:

這的確是一個五濁興盛的時代，某些醫院不再以救

死扶傷為宗旨，市場上充斥著假醫生、假藥，人們對金錢的貪婪已經到了無以復加的程度。「白衣天使」的形象早已蕩然無存，醫療部門在一些人的心目中已成了醜惡聚集地的代名詞。我曾親眼目睹病入膏肓之人因不能湊足醫療費而被掃地出門的可憐遭遇。

佛陀當年在因地時，曾親自擔當醫生護士的職責，悉心地照料飽受病痛折磨的患者，以解除眾生的疾苦，用自己做病人12年積累的藥品佈施病人；《入菩薩行論》中寂天菩薩也發願：「乃至眾生疾，尚未療愈前，願為醫與藥，並作看護士。」無數的高僧大德也為利益有情而鞠躬盡瘁，絲毫不顧個人之安危。

不僅僅在佛教界，世間的仁人志士們也有「安得廣廈千萬間，大庇天下寒士俱歡顏……吾廬獨破受凍死也足」的良好祝福。

多麼希望佛陀精神能深入人心，讓世界多一分美好，少一分醜惡啊！

壬午年正月初四

2002年2月16日

上網

隨著科學日新月異的不斷進步，世人的生活發生了翻天覆地的變化。手機、電腦等現代化設備已不再顯得遙不可及，甚至在邊遠的藏地也有了網吧。各種現代手段使時空的距離不復存在，即使遠隔天涯也有了咫尺之感，古今之人也可在網上神交，真可謂「秀才不出門，便知天下事」。很多人通過網路，增長了智慧，也使自己

的人格變得高尚起來。

一些大德們也紛紛建立了自己的網站、論壇，通過現代工具之方便，將無數飽受煩惱折磨的有情引入了解脫正道。

然而，其負面的影響也是不容忽視的。因為網上所提供的資訊魚龍混雜，很多青少年整日沉迷於此，並且因為不能善加辨別而增上三毒煩惱，增加社會不安定因素。一些出家人也不問聞思修，而對色情、暴力網站情有獨鍾。科學的果實正在遭到濫用與浪費，十分令人堪憂。

有智慧的人能利用善巧方便自利利他，沒有智慧的人卻只能利用各種方便造作惡業。正如《寶積經》所云：「佛告迦葉，具慧之士依方便得解脫，乏智之人依方便得束縛。」這段佛經也同樣適用於對網路資訊的取捨問題。

但願人們能謹記這句教言。

壬午年正月初五

2002年2月17日

閉關

離開喇榮已經142天，臨走之前，學院的360多位修行人共同發願，在那具有殊勝加持的聖地閉關142天修持密法，每天按照閉關教言修習至少4–6座。當時我也曾有此願望，但因公務繁雜、病魔纏身，而未能如願。

幾個月以來，我幾乎是在病床上度過了這段寶貴時光。目睹過眾多病人的痛苦，耳聞過無數患者的慘叫。昨日的病友已被死神喚去，今日的同室也不知有幾人能享明日之春光。若不利用如今的大好時光苦修，在臨死之時，終將不由自主地隨業力流轉，誰也不能救護。

今天，閉關共修已經圓滿，世間的人們時常在毫無意義的日子大搞各種名目繁多的紀念活動。與他們的主題相比，此事就更應該紀念及慶賀。在此五濁興盛之時，能以內觀心的本性為日程的修行人是十分罕見的。不論他們的修行結果如何，都應該有很大功德。

很巧，此時正翻開《宣說決定真如經》，佛於經中云:「舍利子，何人以守持十戒而聽聞之功德，與此人於彈指間修習真如等持之功德相比，後者更為超勝。」經中所言，真實不虛，世間之人為了財色名食睡尚且「衣帶漸寬終不悔」，更何況為了自他之解脫。如果實修之人能將閉關要訣再進行廣修有多好啊!

壬午年正月初六

2002年2月18日

少眠

我們不能睡得太多，不能過分懶惰。否則世間出世間之事均不能成功。

其實睡覺也是一種習慣，有些人就從不睡覺：

佛在因地時轉世為德光王子，為了供養佛陀，多年以來一直遠離睡眠，除了吃飯和大小便，從不休息。

金厄瓦格西也從不睡眠，唯一修持善法。上師仲敦巴說:「弟子啊，應當祛除身體的疲勞，否則四大不調，會生病的。」金厄瓦格西說:「身體健康固然好，但一想到暇滿難得，就覺得沒有空閒休息。」他在一生中念了九億遍不動佛心咒。

世間的很多成功者，他們也不願將大好的光陰用於臥榻之上的酣睡。

法國文學家巴爾扎克，

每天只睡4小時，即晚上8點到12點，起床後立即利用夜深人靜的機會奮力寫作。他一生中能寫出《人間喜劇》等96部膾炙人口的作品，無不得益於他的勤奮。

薩迦班智達在《格言寶藏論》中云:「諸人壽短其一半，夜間入眠如死亡，又遭病老等眾苦，餘半亦無享樂際。」《入菩薩行論》中也云:「依此人身筏，能渡大苦海，此筏難復得，愚者勿貪眠！」

作為一名修行人應時刻提醒自己，不要忘記這些前輩們留下的寶貴財富，不應將時間荒廢在昏睡癡眠當中。

壬午年正月初七
2002年2月19日

看破

這所位於沿海城市近郊的佛學院環境幽雅，氣候宜人。這裡遠離都市之喧囂，小溪潺潺，流過草地和碎石；林木繁茂，長滿翠綠的山坡。攀緣植物與灌木叢中，各種不知名的花朵競相開放、香氣襲人。鳥兒在林間婉轉地鳴叫著，剎時穿過樹梢，飛入雲霄。令人想起藏傳佛教那些偉大的大成就者們修行的聖地。若看破世間、閉關修行之人在此搭建茅棚，實乃愜意之事。

記得阿底峽尊者在印藏弘法事業圓滿，即將示現圓寂之時。弟子中一位叫恰徹卻的瑜伽師啟稟尊者:「上師圓寂後，我將好好修法。」上師並不滿意，回答說:「希望你能放下雜事。」弟子又說:「那講經說法呢？」上師態度也如前。弟子再問:「邊修邊講如何？」上師仍如前面一樣回答。「那麼，弟子應當如何行事？」尊者回答說:「應當捨棄今世一切瑣事。」

恰徹卻將上師教言牢牢記在心間，拋棄塵世間的一切，去往熱振的寂靜山林。那裡山峰逶迤，氣勢雄偉，山頂上是一片積雪，無數條以融雪積成的瀑布從岩石的縫隙中奔騰而下，滋潤了山間的樹木和草地，養育了林間和睦相處的飛禽走獸。

清晨，太陽越過山頂，將它溫暖的光輝投射下來，照耀著修行者和他的動物夥伴們；夜晚，微風吹拂，萬籟俱寂，修行者和他的動物夥伴們都悄無聲息地籠罩在夜色之中。他飲著甘甜清洌的山泉，吃著鮮美如飴的山果。從不與任何人交往，更不去掛念世間的繁雜事務。窮其一生都是這樣鍥而不捨地精進修持，終於獲得了常人難以企及的成就。

壬午年正月初八
2002 年 2 月 20 日
於閩南佛學院後山靜處

政教

作為實修的人，本應「兩耳不聞窗外事，一心只為解脫修」。

但偶爾看看新聞，並因此而對眾生的苦難生起悲心，對未來的夢想生起厭離心，也會成為修行助緣的。

翻開報紙，看到國家主席江澤民與美國總統布希的一段對話：「中國有很多公民信教。我不信宗教，但對宗教很感興趣。我看過《聖經》、《古蘭經》、《金剛經》……」看到這裡，頓生許多感慨：

《金剛經》云：「須菩提！以要言之，是經有不可思議，不可稱量，無邊功德。如來為發大乘者說，為發最上乘者說。若有人能受持讀頌，廣為人說，如來悉知是人，悉見是人，皆得成就不可量、

不可稱、無有邊、不可思議功德。如是人等，即為荷擔如來阿耨多羅三藐三菩提。」由此可見，上至一國之主，下至庶民百姓，不論何人，讀誦《金剛經》皆可種下善根，獲得不可思議功德。

在藏漢的歷史上，佛法對於國家的長治久安也起著不可或缺的作用。在無數的史冊中，都留下了數不勝數的君主與高僧大德結下不解之緣的美傳。

且不論赤松德贊與蓮花生大師、靜命堪布的深厚情誼。僅就元帝忽必烈封八思巴為「皇天之下，大地之上，西天佛子，化身佛陀，創制文字，輔治國政，五明班智達八思巴帝師」之稱，也足見佛法於當時朝廷及民眾之重要，實非凡夫所能度測。

一代雄主苻堅為了得到道安法師，不惜發動襄陽之戰，再次證明了佛法價值的彌足珍貴。

唐朝的武則天對佛法更是恭敬有加，曾寫下著名的開經偈:「無上甚深微妙法，百千萬劫難遭遇，我今見聞得受持，願解如來真實義。」該頌流傳至今，並成為眾多修行人誦經之前必不可少的發願文。

至於達摩與梁武帝之間的微妙關係，也引起過眾多世間人的誤解，人們都視梁武帝為不懂佛法真諦的笨蛋。其實在我看來，梁武帝的佛學造詣不能說不高，只是眾生的根基及因緣不允許他只接受「不立文字」的禪宗而已。於世俗諦廣積福德資糧，仍不失為一種令民眾積累善根之方便法門，梁武帝能有此超勝於其他君主的遠見，不能不令我讚歎。

君主若能做到不是以統治民眾為目的，而是為了民眾今生來世的安樂，從心裡對佛教生起恭敬心，實乃眾生之幸事!

壬午年正月初九

2002 年 2 月 21 日

業感

今天，我去拜訪了一位據說有現代華佗之稱的中醫。在經過一番故弄玄虛的檢查折騰之後，「華佗」給我開了藥。並苦口婆心地再三叮囑，除了他的藥，其他的藥一律不能服用。繼而又以不可一世的神情，對西醫的治療方式和理論進行了全方位的抨擊。

聽著他滔滔不絕的演說，頓生許多感慨：對於同一病症，中西醫常會有不同的說法，《金匱要略》言:「夫人稟五常，因風氣而生長，風氣雖能生萬物，也能害萬物，如水能浮舟，也能覆舟。若五臟元真通暢，人即安和。客氣邪風，中人多死。」由此可見，中醫所認為的疾病之因，多由經絡受邪及九竅壅塞所致。而西醫則認為是人

體細胞免疫力下降所致。雖然二者說法不一，但我們卻應該承認其皆有道理，不能隨意肯定一方而貶斥另一方。

這就如同佛教與科學的世界觀有著天壤之別一樣，很多人對這一點始終百思不得其解，最後以其缺智乏慧的分別念，想當然地推導出一個自以為是的結論：因為佛教理論所說的須彌山、四大部洲與科學相違，所以佛教是有悖於真理的。

其實這與中醫和西醫的理論不相同的道理一樣，稍微懂一點佛教理論的人都知道，這其中的奧妙與不同人的業力有關，比如同樣是榴槤，有的人視之為美味，有的人則認為它奇臭無比；同樣一個女人，有人認為貌若天仙，有人卻認為無異於無鹽再世。

作為凡夫，對不清楚的問題應該詳細觀察之後再下結論，不要因妄加誹謗而造下口業，否則後果不堪設想。《百業經》中因造口業，而感於地獄中於舌耕田之苦的公案，我想凡是看過的人，都不會不引起一番思索吧！

壬午年正月初十
2002年2月22日

明天

喇嘛欽！如果沒有儘快修行，何時才會有修行的機會啊！

明天是否還在世上也很難說，翻開《因緣品》，裡面講道：「明日死誰知，今日當精進。彼死主大軍，豈是汝親戚？」

元朝的石屋清珙禪師長年以岩石為居，清心寡欲，與世無交，其為我們後人留下的山居詩，卻篇篇沁出山野的清香。「岩房終日寂寥寥，世念可曾有一毫？雖著衣裳吃粥飯，恰似死了未曾燒。」表明禪師雖已超越生死之境界，卻勸導世人要放棄世念，而以捨身赴死之心虔誠求道。

生命如風中之油燈，隨時面臨熄滅的危險。米蘭．昆德拉說：「生活是一棵長滿可能性的樹。」誰也難以斷定，下一步可能面臨什麼。

明天能否醒來，誰也難以斷定。龍樹菩薩在《親友書》中言：「壽命多害即無常，猶如水泡為風吹，呼氣吸氣

沉睡間，能得覺醒極稀奇。」麥彭仁波切的弟子單秋大師在班瑪的多科森林中閉關時，每天晚上不論何時，只要一醒來，就開始修法、磕頭或做轉繞。他說:「難道你知道你明天還在嗎？難道你還要睡嗎？」

世間有智慧的人，對壽命無常也有很深的認識。康納勒普說:「今天的事要今天做完，太陽絕不會為你而再升。」清朝的文嘉有在《明日歌》中也說:「明日復明日，明日何其多，我生待明日，萬事成蹉跎。」

我與和我一樣的假修行人，常常將事情推至明天，在散亂中拋擲了大好時光。看到前輩們的言教，我必須督促自己：放下一切瑣事，去修吧！

壬午年正月十一日
2002年2月23日

智悲

真的修行人不是口頭上說一些漂亮的話，最重要的是在思想上要有真正的遁世修道之心。

大梅禪師在馬祖處見性開悟後，到浙江四明山隱居。多年以後，師兄鹽官齊安得知下落，欣然派人迎請。禪師就寫了兩首偈子以示推辭，「摧殘枯木倚寒林，幾度逢春不變心，樵客過之猶不顧，郢人哪得苦追尋。」以無用之枯木自喻，以婉言謝絕。又寫道「一池荷葉衣無盡，樹樹松花食有餘，剛被世人知去處，又移茅舍入深居。」表明其出世意念已堅，任你春花秋月，再不為之開花綻葉，

洗盡塵世之七情六欲，甘以荷葉為衣，松花為食，超三界，離五蘊，世事對之無可奈何的氣魄，真乃大修行人之所為。實在令我深感慚愧。

色達霍西的秋甲堪布也是這樣，他曾追隨上師的足跡到石渠求道。一生中捨棄一切名聞利養，像前輩噶當派大德一樣，十多年來一直住在霍西一間簡陋的板皮房裡，生活異常艱苦，卻無牽無掛，逍遙自在地堅持修行，直至圓寂。他曾說過一段話：「真的修行人因為有智慧而不貪執一切，對眾生無勤而生悲心。如果智慧悲心具足，則顯密精要全部統攬；如果不具足，即使在嘴上誇誇其談地談論利眾、閉關等等美妙的言辭，過幾天還是會為一己私利而殫精竭慮地奔波。全知無垢光尊者說過：『修行人應像衣服穿反了一樣有很大轉變。』」所以，說得再多，如果沒有智慧和悲心，也是枉然。切記！

壬午年正月十二日清晨
2002年2月24日

精進

杯裡的茉莉花茶發出沁人心脾的清香，陽光越過高大喬木的枝葉，暖暖地灑了下來。

坐在陽臺上，手捧《大圓滿心性休息大車疏》，卻難以入神。

旁邊是廈門中學，今天開學了。穿著整齊校服的學生湧進美麗的校園，打破了往日的寧靜。也使我這顆易為外境所轉的心開始活躍起來。

這是一所現代化設施齊全的中學，有嶄新整齊的教

學樓，廣闊平坦的操場，五彩繽紛的花園，和藹親切的師長。集合做操時是那麼的統一和諧；自由娛樂時又是那麼的天真活潑。使我不由自主地想到了我在宗塔中學度過的美好時光。

那時雖然沒有如此優越的條件，衣服也是破舊不堪，但心情卻是一樣的快樂。然而，事過境遷，當時同寢室的7位好友中，華澤、澤比、單比3位都相繼離開人世。雖然我時常在夢中又回到年輕時代，與他們共用青春的恩賜。但一覺醒來後，我不得不清醒地認識到，往日的良辰美景早已煙消雲散。如今也不知他們轉生於何道，但不論如何，我都真誠地希望他們能獲得安樂，「嗡嘛呢巴美吽舍」！

如今我也是上40的人了，即使能活到60歲，也只有20個冬夏。「人生自有命，但恨生日稀。」英國戲劇家莎士比亞曾說過:「時間無聲的腳步，不會因為你有很多的事要處理而稍停片刻。」時間給勤奮的人留下智慧和力量；給懶惰的人只會留下懊悔和空虛。

今日不精進，更待何時?

壬午年正月十三日
2002年2月25日

懺悔

今天是元宵節，也正值藏曆的神變月期間。很多藏地的修行人都在此月修習善法，如持八關齋戒、轉繞、頂禮、放生等等。漢地的人則在今天放鞭炮、點燈籠、舞獅子等，十分熱鬧開心。

但是，愚癡的人們為了使親朋好友的團聚更加「多姿多彩」，常常不惜以眾生的生命作為代價。無數生靈在今天慘遭塗炭，被無情地判處死刑。它們慘遭被刀割、油煎、烹煮等等殘酷刑法，使

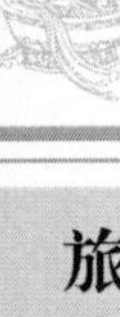

歡慶的背後演出了一幕幕人間煉獄的血腥場景。

「畜生哀痛盡如人，只差有淚不能哭。」讓我們為那些慘遭不幸的眾生，也為那些造作惡業的眾生懺悔吧！

喬美仁波切的《善法集》中有一簡單方便的竅訣:「將金剛薩埵觀想於頭頂，自金剛薩埵發出無量金剛薩埵，位於死去的或活著的眾生頭頂。盡力念誦百字明後，自金剛薩埵身體降下甘露，自他一切有情罪障得以清淨，再念108遍百字明後，金剛薩埵化光融入自他一切眾生。於懺悔對境、懺悔者無緣之境界中修習空性，於空性中片刻入定。此乃世俗諦和勝義諦懺悔之法。依此，前世無量罪障也可得以清淨。」

這種修法不僅僅適用於今天，即使在平時，如果能以此修法為家人、為他人所造惡業進行懺悔，不但很有必要，而且非常方便。

壬午年正月十四日

2002年2月26日

勿貪

利衰、苦樂、稱譏、毀譽，這八種世俗法，世間的人特別貪執。然而，卻是修行人之大障。了達一切如芭蕉般無實，不生貪戀，方為修行人之本分。《入菩薩行論》中云:「故於諸空法，何有得與失？誰人恭敬我？誰復輕蔑我？苦樂由何生？何足憂與喜？若於性中覓，孰為愛所愛？細究此世人，誰將辭此世？孰生孰當生？孰

勿貪

為親與友？如我當受持，一切如虛空。」要達到很高的境界，必須捨棄一切外物，現量證悟二無我，方能不為八風所動。

一次，色頓山谷的信眾迎請仲敦巴去傳法。他對弟子吉祥自在說：「你代我去吧，我正在修捨棄世間之法，若去了會對修習捨棄世間不利。」然後就終日穿著一件綴滿補丁的陳舊衣服，將上衣脫下，兩隻袖子搭在雙肩，有時獨自消逝於柏樹林中，有時倚在藤杖上打杵休息，口中念著《親友書》中的句子：「知世法者得與失，樂憂美言與惡語，贊毀世間此八法，非我意境當平息。」有時又喃喃自語：「我是希求解脫者，莫為名聞利養縛」等全部文字，有時僅念出開頭部分，有時僅念誦了一半，就已經安住。

他對弟子的唯一教言就是：「在短暫的人生當中不要希求世間法。」他的大弟子金厄瓦遵照教言，櫛風沐雨，苦苦修習。終於平息了世間八法，達到「雷霆不能駭其念，火焦不能傷其慮」的境界。

壬午年正月十五日
2002年2月27日

內觀

「總之，通達心性光明不變之真如，並證悟諸法僅是假立實則空性後，如果精進修道，則將完全轉依或徹底清淨諸遍計執著心之不淨迷現，從而趨至本地，圓滿現有身語意無盡莊嚴輪清淨刹土。」此乃一切教法之精華。三世諸佛之本體，全知無垢光尊者在《大圓滿心性休息大車疏》中，將八萬四千法門歸納為一句話，留與後世有緣者，實為我等之幸事。世間之如意寶也不能相提並論。

若能心往內觀，時刻安住此境界，則能現前心性之本來光明。否則，因由二取

執著，從而顛倒迷惑，「一生二，二生三，三生萬物」，將柴米油鹽、恩恩怨怨、榮辱得失、是非成敗的包袱背在肩上，通往輪回的通衢大道便會為之洞開。

唐朝怪僧拾得禪師曾說：「一向迷本心，終朝役名利。名利得到身，形容已憔悴。況復不遂者，虛用平生志。」見世間之人不明此理，為一些蠅頭小利，苦苦鑽營，禪師又復道：「悠悠塵裡人，常樂塵中趣，我見塵中人，心多生憫顧。何哉憫此流，念彼塵中苦。」可見禪師悲心之切。只可惜落花有意，流水無心，禪師只能徒喚奈何了！

但願禪師的這番苦心不會被時光的風刮到九霄雲外去了！

壬午年正月十六日

2002年2月28日

生死

生命，在音樂家的樂章裡，是遠處高樓上飄來的渺茫笛聲；在文學家的筆下，是荒漠中的一縷甘甜清泉；在社會學家的眼裡，是賓士著的欲望列車……生命，是那麼的充滿了詩情畫意，卻又那麼的深不可測。隨著地球的轉動，人類創造了絢爛多姿的物質文明。然而，關於生命的問題，卻如同古埃及文明留下的千古之謎一樣，一直成為西方人難以逾越的天塹。

直到溫慈將藏傳佛教揭示生死之謎的典籍《西藏度亡經》翻譯成文，昭然示眾，才填補了西方關於人類靈魂奧秘之空白。該書引起了西方社會的極大關注，被翻譯成了多種文字。從而使藏傳佛教在西方名聲大振。也使人們在茶餘飯後，開始考慮

生存和死亡的問題。但這並不像莎士比亞筆下《哈姆雷特》中的王子，每天思索生存和死亡，卻以悲劇而告終。現代的人們將如何面臨死亡作為課題，各種臨終關懷機構應運而生。

那木達司於73年創辦了臨終關懷機構，為癌症、愛滋病晚期患者提供服務。他們視病人如親人，瞭解他們的痛苦，幫助他們在絕望中求得希望。他親自到三藩市為即將死去的布魯斯傳授他從《西藏度亡經》中獲得的教言:「不要逃避痛苦，坦誠你的過錯，學會寧靜和安詳，慢慢地認知心的本來光明……」在那木達司的引導下，布魯斯因痛苦而扭曲的臉逐漸緩和下來，在安詳中緩緩而去。

令西方人大跌眼鏡的是，幾乎每一個老一點的西藏人，都是臨終關懷方面的專家。他們從小就被訓練如何面對死亡，很多修行人依照前輩大德的言教實修，早已將死亡作為脫離肉身、躍往解脫的一種契機。其他人也是將死亡作為生命的一種轉化過程。與西方人臨終之時，手足無措，只能求助於醫生的境況相比，不能不說是一種幸運。

感謝蓮花生大師給西藏人在精神上留下的這筆生死秘訣的寶貴財富！

壬午年正月十七日
2002年3月1日

恐怖

隨著社會的日益發展，我們享受著科學技術帶給我們的巨大物質財富。但另一方面，現代社會帶來的一堆魚龍混雜、良莠不齊的東西，卻因腐爛發酵而未作清理，正散發著令人作嘔的氣息，攪亂了我們往日的寧靜，使原有的傳統幾乎受到了毀滅性的打擊。

「路不拾遺，夜不閉戶」已經成為了一個童話，人們隨時隨地都有可能遭到恐怖的襲擊。白天怕小偷，夜晚懼強盜。走在街上，膽戰心驚；坐在家裡，提心吊膽。雖然家家戶戶的陽臺上，都安裝起鳥籠一樣的防護欄，卻並不能抑制人們的恐怖心態。

9.11 事件後，世界各國都在盡力採取各種方式，以期對恐怖活動予以致命的打擊，結果卻收效甚微。

美國第一暢銷書《恐怖檔案》中透露，為了維護和

平，挽救無辜生命，美國政府懸賞500萬美元尋找本.拉登的下落，並保證為提供線索者的身份保密，並為其家人轉移居住地提供方便等等。儘管待遇優厚，但至今卻毫無下文。

《入菩薩行論》中云:「頑者如虛空，豈能盡制彼？若息此嗔心，則同滅眾敵。」如果沒有調服自己的內心，而想將世間的怨敵一一消滅，完全是癡心妄想！

釋迦牟尼佛在因地時曾轉世為一婆羅門。一次，他與蛇、鴿子、烏鴉、野獸在一起，野獸說:「恐怖是最大的痛苦。」烏鴉說:「饑餓是最大的痛苦。」蛇說:「嗔恨是最大的痛苦。」鴿子說:「貪心是最大的痛苦。」婆羅門為了斷除它們的四大痛苦，而對它們說:「痛苦的根源是無明，要遠離痛苦，必須持守五戒。」蛇、鴿子、烏鴉、野獸依此法行持，而轉世得人身，並經修持，終獲果位。

其實，歷代很多修行人生活的山澗、岩洞，都是遠離恐怖的殊勝地。元代的石屋清珙禪師在岩畔的三間石屋裡苦修，方圓幾十里，荒無人煙，柴門也是虛設的，從不關閉。因為除了自己沒有其他人出入。故寫下了「黃葉任從流水去，白雲曾便入山來，寥寥岩畔三間屋，兩片柴門竟日開。」可見其悠閒自在之心情。真是羨煞我也！

壬午年正月十八日
2002年3月2日

不知

討厭的背又開始痛了。

任你春氣乍寒乍暖，春雲或卷或舒，病痛總是不講情面的。使人無心窗外的美好春色。

人在生病之時最容易意念死亡。

也許今天就會死去吧！不知《釋尊傳》是否能翻譯完？也不知《大圓滿心性休

息大車疏》能否善始善終?因為沒有時時憶念死亡，空耗無數光陰。如今老之將至，難免有日薄西山之感。在所剩不多的時日裡，更應精勤住持正念，不為外塵所轉。

且記一首南宋宏智正覺之語以自勉:

「法喜為食，慈悲為舍，
信佛是歸，視身如借。
住正念以唯勤，趣外塵而無暇。」

將法喜作為食物，將慈悲作為房舍，將信佛作為歸宿，將身體視為借物，精勤地住持正念，無有閒暇趨逐塵世。勿涉足名利，勿貪戀外境，時刻視生命如風中之燭。

能否做到?

難也!

壬午年正月二十日
2002年3月3日

打我

歷史上的有些大成就者，在攝受弟子時除了溫和的教言，也會採取特殊的方法令弟子頓時開悟。

那若巴依止帝洛巴時經歷了十二次大苦行、十二次小苦行。最後，有一天，帝洛巴左手抓住那若巴的喉竅，右手脫掉鞋子，拿起鞋猛擊他的額頭，那若巴驟然昏迷。蘇醒之時，相續中生起了與上師一樣的功德，證悟了上師的智慧與自己的心無二無別。

宋朝的了義禪師17歲時拜見高峰禪師，高峰禪師賜予他「萬法歸一」的參禪

竅訣。此時，了義禪師見松樹上落下雪花，便若有所悟地寫出一首偈子呈師，師父不由分說，提起木棒就將其打入深淵。遍體鱗傷的了義於痛苦中返觀心的本性，終於得以遠離一切方向與戲論，並寫下「大地山河一片雪，太陽一照便無蹤，自此不疑諸佛祖，更無南北與西東」的佳句。

黃檗禪師在攝受弟子臨濟時，一共打了六十棒，造就了曠古絕後的一代宗師，而使叢林裡有「臨濟將軍，曹洞農夫」之說。可見其秉承上師傳統，青出於藍而勝於藍的禪風。

什麼時候上師也能給我當頭一棒啊！

壬午年正月二十一日

2002 年 3 月 4 日

教言

好美的清晨！

窗外是滿天朝霞，粲然如焚。房屋、樹木、草地、道路……都染上了幾分紅意。使我也樂融融地陶醉其間，而不知身之所在。貢確森確！（供養三寶！）

隨手翻開書本，恰好翻到藏地大成就者、伏藏大師——智悲光尊者給弟子班瑪桑頓的一段話:「一個人踏入佛門真正想修行時，常常

會有魔障出現。此時應該遠離惡友，不隨波逐流，小心翼翼地觀察；不論與誰接觸，都應堅持獨立自主的風範；因為即使說真語，也會增長貪嗔心，所以應當視世人形同陌路，堅持禁語；對因果善加取捨，發菩提心；無論在深山還是城市，都應觀自己的內心；不論快樂還是痛苦，都應斷除分別念，觀心的本性；時常處於如夢如幻的境界；觀察自心不生不滅的本性，後得之時善根回向菩提。這就是我最深的教言。」

寂光大師也說:「獨自一人修佛果，道友二人修善緣，三四以上貪嗔因，故吾獨自而安住。」

寂靜山林是往昔諸佛菩薩獲得寂滅之處。那裡無有憒鬧、散亂，出離心、菩提心、信心等一切增上生、決定勝之功德皆可無勤而生起，一切行為自然而然會全部轉為善法。

何必遲疑？快到寂靜山林去獨自修心吧！

壬午年正月二十二日
2002年3月5日

善夢

一覺醒來，時鐘剛打過6點。

昨晚做了一個好夢。雖然明知夢境本為幻化，但作為一個凡夫，心裡仍然很高興。一直猶豫著是否把夢境寫下來，最終寫下來的念頭還是占了上風。

這是我離開成都後，第三次夢見麥彭仁波切。

第一次是在醫院，在夢中，我得到了《辨法法性論注疏》的傳講。第二次也是在醫院，我獲得了《辨中邊論》、《智者入門》的傳承。醒來之後，生起了大慢心，不可抑制地想將自己所得到的傳承，及時地為別人傳講、翻譯。

昨晚，麥彭仁波切連續以三個人的形象出現。在見其中最後一位時，心裡很清楚地感覺到是麥彭仁波切的

幻化。他的形象像一位四十多歲的康巴在家人，頭髮黝黑發亮，眼睛炯炯發光，眉毛濃黑，臉膛黑裡透紅，牙齒潔白如雪，身穿藍色藏袍，很高興地躺在我床上的左邊……令我生起強烈的恭敬心，感覺他是諸佛菩薩的智慧身。他看起來平易近人，我也就平時的一些問題向他請教……醒來之後，仍感覺到他的余溫，不敢去坐剛才他坐過的地方。

有人認為把夢講出來不好，前大德智悲光尊者說：「好夢說出以後，就再也不會顯現了。」法王上師也說：「老虎可以跳得很遠，青蛙是不能效仿的。」可見把夢說出來不太好。不過，不管怎麼現在已經說出去了。

但一直困擾著我，使我百思不得其解的是，儘管我多年來一直誠心祈禱，不知無垢光尊者為何始終沒有在我的夢中顯現?

以上所提及的，只是我偶爾做的好夢，如果將所有的惡夢都記錄下來的話，那就成了又臭又長的裹腳了。

壬午年正月二十三日凌晨
2002年3月6日

閉口

作為修行人平時應常觀己過，時刻保持沉默。嘴應用於念誦、讚頌功德等有意義的事，否則會對來世造成很大危害。

蓮花生大師離開藏地時教育弟子：經常胡言亂語者容易被別人了知其心，其嬉戲之語有時被理解為真實，其真實語有時又會被誤認為玩笑，容易之事也因此而難以成辦，諸弟子應閉口寡言為妙。藏地大德常用此語教育弟子，使其免造口業。

偉大的修行者勒索巴格西說:「現在的人喜歡追求大

法。整天求此法、求那法，但將所求之法真正進行實修者卻十分罕見。那些人從不想所求之法是否修成。許多人自詡為三寶弟子，口裡常說:『我是三寶弟子。』背地裡卻經常誹謗上師、僧眾等。所以我時常在想，我們的口實在是深墮地獄的因。世上如果有人肯聽我的話，就應當將嘴鎖上，把鑰匙交與他人，直到迫不得已必須吃飯的時候才打開，平時都一直緊鎖著。如果能這樣，那該多好啊！」

宋朝的石門慧開禪師也自稱為「默翁」，他在詩裡寫道:「飽諳世事慵開口，會盡人間只點頭。莫道老來無伎倆，更嫌何處不風流。」從該詩的字裡行間中，也不經意地流露出禪師早已諳熟世事，進入真正風流、自在、逍遙之境界，既不在乎他人的贊毀，也懶於談論他人是非短長的博大胸懷。

世間也有「沉默是金」、「滿罐水，搖不響；半罐水，響叮噹」的說法。由此可見，閉口是多麼的重要啊！

壬午年正月二十四日

2002 年 3 月 7 日

女人

今天是三八婦女節，全世界的婦女都在以自己特有的方式，慶祝這一年一度的節日。電視裡、大街上到處都是歡樂的人群。也有一些地方的婦女，選擇在今天為她們在平時受到的不公正待遇而舉行遊行示威活動。

忽然想起一位女居士問我的問題，為什麼在佛經裡老是把女人說得很低賤？比如《念住經》云：「女人禍害根，毀壞現後世，若欲利己者，當舍一切女。」《月燈經》云：「此道無法證菩提，是故切莫依女子，猶如極嗔之毒蛇，一切智者捨棄彼。」奉勸別人行持善法、培植善根時也說「頂禮怙主無量光，聞佛阿彌陀名號，乃至未獲菩提間，不轉女身轉貴族。」很多佛經裡幾乎對所有刹土的描寫都少不了一句「更無女

人及女人名」或「若有女人，聞我名字，得清淨信，發菩提心，厭患女身，願生我國。命終化男子，來我刹土。」無垢光尊者也一再奉勸後人：「遠離衰損根源之女人。」仿佛女人成了萬惡之源，衰損之根。這種說法是否有點不公平？

其實，這都是因為她對佛經瞭解不夠而產生的誤會，

經書中的某些教言，只不過是針對女人嫉妒心強等特徵而宣說的。有關遠離女人的教言，是針對不能消除貪心的男人而言。同樣，不能消除貪心的女人，也要遠離衰損根源之男人。《中觀寶鬘論》在羅列女身之不淨後說道:「如於自或他，糞穢起厭惡，自他不淨身，云何不厭惡？如女身不淨，汝自身亦然。」可見男身與女身是具有同等過患的。

如果一個女人具足信心、慈悲心和智慧，她將遠遠勝過不知取捨因果的男人。在藏傳佛教史上，曾湧現過無數的偉大女修行人，如：益西措嘉空行母、瑪姬拉准空行母等等，她們為後世眾生作出了難以估量的貢獻，世間的男子們，又有誰能同她們比肩呢？

《木蘭辭》裡也說:「雄兔腳撲朔，雌兔眼迷離，雙兔傍地走，安能辨我是雄雌？」兔子跑起來時，不能辨別它的雄雌。一個女人真正地發菩提心，精進修行時，她與男修行人所獲得的功德是同樣的。

壬午年正月二十五日

2002年3月8日

斷根

米拉日巴大師曾送弟子寂光一首道歌:「弟子若欲誠修法，應自心坎生信心，切勿瞻顧今生事。爾若欲隨吾修行，應知親友乃魔網，故應掀開此屏障；飲食財物乃魔卒，故應捨棄惡故交；妙欲享受乃魔索，故應遣除此羈絆；知己佳友乃魔女，故應謹防此誘惑；家鄉故土乃魔獄，故應速離此囹圄。死時一切必放棄，不如

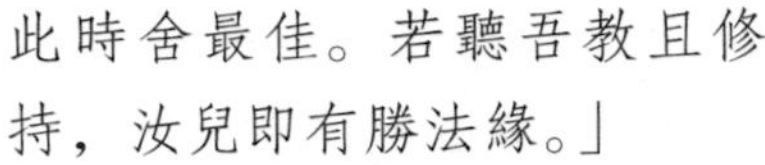

此時舍最佳。若聽吾教且修持，汝兒即有勝法緣。」

噶當派大德塔波仁波切（索南仁欽）修持境界極高，可連續十天一直處於禪定中不動搖，他非常強調修持，說道:「現境有如惡人不恒常，幻身恰似借物速滅失，財物幻化欺誑痛苦因，故鄉如同魔獄束縛源，何人貪執此等漂輪回，當斷輪回命脈我執根。」要消除痛苦，遠離魔障，獲得解脫，必須斷除對輪回的貪著。

唐代的道林禪師常年在一棵松樹上習禪，被人們稱為「鳥巢禪師」。一日，白居易慕名前去拜訪。見他住在樹上，便說:「禪師住的地方太危險！」

鳥巢禪師回答說:「我看大人才危險呢！」

白居易不解地問:「我身為朝廷命官，何險之有？」

鳥巢禪師說:「世俗緣業相煎，冤冤相報，煩惱不息，難道不危險嗎？」

一句話，說得白居易啞口無言。

是啊！世間之人時時為功名利祿所累，煩惱叢生，難道不是生活在看不見的監獄、魔網中嗎？難道不是很危險嗎？

速速逃離此險境吧！

壬午年正月二十六日

2002年3月9日

可憐

當今時代的人早已解決了溫飽，但卻總給人一種「饑不擇食」的感覺，孔雀肉、馬肉、蠍子肉、老鼠肉、狗肉……甚至還有賣人肉包子的傳說，不管是真是假，如果這些殘忍的惡習繼續下去，總有一天會像斑足國王一樣啖食人肉的。

偶爾路經一狗肉店，裡面賓客如雲，個個都滿面油光、神采奕奕，他們打著腥

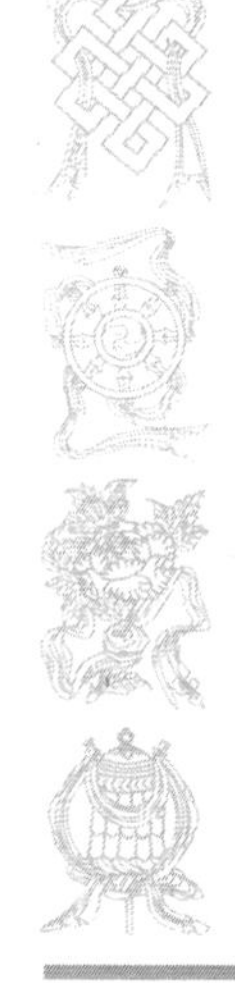

臭的飽嗝，忙著與同伴猜拳行令，沒有任何人去注意蹲在門口鐵籠裡的那只黑狗。

它蜷縮著強壯的身軀，可能因為知道自己即將面臨宰殺的命運吧，眼裡湧著瑩瑩的淚，以哀怨的神情目視著過往的人群。冷漠的人們都在忙著為衣食而奔波，何有閒暇為一條狗而駐足呢？

這也是前世之因所獲之果啊！經云：「若人不恭敬，疑惑四偈師，將成百世狗，復轉腫瘤者。」在業力面前誰也無能為力，我想這條狗也許就是前世辱罵了自己的上師，故而遭此厄運的。

藏地大德麥彭仁波切也說：「佛說如若不恭敬，僅賜一句法上師，百世連續轉為狗，復轉生於劣種中。」當然，轉世為狗尚有其他原因，但除了佛菩薩為了度化眾生，而發願轉世為狗以外，其他淪落為狗的遭遇，都是因為身語意所造的惡業而致的。

無論轉世為狗，還是辱罵上師，都是十分可憐的。

壬午年正月二十七日
2002年3月10日
書於鼓浪嶼

荷花

背井離鄉來到這座南方城市，孑然一身、舉目無親之感時常湧上心頭。

只有每日獨對門前的一泓荷塘，眼見荷葉從才露尖尖角，到如今已是滿眼碧綠。荷花嫋嫋娜娜地開著，紫紅、粉紅、乳白……豔麗的色彩猝然躍入視野，令人陶醉、令人癡迷。正當我沉醉於這如詩如畫的景致當中時，忽然發現角落有一朵荷花低著頭，顯得那麼憔悴而憂傷，彷彿滿眼的春光都與它毫無關聯。

「小荷花，你為什麼傷心啊？」

「昨天有一顆露珠，與

我十分投緣，我非常珍愛它，但它卻被今天的陽光搶走了。一想起我們在一起的幸福時光，將從此一去不復返，就使我陷入痛苦深淵而難以自拔。我多麼地憎恨陽光啊！他為什麼搶走我的小露珠？」

聽了小荷花的傾訴，我不知能做點什麼。也許麥彭仁波切能給它一些加持吧。

我給小荷花念誦並講解了我最喜歡的麥彭仁波切教言中的一段文字:「愚者認為諸苦樂，皆從他緣而產生，恒時散於取捨境，貪嗔浪濤雜念中。智者了知諸苦樂，悉皆來源於自身，恒時向內觀自心，審視自己不放逸。」

聽完我的講解，小荷花終於釋然。放下了對露珠的貪心，對陽光也不再起嗔念，並且皈依佛門。看著小荷花一天天成熟起來，雖然日見枯萎，即將凋零，卻充實而自信。我看在眼裡，喜在心頭。三寶的加持真是不可思議啊！

一天，就在我即將離去之時，小荷花斬釘截鐵地告訴我:「我一定好好修持佛法！」

其實，小荷花就是每天給我打針的何醫生，小露珠是她的男朋友，而陽光是她的姐姐。

從這個故事裡，人們能否找到自己的影子呢？

壬午年正月二十八日
2002 年 3 月 11 日
於廈門 174 醫院

關鍵

很多人在修法時不想修或修不起，問題的關鍵在於對世法放不下。禪宗也講看破紅塵，看破了，成就也就是輕而易舉的事。

博朵瓦格西說：如果貪執今生的世間法，雖然一開始覺得放鬆，其實卻會被束縛得很緊。修行人應當以智慧之劍斬斷貪執今生的念頭。斷除今生世間法是最好的教言。現在的一些大修行人，整天談論風脈明點及其他大法，真正分析觀察後看破世間的卻很少。口頭說一些一兩天不能修成的大法毫無利益，不如好好滅除貪世之念。如同即將餓死的人，即使讓他看著堆積如山的金銀財寶也無濟於事一樣。

不管修什麼法，關鍵在於要懂得訣竅。否則，一味地護持親友、對付怨敵、積累財產算不上什麼智慧。博朵瓦格西又說：聞思再好，不懂得修行教言的人，與傍生沒有什麼區別。傍生在盤算生計方面，完全可以與人類一較短長。沙蜥蜴為了對付蛇，懂得設計去反咬蛇的身體；烏鴉與猴子也知道互相報仇雪恥；老鼠在積累財產方面的本領，即使世間的守財奴，也不得不甘拜下風；很多動物都精通於撫養自己的子女。作為人，我們又怎能甘願讓自己與旁生不分高低呢？所以，大家應當懂得修行的秘訣。

開創淨土宗發祥地——東林寺的慧遠法師，就可譽為捨棄世間瑣事之楷模。當一方霸主桓玄欲勸其還俗做官，「迷而知返」，享受榮華富貴之際，禪師回書曰：「一世之榮，劇若電光，聚散致離，何足貪哉！淺見之徒，何其惑哉！可謂下士聞道，大而笑之，真可謂迷而不返也。」其不畏強勢、淡泊名利之高尚氣節，真是令人可贊可歎！

只可惜世上的聰明人太多，但真正對佛法進行實修的人卻微乎其微。

壬午年正月二十九日

2002年3月12日

發心

無論做任何事，以菩提心攝持極為重要。

《彌勒請問經》云:「彌勒，流入大海所有之水，縱經數劫難以滅盡。彌勒，若為菩提心所攝之善法，乃至成就無上正等覺菩提之間永不耗盡。」

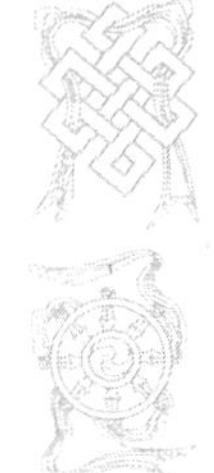

如果我們在相續中真正生起菩提心，哪怕做無記之事，也會增上功德。《華嚴經》云:「發殊勝菩提心之散亂者，彼身所作、語所言、心所思，皆具意義，恒時唯成善法。」並以250種比喻恰如其分地描述了菩提心的功德。

菩提心是聞思修智慧之甘露乳汁提煉而得之醍醐；是滅除眾生熱惱之清涼月光；是驅除無明癡暗之璀璨杲日；是令有情趨入解脫之無上津梁。

具備神通的目犍連也不能滅貧女之油燈，因菩提心所攝持故。

無著得以親見彌勒菩薩，也因生起菩提心故。菩提心之利益真是數不勝數!

壬午年正月三十日
2002年3月13日

答難

藏地寺院辯論之時經常會涉及到這樣的問題:「佛地時有無發心？菩薩戒是否要有一種別解脫戒為基礎？」

對此問題的回答也是眾說紛紜、各說不一。

總結寧瑪派無垢光尊者觀點之精華，則為:「佛地時無有從儀軌所得的有學道發心，但具勝義發心。因佛具有得而未失、無緣大悲之發心故。」

《中般若經》云:「我以佛眼照見一切眾生，並具發心。赴往東方恒河沙世間之地獄、餓鬼、傍生處為利彼等眾生而說法。」

按照唯識宗的觀點，受持菩薩戒須別解脫戒中的任何一種,《菩提道燈論》云:「別解脫戒裡恒具七種人，菩薩戒只對有緣者，其餘不可得。」

按照中觀的觀點，任一眾生皆可具菩提心，不一定要求必須獲得人身。《寶積經》云:「爾時所持法門時，諸天、龍、非天、大鵬、大腹行等無數眾生皆發無上真實圓滿菩提心。」

這兩種觀點並不相違。發真實菩提心後，別解脫戒裡不殺生等戒也必定具足。

此乃祖傳的無上至寶啊!

壬午年二月初一
2002年3月14日

無常

此刻，才華橫溢的孫先生坐在我旁邊，看著手裡自己年輕時的照片，淚水像斷線的水晶念珠般灑落下來。

我知道他是在感慨韶華易失、青春不再，年輕時的美好時光已如長流之水向東而去，再也無法追尋。

見此情景，不禁想起《紅樓夢》中林黛玉的《葬花詞》:「試看春殘花漸落，便是紅顏老死時，一朝春盡紅顏老，花落人亡兩不知。」我想這也是他此刻心靈的真實

寫照吧。

只可惜他不信佛教，無法用佛教的智慧之劍來斬斷這些痛苦，而使這種悲觀情緒如洶湧之波濤，一浪高過一浪。真是可悲可歎！

世間的一切，包括青春、財富、感情甚至生命都是瞬息即逝的，白居易有詩言：「勿歎韶華子，俄成皤叟仙。」雖然想留住青春年華，然而生死的腳步卻一刻也不會停留。若不利用青春年少的大好時期好好修法，真是令人歎息。麥彭仁波切說:「韶華瞬逝財富動，生命如住閻羅齒，然諸世人不修法，嗚呼人行真希奇！」

也許試著給他講講這些道理，聰明的他會想通的。我決定合上書本，好好和他談談。

壬午年二月初二
2002 年 3 月 15 日

功德

提起功德，無論是否信佛，只要心地善良之人都喜歡做。比如到寺院供香、頂禮，在佛堂供水果、鮮花，為寺院捐款、供養大德、修建希望小學、為貧困山區捐物……

包括一些做了壞事的人，為了不使自己的良心受到譴責，也會做一些功德以彌補罪過。

據說一些地方的寺廟，在大年三十晚上，居然人滿為患，燒香磕頭的人絡繹不絕。公安局、消防車隨時在為可能發生的火災或擁擠不堪的人群作防範。進門的隊伍綿延了幾條街，門票一漲

再漲，仍阻止不了蜂擁而至的人流。

在隨喜之餘，也令我想到《聖大涅槃經》中的經文:「若人有生年，以無量七寶，臥具及神饈，供養一切佛，不及一剎那，為眾發願心，功德無有量。」一切功德之中，發菩提心的功德是最大的。哪怕在一剎那間生起願菩提心，功德也是很大的，生起行菩提心的利益就更是無法衡量。

《勝月女經》云:「僅思利他心，利益尚無量，何況行利益？」

因此，作為修行人不應求形象上的相似功德。哪怕每天一次，在床上靜下來發起殊勝菩提心，其功德也是無量的。

壬午年二月初二
2002年3月16日

大法

很多修行人都喜歡求大法，大手印、大中觀、大圓滿、大威德……還喜歡拜見一些大和尚、大活佛、大法師……這些特別喜歡大法的人以為可以因此而得大證悟。

其實不然，不論求什麼法，都應與自己的根基相應，自己應具有修此法的基本條件，否則，將一事無成。

薩迦班智達的大弟子加爾瓦樣功巴，是藏地歷史上有名的大成就者，他說:「人們往往只對高深的法趨之若鶩，低劣的法不能令其滿足。他們對大空性、大無生、高深莫測的大法總是投以關注、欣喜的目光，從不觀察自己的相續與佛法是否相應。雖然所修的法是大圓滿，但也無濟於事，因為大圓滿的修行者必須是大圓滿的根器。目睹現在的人口若懸河地談

論著像馬一樣價值昂貴的法，而其人的價值卻不如一條狗。已經與法背道而馳，卻不願修習。其實與說唱者扣人心弦的歌聲，鸚鵡巧舌如簧的重複沒有區別。如果已經了知一兩個法，就應當身體力行，實際修持。一旦通達了一兩種法，就應讓其與內心相融。如果心法未能互相交融，那麼，就如同水與粉末未能融合一般，人法之間也相距萬里，而不能真正地互相容納。法就如同肺葉做成的菜湯一樣，（肺葉全部漂蕩在湯麵上，）僅僅漂浮在口頭，而沒有任何意義。（整日怨天尤人、驕傲自滿，滔滔不絕地抱怨。）這樣，修法的意義也就不能充分體現了。」

無論什麼法，都應該融入自心，並付諸實踐，而不應將其作為一種擺設或向人炫耀的資本。《薩迦格言》也云:「愚者學問掛嘴上，智者學問藏心底，麥秸漂於水面上，寶石沉沒於水底。」

修行人不應「這山望著那山高」，而應踏踏實實地從頭做起。

壬午年二月初三

2002 年 3 月 17 日

母親

離開喇榮已有160天了，這是母親今天在電話裡提醒我的。可見她日日都在掛念著遠方的不孝之子。

如同世上所有的母親一樣，母親對我的成長和修行付出了很大的代價。在艱苦的歲月裡，母親含辛茹苦、忍辱負重，表現出極大的忍耐力和善良的品格。

我2歲的時候，一次突患疾病。母親背著高燒不退、奄奄一息的我，深一腳、淺一腳地向幾十公里外的縣城走去。路上不知摔了多少跤，吃了多少苦，馬不停蹄地走了整整兩天兩夜。看到昏迷不醒的我終於從死魔的嘴裡逃脫出來，母親淌滿汗水的臉上才綻開了笑顏。

在我兒時的每天晚飯之後，全家人都會圍著火塘，母親就開始念誦她每日的必修課——《極樂願文》，紅紅的爐火映著她年輕如花的臉龐，使我生起一種像面見度母一樣的聖潔感。娓娓的誦經聲彷彿來自於空行剎土，在帳篷間久久回蕩……這種耳濡目染的薰陶建立了我最初對佛法的認識。直到如今，每當看到或聽到《極樂願文》的頌詞，母親念誦經文的聲

音就會在耳邊迴響。我至今尚能完整地背誦《極樂願文》，母親實在是功不可沒。

記得我七八歲的時候，母親還算年輕，臉色白裡透紅，眼睛像黑色的寶石，牙齒潔白如雪。一天，我與母親在山上放牧，山上的樹木鬱鬱蔥蔥，牧草青翠欲滴，花朵五彩繽紛。我們一起捉起了迷藏，當我從花叢中找到母親時，覺得她像仙女一般美麗。也許這印證了漢地的一句說法：「兒不嫌母醜，狗不嫌家貧。」

如今，歲月的刀斧已將母親的臉刻得溝壑縱橫，兩腮凹陷、牙齒脫落，腳也一瘸一拐，幾近殘廢，整天只有拿著一根手杖挪動著沉重的身軀。如果我提起她年輕時代的卓卓風姿，誰也不會相信。歲月不饒人啊！

父母的恩德是難以估量的，佛陀在《父母恩重難報經》中宣說了父母的種種恩德。阿底峽尊者也說：孝敬父母與修大悲空性無別。記得曾有一位居士將此話告訴父母，令父母對佛法生起信心，因而皈依了佛門。

但藏族有一句話：「母心如水，子心如石。」母親的心如水一般柔軟，兒子的心卻如石頭一般堅硬。當很多人意識到父母的艱難，想孝敬時，父母已撒手人寰。「樹欲靜而風不止，子欲養而親不待。」所以，趁著父母還健在，應該好好地孝敬老人。

「慈母手中線，遊子身上衣，臨行密密縫，意恐遲遲歸，誰言寸草心，報得三春暉。」

其實，對母親最大的報答莫過於令其學佛，誠信三寶。令我安慰的是，母親虔信佛法，並已出家，這也算是我略盡的孝道吧。

母親，不要牽掛您這個不孝之子。您好好念佛，祈禱三寶，我病好了會儘快回來的。

壬午年二月初四

2002年3月18日

勸勉

修行的人不僅要時常觀自己的內心，方便之時也要度化有緣之人，如自己的家人、朋友及同事，令其皈依、學佛甚至出家學道。很多人也曾嘗試過，但因一兩次的努力，效果並不明顯，便「知難而退」。其實，這也是菩提心尚未真正融入自己相續的原因。

釋迦牟尼佛在因地時轉世為精進力比丘，為勸勉吉祥寶王子棄惡行善、皈依佛門，用了 84000 年（那時眾

生壽命很長)。其間，他時常坐在王子院子門口的階梯上，受盡了眾人的無端攻擊，嘗夠了王子的傲慢無理。為度化眾生，孜孜不倦、鍥而不捨，終於感動了王子，使之對佛法生起了強烈信心，並皈依佛門。

《經莊嚴論》云:「佛子依勝勤，成熟諸眾生，為生一善心，千萬劫不厭。」無垢光尊者也說:「應當發心乃至僅有一個有情未從輪回中解脫之前，願為度之而生生世世住於輪回，日日夜夜無有厭倦地精進。縱然是百俱胝劫中令一個眾生相續中生起一剎那的善心，也應當以最大的勇氣盡力而為。」作為追隨佛陀足跡，擔當如來家業的大乘佛子，我們應該如此而行。

能夠調服一個眾生令其生起菩提心，功德也是極為可觀的。《中觀四百論》云:「若有建寶塔，高與世間等，調服使發心，說福勝於彼。」

說著容易做著難，這裡就有幾個剛強難化的醫生，我天天給他們宣講佛法，至今卻一個皈依的也沒有，真令人慚愧。

壬午年二月初五
2002年3月19日

光陰

世人喜歡以光陰比喻時間，而我更喜歡把它想像成一條一去不復返的河流。

孔子走到河邊說:「逝者如斯。」

哲學家赫拉克利特說:「你不能兩次踏入同一條河流。」

奧修說:「生命在流動，它是一條河流。」

先哲們都以此強調時光的珍貴。的確，曾經如同河流般消失了的時光，永遠不復回歸。無論它是輝煌還是暗淡，幸福還是憂傷。人的生命在即生中只有一次，以什麼樣的方式度過這段光陰，值得我們深深地思索。

今天一位驕傲的知識份子問我:「您老是強調要我們背誦經論。但我總覺得修行人應以發菩提心、調服煩惱、觀修禪定為主。理論上的東西，瞭解其大概就行了，何必一一背誦？浪費很多時間呢？」他說得有道理，但我知道他每天「節約」的時光，並不是用來做他所說的

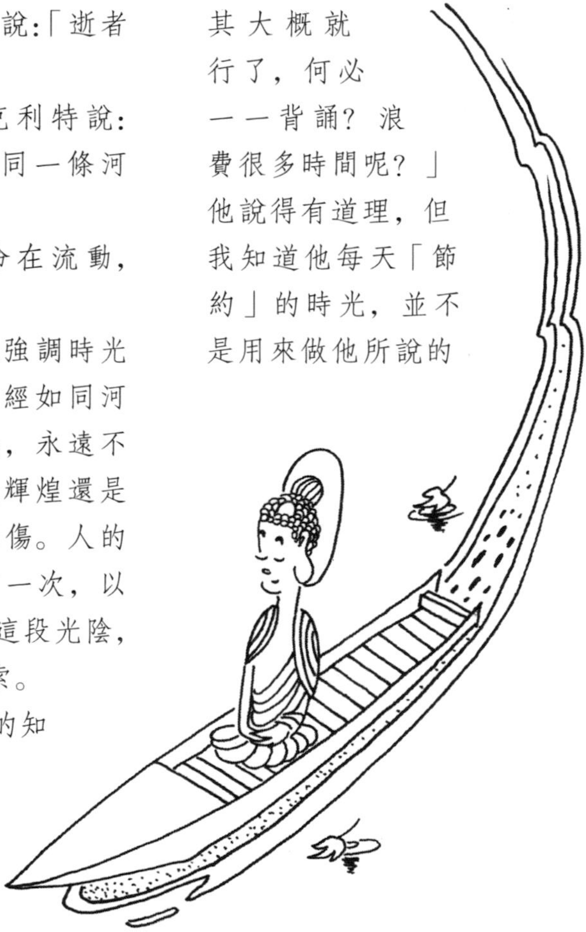

重大要事，而是用於散亂、閒聊、癡睡等無義之事。我回答他說:「你說得有道理。如果你的時間真用於發菩提心、修禪定，我當然隨喜。但你是否整天都修禪定而沒有時間背誦呢？不是吧。」一句話彷佛使他恍然大悟。他說:「我明白了。其實我嘴上說的好聽，實際上並沒有好好珍惜時間。從今天起，我要從散亂中至少抽出半個小時背誦。」聽了他的告白，我很感欣慰。不僅僅是他，如果所有的修行人每天哪怕抽出十分鐘，背誦一個偈子，記下一段公案，一定會有所裨益的。

魯迅先生也說:「我不是什麼天才，只不過是把別人喝咖啡的時間用來看書和寫作了而已。」世間的名人懂得對光陰的珍惜，卻不知道用於修行；修行的人懂得修行，卻往往不知道珍惜時間。

既然我們無法使時光倒流，如何使人生過得完美，不致臨死之時為虛度年華而悔恨，就應當如海綿擠水一樣擠出每一分、每一秒，做有意義的事，而不應散亂度日。

壬午年二月初六
2002年3月20日

深思

名副其實的大德們修行時，從不希求名聲、財富及世間妙欲。恒常以身體力行來斷除世間貪欲，希求來世解脫。

藏傳佛教噶舉派大譯師慈祥（綽迫羅雜瓦 1173-1225），曾到印度、尼泊爾依止喀什米爾班智達等大成就者，其間風餐露宿、夜以繼日地精進研學，終得精通顯密教言。回藏地後，廣建寺院、弘揚佛法，使佛法之精妙甘露得以沐浴四方。他說:「不知身壽似水泡，不念死主已迫近，縱然修善極眾多，仍為此生之武器。不曉名利乃幻化，未棄貢高利牽縛，縱然被奉為聖者，仍為八法之僕役。今生殘體未放

棄，縱然勵力勤修善，終將赤手奔來世，前途渺茫真可憐！不懂輪回之過患，欲妙享樂不知厭，誇誇其談空口言，亦為狡詐偽君子。」

他的大弟子《布頓佛教史》作者布頓仁波切在《自我教言》中也說:「為了即生親怨之利益，貪嗔積財攝受諸眷屬，死時眷屬受用不跟隨，業果苦痛唯有己承受。梵天帝釋轉輪之王等，所獲輪回樂果不穩固，死時未必不會墮惡趣，當於輪回生厭仁親哲（布頓名）！」

讀到這些言教，聯想到自己一生中雖然表面行善，但仔細觀察，歸根結底往往是為了自己今生的利益。為眾生、為來世的成分究竟有多少，沒有很大把握。前輩大德們的高尚心行真令人羨慕。

與其臨淵羨魚，不如退而結網。從現在做起，也許還不是很晚。

壬午年二月初七
2002年3月21日

意供

有等持及觀想能力的人，依靠意幻供養不僅方便而且功德很大。其具體方法如下：

以等持觀想各種供品持於手中，供養釋迦牟尼佛或其他佛菩薩。若觀想能力成熟，可觀想盡法界、盡虛空界，遍滿諸傳承上師、十方三世一切佛，種種菩薩、修行僧眾海會圍繞。《寶篋經》云：「掌中觀想諸供品，供養一尊佛陀前，供養諸佛亦復然，仙人等境仍如是。」《華嚴經》中也有相同描述。

再觀想自己與六道之無量眾生以勝妙之供養：上妙珍饈、輪王七寶、花雲、天音樂雲、天傘蓋雲，天衣服雲，天種種香：塗香、燒香、末香，如是等雲，一一量如須彌山王。燃種種燈：酥燈、

油燈、諸香油燈。一一燈柱，如須彌山；一一燈油，如大海水……以如是等諸供養具而為供養。

麥彭仁波切云:「等持意供者，以信心與恭敬心為基，由等持幻變無邊之供雲，以智慧了知彼無自性者也。」

由此可見，與其為供養上師、佛陀而以欺騙手段造作惡業，還不如以清淨心意幻供養為妙。

供養乃為令諸佛菩薩歡喜之法，「上報四重恩，下濟三途苦」是每位佛子之本分。但如果為供養佛菩薩而傷害其它眾生，實為捨本趨末之顛倒行為。

如果每天利用片刻時間，以觀想自性清淨力之緣起，而修持意幻供養，定會獲得無邊功德。

眾生能依靠如此之多的方便法積累二資，真是令人歡喜。

壬午年二月初八
2002年3月22日

價值

哈哈！

曾有一個人五年中在上師前聽聞了如海一般的顯密佛法。離開上師一年後，就把所聽聞的一切教言忘得乾乾淨淨，只是牢牢記得供養給上師的500元錢。

其實這種現象比較普遍。很多人都不明白，在具德上師前聽聞佛法時供養的功德，凡夫是無法衡量的。為聽聞佛法，作再大的供養也是值得的。

我等大師釋迦牟尼佛在因地轉世為月亮王子時，為聽聞四句偈子的佛法，供養了4000兩黃金。父王得知後說:「你為法捨棄的財物太多了吧！」月亮王子說:「佛法是十分珍貴的，就是捨棄王位及國家所有的財產也值得，更何況4000兩黃金！」

月亮王子所求的只是顯宗的一般法門，若在具德上師前得灌頂、密法，其恩德更是金錢所難以衡量和報答的。在《賢愚經》中也有佛陀為聽聞四句偈子的佛法，曾在身上點千燈的公案。

即使是世間的智慧，也是以金錢難以衡量的。

曾有一位叫盡見的大臣，國王給了他500兩黃金，委派他去購買別國最好的東西。他走了很多國家，一直沒有買到。

一天，他遇見一位老人在街上喊著:「賣智慧了！誰要買智慧？」

大臣心想，這個東西我們國家沒有，就問道:「怎麼賣？」

「五百兩黃金，要先付款。」

大臣交出黃金後，老人字正腔圓地說道:「這可是真正的人生智慧，一共12個字，你務必記住『緩一緩，再生氣。想一想，再行動。』」大臣聽後心裡直喊冤枉，後悔不迭，認為500兩黃金可惜了。

回到家裡，已是深夜。進到臥室，見妻子身旁躺著一個人，不由得心想:「這個水性楊花的女人，居然敢紅杏出牆，背著我與人通姦！」想到這裡，就氣不打一處來，立即抽出寶劍向妻子刺去。忽然，他想起了那12個字，就一邊念一邊仔細察看，才發現那人竟然是自己的母親。原來，今天妻子生病了，母親是特意來照料她的。

大臣這才醒悟過來，這句話的確是真正的智慧啊！500兩黃金豈能與妻子和母親的性命相比！

世間很多令人後悔之事的發生，都是因為缺乏智慧的緣故，可見不論是世間還是出世間，智慧都是無比珍貴的。

壬午年二月初九
2002年3月23日

四力

我們知道藏傳佛教無論格魯派還是寧瑪派等其他教派，懺悔時都依四對治力。修習漢傳佛教的有些人卻以為這是藏地修法，沒有必要採用，這種見解實為井蛙之見。

其實，這也是藏傳佛教將佛經竅訣靈活應用於修法的具體體現。四對治力在《大藏經》的經論中多有記載。如《宣說四法經》云:「彌勒，菩薩若具四法，則能壓制所造所積之一切罪。何為四法？厭患對治力、現行對治力、返回對治力、所依對治力。

厭患對治力即若行不善業則多生悔心；現行對治力即雖作不善業但也極為精勤行善；返回對治力即真實受戒後獲得不再就犯之戒；所依對治力即皈依佛、法、僧三寶與不舍菩提心。」

不僅僅是四對治力，包括金剛薩埵心咒，也不是藏傳佛教特有的懺悔咒，在《三猛厲調服經》中對此也有詳細記載。

現在的眾生往往只知道造作惡業，具足智慧而厲行懺悔的人卻微乎其微。《彌勒獅吼請問經》云：「愚人造惡業，不知懺悔罪，智者懺悔罪，不與業同住。」

所以不論是藏傳佛教還是漢傳佛教，若依四對治力懺悔，即能遣除無量罪障。如果因前世習氣難以更改，不能完全斷除殺生、妄語等惡習，但如果能每天誠心念誦金剛薩埵心咒，也會有不可思議功德。

但願人們在散亂之餘，不要忘了懺悔。

壬午年二月初十
2002年3月24日

安忍

多部經論都認為安忍是六度中最難修持圓滿的。《入菩薩行論》云:「罪惡莫過嗔，難行莫勝忍，故應以眾理，努力修安忍。」在世間也有「忍字頭上一把刀」的說法。尤其面對無緣無故的侮辱，無中生有的誹謗，很多的修行人都難以做到如如不動，視若虹霓。

本師釋迦牟尼佛曾轉世為一外道仙人，名忍力，他發願永遠不對任何眾生生嗔恨心。當時有一惡意魔王為摧毀忍力的安忍之法，就幻化出專門毀壞別人安忍功德之一千人，用咒語詛咒忍力，用妄語肆意對忍力橫加誹謗，還在大庭廣眾之中用常人難以啟齒之言詞羞辱他。這些人還於忍力行、住、坐、臥之時加害於他，如此等非理之行竟持續長達八萬四千年之久。

當仙人前往城市之時，這些惡性眾生竟用不淨糞澆灑在仙人頭上、所捧缽盂中以及衣服上，還用掃帚猛擊其頭部，但他根本沒有生起絲毫的嗔恨心與報復之意。不管別人如何待他，他從未

想過以牙還牙，從未怒目相向，從未惡口相加，甚至諸如「我到底做錯何事」之類言詞都未曾說過。並且心中暗自發願：為難以調伏之眾生利益，我誓修無上菩提，一定要首先度化此等眾生。

日本的白隱禪師也以修安忍而著稱於世。曾經有位姑娘與一男子有染而生下一子，姑娘怕虔信佛法的父母譴責，就告知父母乃白隱禪師所為。因其父母對白隱禪師一直尊敬有加，以為此法可免父母責難。這可害苦了白隱禪師，不明真相的父母聽信女兒讒言，抱著剛生下的嬰兒，扔給白隱禪師並說道：「你這個敗壞佛門清規戒律的假和尚，以前我們沒有看清你的醜惡面目，蒙受你的欺騙。沒想到你竟然做出如此禽獸不如的勾當，這是你的兒子，你拿去吧！」白隱禪師淡淡地說了聲：「是這樣嗎？」就默默地接過孩子。姑娘的父母更以為沒有冤枉白隱禪師，便將此事到處傳播。人們一剎那間都知道了白隱禪師的「醜惡行徑」，紛紛白眼相視。

白隱禪師抱著虛弱的嬰兒，到剛生過孩子的人家乞求奶水，那些人家都說：「哼！要不是看在可憐孩子的份上，才不會給你呢！」

時間一天天過去了，姑娘的良心備受痛苦的煎熬，她不能再看到人們對白隱禪師的不公正待遇，終於向父母坦白了一切。當姑娘父母萬分羞愧地來到白隱禪師面前懺悔時，他仍然是那句話：「是這樣嗎？」

這是多麼普通的一句話啊！但要能以平常心說出這句話，絕不是「未經一番寒徹骨」之凡夫所能為之的。這些先輩們高義薄雲之安忍品德，什麼時候能真正融入我的相續？

壬午年二月十一日

2002年3月25日

長久

修行是一項曠日持久的艱苦過程。無垢光尊者說:「修行不能僅靠幾天的努力，需要長期的奮鬥。」如果能長期堅持不懈地精勤，既可磨煉意志，又可積攢資糧。

記得小時候有一位叫扎拉的阿姨，不僅年輕美麗，而且誠信佛法。她曾跟隨村裡人一起到拉薩朝聖。30年前，她曾在上師前發願，每天磕頭100個，念誦極樂願文1遍，金剛薩埵心咒10000遍。當時尚處於宗教受到嚴重摧毀的恐怖時期，念經誦咒尚可默默完成，但磕頭就有很大困難。除了在家裡，她常在放牧時偷偷到一山洞裡磕頭，並叮囑我為其放哨。常常趁沒人之時，我就提醒她:「你該磕頭了！」

時光荏苒，30年時光匆匆流逝。其間我經歷了讀書、

出家等一系列變故。去年7月，我在老家碰見她，她的臉上已刻滿了歷經滄桑的痕跡。想起當年磕頭的經歷，連忙問她:「您還在繼續磕頭念咒嗎？」她回答我:「從來沒間斷過，即使生了大病，病後仍然補上。現在時間更

多了，可以念更多的咒子。」「那這麼多年您一共磕了多少頭？念了多少咒？」「沒統計過，我想只要好好修持就行了，沒有去統計什麼數量。」

我在心裡為其保守地算了一下。這 30 年她至少磕頭 1,095,000 個，念誦極樂願文 10950 遍，金剛薩埵心咒 109,500,000 遍。這對於很多人來說不啻為天文數字。扎拉是藏族中極其普通的一位教徒，既沒有名聲，也不算最精進。但她能 30 年如一日地以磨杵成針的毅力鍥而不捨地修行。實為難能可貴。

現在有的人修完一遍 50 萬加行，就四處炫耀，唯恐他人不知。扎拉卻能默默無聞，從不間斷，的確令人嘆服。反觀自己，雖然在上師前發了願，卻沒有如法行持，雖然被別人稱為法師，卻不如一個普通人，真令我汗顏。古人云:「騏驥一躍，不能千里；駑馬十駕，功在不舍。」如果每個修行人都能有此精神，有一分付出，就一定會有一分收穫的。

壬午年二月十二日
2002 年 3 月 26 日

可惜

現在的人們往往無法面對生活中遇到的各種痛苦，一旦丟失錢財，名譽受損，便如喪考妣一般。只有修行獲得一定境界的人，方可斷除貪欲。真是可惜啊！

藏傳佛教竹巴噶舉派的大成就者藏巴加惹（1161-1211），被人們譽為智慧金剛。他在24歲時依止善知識，孜孜不倦地精進修學。學成後於後藏江孜地區修建龍多寺、日隆寺等許多寺院，並精勤不懈地廣轉法輪。當地的人們為其薰染，紛紛修習竹巴噶舉之修法，並捨棄世間財富，視祈禱、觀修為財，最後都得到了不同層次的果位元。故當地有「人半竹巴，竹半乞丐，丐半證師」之美傳。竹巴噶舉在當地形成了空前絕後的盛況，成就者的美名也家喻戶曉。

他留給後人最殊勝的教言是:「具修證者之門房，幸福快樂已困躺，饕餮之徒難尋訪；對治士夫之門房，看破塵世已困躺，具貪嗔者難尋訪；斷根源者之門房，舒心愉悅已困躺，具希憂者難尋訪；知饜足者之門房，富貴榮華已困躺，具貪念者難尋訪。」意思就是說，在具有修證的人眼前，幸福快樂早已經具足，只可惜貪圖吃喝的人卻沒發現；依靠智慧來對治煩惱的人，看破紅塵早已如運諸掌，只可惜具有貪嗔之念的人卻沒有發現；捨棄世間法的人與快樂時刻相隨，只可惜心存希憂之人卻沒有發現；知足少欲的人財富常伴左右，只可惜欲火中燒的人卻始終難以發現。

現在的人們為聲色犬馬、功名利祿所誘。整日為一簞食、一勺飲而忙忙碌碌、殫精竭慮，卻常令自己深陷痛苦憂慮之境地，不能不令人深感可惜。

捨棄世間吧，歡樂將與你長相廝守!

壬午年二月十四日
2002年3月27日

月光

夕陽收盡了西邊的最後一抹餘暉。四下沉寂，我等待著「林竹翳如」的夜幕降臨，使我得以在黑暗中獨享南方春夜的悠然。然而，我徒勞了。一輪皓月懸掛虛空，清幽的月色給房屋、樹林、花園，鍍上了一層銀白。真是「千江有水千江月，萬里無雲萬里天。」

池塘中、臉盆裡、甚至下雨積下的水坑中，都無一例外地盛著那圓圓的、光亮的臉，彷佛撈之可得。難怪世人有

「猴子撈月」的傳說了。

的確，無論地上有多少水器，只要水面平靜，水質清淨，皆能顯現皎潔月影。同樣，無論多少人，若能以淨心觀想佛陀，佛也會立即來至彼前，為其加持，排其苦惱，令其安樂。

《寶積經》云:「何人作意佛，能仁住彼前，恒時賜加持，解脫一切罪。」可見如此做法有很大功德。《三摩地王經》曰:「散步安住站立臥，何人憶念能仁尊，本師恒時住彼前，彼者將獲廣大果。」也許有人會疑惑，為何佛陀會在轉瞬之間來至我們面前呢？其原因是因為自己的心無絲毫垢染，加上智悲尊者的大悲力顯現而致。《大圓滿心性休息》云:「觀想彼臨極應理，此為自心清淨力，智悲尊主大悲力，佛說如意成所願。」

如果一個佛教徒，每天一次也不觀想釋迦牟尼佛，應該感到慚愧。我們應思維經典中的金剛語，這樣對我們消除魔障、獲得信心、增加智慧，均有無邊利益。當然，如果信心的器皿倒扣，則永遠也不會顯現佛光月影。

壬午年二月十五日
2002 年 3 月 28 日

無窮

有些人認為，佛教中說一切眾生皆作過自己父母之理，既不現實也不可能，且不論是否有前世，即使有，但世間眾生如此之多，如此之喻如何得以窮盡？

然而，以一般世間人的眼、耳、鼻、舌、身、意來

衡量之結果並非正量。《三昧王經》云:「眼耳鼻非量，舌身意亦非，若彼等為量，聖道復益誰？」只有究竟之智慧，方可照見世間萬事萬物之本性。若未依甚深佛智，僅依凡夫之分別念，實難徹見紛紜繁雜的現有表像之本質。

無始的概念，一般凡夫的六根是很難揣度的。《親友書》云:「過去一一生身骨，輾轉積若妙高山，地土丸為酸棗核，數己形軀豈盡邊。」無始以來，每一眾生流轉輪回的次數，世間的數字是無法表示的。為業力所轉而互為親怨的數字也同樣難記其數。《聖者涅槃經》中云:「此大地土摶成豌豆許丸用以衡量一有情為自父母之數，則可數盡，然一有情為自父母之數卻不可勝數。」

所以，在未對佛經進行精讀、思維前，切不可對佛教之說法妄加評論。對經論進行精研以後再下結論乃為智者之所為。

壬午年二月十六日
2002年3月29日

無求

夏沃工巴格西（班瑪香秋）是噶當派的三大弟子之一。他一生捨棄世間法，精進修持，終於獲得大成就。示現圓寂時身體化為舍利，留與後人，在佛教史上寫下了光輝的一頁。

他在對弟子的教言中說道：「如果相信我的話，立時就可獲得安樂，即使相信我，也沒有其他的高招，沒有其他的訣竅，就是令其捨棄今生。」又說，「使我們今生來世蒙受痛苦的一切根源，就是對今生的貪執，所以必須削減對今生的貪執，如果喪心病狂地追求今世的安樂，其心就絕對不會快樂，即使忙忙碌碌、東奔西跑、疲憊不堪也於事無補。甚至痛苦、罪業、惡言也會不約而同地降臨。因此，應當將氾濫成災的貪欲之念驅之門外，如果能將貪念趕盡殺絕的話，幸福安樂的生活將從此拉開帷幕。因此，

若想讓今生來世都獲得快樂，至少應從心底生起什麼也不貪求、什麼也不蓄積的心念。不欲獲得是最殊勝的獲得，不念名聲是最殊勝的名聲，不趨讚譽是最殊勝的讚譽，不求眷屬是最殊勝的眷屬。如果誠心想修法，就必須讓心依於貧窮，貧窮乃至死亡。一旦生出此種念頭，則無論天、魔、人都不能侵犯，如果不遺餘力地算計今生，則只能自取其辱，不但自己品嘗自己釀成的苦酒，還要承受他人的譏諷，來世還須奔赴惡趣去感受無邊無際的痛苦。」

基確巴（名森丹華，潘地加紮法王的弟子，精通教法，證悟圓滿，創建果莫亞寺，度生事業廣大無邊，培養造就了雅得班欽等一大批名聲卓著的大弟子，被人們尊稱為基確法王）云:「若以風掃此生念，即可稱為厭離者，何亦不需念頭生，美名廣傳遍大地，為修法故捨身壽，和風吹送稱讚語。」

一個修行人如果沒有調服自己的心，希求太多，只能為希求所累。所以，要想成就大事業，無欲無求極為重要。

壬午年二月十七日
2002 年 3 月 30 日

記住

藏地近代的依科金剛上師（秋央讓卓），是公認的證悟大圓滿的瑜伽師。據說他是布瑪莫扎的化身。他平時對弟子要求十分嚴格，常常示現威嚴身相。想拜見他也十分困難，除非特殊開許。法王如意寶晉美彭措曾在15歲時見過他。

晚年時，他在色達的翁達鎮附近的山上修建閉關房，並為100多位閉關者宣講佛法。弟子圓寂時都相繼示現了不同程度的成就之相。

一次，弟子索朗彭措曾向他求最殊勝的法，他說：「將吾等大恩上師觀於頭頂，時刻祈禱並受四灌頂，將心

與智慧融為一體。平時將外面一切色相觀為上師的身體，一切聲音了知為上師的語言，一切分別念抉擇為上師的智慧。總之，一切器情之顯現皆為上師相。吃飯的時候，將上師觀於喉間，進行飲食甘露供養，可遣除罪障，令飲食之舉成為會供；睡眠的時候，將上師觀於心間，上師身體所發之光明周遍一切世界，自己化光融入上師；臨死的時候，不要焦急萬分，手忙腳亂，而應平靜地將上師智慧與自己的心觀想為無二無別而安住。這是一切往生法的根本。即使你們依止我一百年，我也沒有更殊勝的教言了。希望你們能牢記！」

這個教言真是很珍貴，世間的如意寶也難以比擬。任何人聽了這段凝聚著智慧精華的語言，都應該有新的感悟。如果沒有，則此人心中可能有「心結石」。

壬午年二月十八日晚
2002年3月31日

法樂

世上最可靠、最穩固的安樂是通過修學佛法而獲得的大樂。它與世間安樂有很大的差別。藏地的無著菩薩，是《佛子行三十七頌》與《入行論釋》的作者。任何人只要讀誦他的著作，相續中都會自然而然地生起無偽的菩提心。

他在對弟子的言教中，曾將世間安樂與法樂進行了一番深入透徹的比較:「以智慧而生存所能感受之勝法妙用，以享受飲食、女人、歌舞所獲之樂受無法與之相提並論。」為什麼是這樣呢?「因為享受飲食等所獲之樂受，不能周遍全身；需要依外緣而獲得；不能恒時隨心所欲而得，只是暫時性地偶爾獲之；並非遍佈三界；其後不能獲得聖財；享受之後即消耗殆盡；怨敵等

能從中作梗；不能攜往來世；依之不能究竟滿足；並且滋長今生來世之一切痛苦；猶如麻風病人搔癢之樂一般僅僅是將息滅痛苦冠以快樂之名而已。由此衍生貪欲等各種煩惱，造作殺生等種種惡行。而享受妙法所獲之樂受，可以周遍全身；可以隨時獲得；遍佈三界；其後能獲得聖財；享受之後不但不會窮盡，反而日益增上；怨敵等不能從中作梗；可以攜往來世；依之能究竟滿足；並且不會滋長今生來世之一切痛苦；並非僅僅冠以快樂之名。且能摧毀一切煩惱及惡行。由此可見，佛法是極為殊勝善妙的。」

由此可知，法樂乃為安樂之上品。經云:「如若貪諸欲，欲念反將棄，若舍諸貪念，將獲勝妙樂。」斷除貪欲，是獲得極至安樂之唯一途徑。

壬午年二月十九日
2002 年 4 月 1 日

失敗

世間的人，不管是市井白丁還是朝廷命官，人人都希望為一己之利而拼搏。凡事務求一帆風順，經不起半點挫折。其實，失敗也未必一無是處。有一句古訓說得好:「禍兮福所倚，福兮禍所伏」。

漢地近代高僧弘一法師，是集詩、詞、書畫、篆刻、音樂、戲劇、文學於一身的才子，先後培養出了名畫家豐子愷、音樂家劉質平等一些文化名人。真可謂風流倜儻，才華蓋世。出家後苦心向佛，過午不食，精研律學，被佛門弟子奉為律宗第十一代世祖。他為世人留下了咀嚼不盡的精神財富，是中國絢麗至極而歸於平淡的典型人物。

他在《閩南十年之夢影》中說道:「我的心情是很特別的，我只希望我的事情失敗。因為事情失敗和不完滿，這才使我發大慚愧，能夠曉得自己的德行欠缺，自己的修養不足。那我才可努力用功，努力改過遷善。無論什麼事情，總希望它失敗。失敗才會發大慚愧。倘若因成功而得意，那就不得了啦。」我特別喜歡背誦這

段文字，這種有悖常人的思維，正說明了法師的謙遜與大智大悟。

無垢光尊者在《竅訣寶藏論》中的最深要訣之一即是:「滅除我執恒自取失敗。」朗日塘巴尊者也有「虧損失敗我取受，勝利利益奉獻他」的遺訓，與弘一法師的話相比，實有異曲同工之妙。不怕失敗，敢於失敗，真為大丈夫之膽識。

關於如何面對失敗，世間也積累了不少以辨證的眼光看問題的格言，如「塞翁失馬，焉知非福。」「生於憂患，死於安樂。」而且，有不少的世間人，也懂得迂回的路必有其收穫。作家羅蘭曾說過:「在人生途中，你每走一步，就必定會得一步的經驗。不管這一步是對還是錯，『對』有對的收穫,『錯』有錯的教訓。繞遠路，走錯路的結果，你就恰如迷路走入深山，別人為你的危險焦急惋惜之際，你卻採集了一些珍奇的花果，獲得了一些罕見的鳥獸。而且你多認了一段路，多鍛煉出一分堅強與膽量。」

若能勇敢地面對失敗，則將嘗到其中的甘甜滋味。

壬午年二月二十日
2002年4月2日

轉變

誠心向佛的修行人，其心態與行為往往會與以前的世俗生活判若兩人。因為具有佛法之智慧寶劍，一切世俗煩惱之桎梏、紅塵牽掛之羈絆，均可迎刃而解。

奔公甲大師（赤誠加瓦）是藏地以對治煩惱而著稱的大修行人。他曾以強盜行徑為生，性格粗暴，不拘小節。後來幡然醒悟，並與土匪生涯一刀兩斷。毅然出家後，採用各種對治方法，捨棄一切惡行，嚴於律己，常觀己過，終於令自相續生起了極大的歡悅。

博朵瓦曾意味深長地說：「修行人在今生中也應與其他人截然不同。我是在家人的時候，曾三次去挖金，結果一無所得，現在每一天都有許多兩黃金的進項。雍瓦谷

的卡隆巴所擁有的幸福、快樂和名望，世間無人可出其右。龍修的金厄瓦也是快樂無比。這一切都來源於如法修持的結果啊！」

作為修行人，一旦通過精勤修持，讓佛法在相續中生根發芽，就會因洞徹了宇宙人生的真相，而徹底打破以往固有的世界觀與人生觀，並與往昔的世俗生涯逐漸背離。

如果自己的思想不再繼續封閉在追求今生的狹窄思路中，被世間八法所束縛，並將以前所追求的豐衣美食的物質享受視如敝屣。就會打開一片開闊的視野，目睹到芸芸眾生的艱辛困苦，瞻矚到廣袤法界的清澄蔚藍。

只要具備信心與毅力，即使對塵世的貪戀之心已經根深蒂固，佛法也猶如一柄鋒利的鐵鏟，能夠以所向披靡的氣勢刨開功名利祿的泥土，將世俗牽纏連根剷除。

作為一名修行人，我是否也有了很大轉變呢？

壬午年二月二十一日

2002年4月3日

淨觀

很多佛教徒，常常有自己超勝於其他眾生之念。尤其是見到那些行為顛倒、見解錯亂、煩惱增盛、種姓低劣的眾生，就更容易生起此念。

很多獨自修行的人，在稍微生起一些覺受，或是根本連覺受也沒有，只是像雪豬一樣獨自呆了一段時間，就生起強烈的我慢，以為自己已是當代的米拉日巴了。對周圍的人不屑一顧，認為他們都是追求世間八法的愚人，或是修顯宗的鈍根，唯有自己才是修金剛乘的利根。殊不知，這種想法已讓他陷入了罪惡的深淵。

諸部經論中都曾宣說過，

淨觀

諸佛菩薩為度化眾生，而顯現各種形象。《涅槃經》等諸契經中記載:「佛在地獄以地獄形象利眾；在餓鬼界以餓鬼形象度生；在傍生道以人熊、鴿子、蛇、犛牛、龍、大鵬、烏龜等形象行菩薩道；佛在人間以屠夫、殺狗宰雞者、漁夫、魔法師、外道、令人增上貪、嗔、癡之對境，不信因果、不孝父母、不敬長老、嫉妒、吝嗇等煩惱深重者等各種形象度化有情。」看到這些，實在令我們這些薄地凡夫難以置信。在《白蓮花論》中也記載了很多佛陀在因地時，以這些形象利益眾生的事蹟。《富樓那請問經》也云：我變僕人為人端屎、到尿、掃地、割草。所以，即使見到掃地的，也不可輕慢，而應生尊敬之心。

《妙法蓮華經．常不輕菩薩品》中也寫道:「爾時有一菩薩比丘，名常不輕。是比丘凡有所見，皆悉禮拜讚歎，而作是言。我深敬汝等，不敢輕慢。而是比丘，不專讀誦經典，但行禮拜。如此經歷多年，常被罵詈，不生嗔恚。常作是言，汝當作佛，說是語時，眾人或以杖木瓦石而打擲之。避走遠住，猶高聲唱言，我不敢輕於汝等，汝等皆當作佛。」

《發起菩薩殊勝志樂經》中也說:「不應見人過，自謂最尊勝，驕恣放逸本，莫輕下劣人。」

因此，即使我們不能做到見誰都禮拜讚歎，但如果在見到他人造作惡業而無法制止之時，應生起也許是佛菩薩化現的念頭，繼而內觀自心，則絕對於己有利無損。

壬午年二月二十二日

2002年4月4日

胡思

一說到清明節，便會想起那首婦孺皆知的歌謠：「清明時節雨紛紛，路上行人欲斷魂，借問酒家何處有，牧童遙指杏花村。」

今天是清明節，是漢族傳統祭拜祖先，撫慰英烈的日子。街上的人們手捧鮮花，攜家帶口，絡繹不絕地出城為祖先和先烈掃墓。

而我卻獨自一人，在醫院排隊等候檢查身體。無情的病魔侵擾著我，在我不堪一擊的體內大行燒殺擄掠之惡行，令我焦急難耐。但無論是誰，得病也只能自己承受，別人是代替不了的。沒生病的時候沒有切身的體會，生了病方知生老病死的苦楚。

在繳費處熬了一個多小

時，終於輪到我了。單驗血一項就需260元，看著周圍很多衣衫破舊的人，心想：他們如何負擔得起這些昂貴的醫療費用啊！難怪西方有一種說法:「是窮人就不要生病，否則醫院的門檻是很高的。」沒錢治病，只能眼睜睜地等死。唉！這些可憐的眾生。

為了等待檢查結果，我坐在一棵據說有150年樹齡的榕樹下休憩。實在難以想像，它的年齡居然超過了我的高祖父。但高祖父早已棄我們而去，而這棵樹卻巍然依舊。人的壽命竟然不如一棵樹，即使沒病也活不了多久，無常真是可怕啊！

得到檢查結果，坐車回家的路上，看見一座巨大的建築物，聽說其產權歸屬於一耋耄之年的老人。想到不久於人世的老人，與堅固依然的大樓，實在為那些作著長期打算的人們痛心。

整整一個上午，就這樣胡思亂想。既未看書，也沒念經。

——清明午時於陽臺

壬午年二月二十三日
2002年4月5日

尋法

作為一個修行人，為了尋求正法，而捨棄一切，持頭陀行，是理所當然的。

釋迦牟尼佛在因地時曾轉世為喜法婆羅門，為了獲得一個偈子的佛法，毫不顧惜自己的身命，縱身躍入火坑。那個佛陀以「拋頭顱、灑熱血」的沉重代價換來的偈子就是:「恒喜行佈施，常受清淨戒，精勤修善法，以智得勝法。」

佛陀還曾轉世為一婆羅門，那時正值遇無佛出世之際。婆羅門在一帝釋天化身的羅剎前，聽聞了八個字的法後，將偈子寫於岩石、牆壁、樹木之上，留與後人。為報答帝釋天化現的羅剎賜法之恩德，毅然從樹上跳下，以身殉道。以其求法的清淨心，圓滿了十二大劫的資糧。那八個佛陀以鮮血和生命換來的字就是:「生後滅已，寂

滅為樂。」

這些佛陀以「捨身忘死求正法」之發心求得的偈子，凝聚了先輩的廣大悲心，包含了三世十方諸佛的加持。哪怕是片言隻語，我們也應該認真地受持讀誦，並為眾生傳授。

記得法王如意寶在傳講《白蓮花論》時，講到這些事蹟，禁不住老淚縱橫，用哽咽的聲音告誡我們：「釋迦牟尼佛為了濁世眾生，不惜捨棄生命尋求正法。如果我們不好好修持，真是可悲可歎！」

如今我們值遇了與佛陀無別的大恩上師，並為我們傳授了如海般的精妙佛法。若不珍惜，真是「枉來世間走一遭」了。

壬午年二月二十四日
2002年4月6日

厭世

真正的修行人應一心向佛，厭棄世法。否則，要想成功簡直是白日做夢。

無著菩薩長期在寂地閉關，很多人想拜見或向他求教，總是吃閉門羹。他在關房門外寫著:「勝法以及今生計，二者無法同時成，若能共成則必定，自我欺騙無懷疑。與我會晤無他言，期望各自勤修善。」

薩迦班智達也說:「一個人一邊成辦即生興盛事業，一邊求永久安樂，是愚癡鹵莽的行為。我們應當捨棄世間法。」

《發起菩薩殊勝志樂經》中也云:「彌勒，我不說言，愛言說者為心一住，好營世務於法無損。」

《修行入門》中也描述過宗喀巴大師親見文殊菩薩，文殊菩薩贈送的一段至理名言:「如果開初沒有對輪回產生出離的厭惡心，縱然孜孜不倦地聞思修行，也完全不會超越輪回及惡趣的因。應當將生圓次第等高深的法暫時束之高閣，精勤修持出離心，直至生起出離心為止。」

有的人會想，不是說：「佛法在世間，不離世間覺，離世覓菩提，恰如求兔角」嗎？佛法和世間法應該是不矛盾的啊？其實，這種說法有兩層密意，一是為了調柔剛入佛門的世間眾生，迎合他們不願拋棄世間之念的一種權巧說法；二是針對已證悟的成就者的無二境界或利眾事業而言。作為凡夫，只能腳踏實地地捨棄憒鬧，如經所說：「當舍於懈怠，遠離諸憒鬧，寂靜常知足，是人當解脫。」

浮名浮利過於酒，醉得人心死不醒。不要中了酒神狄俄尼索斯的詭計，迷醉於世間名利，好好把握住自己吧！

壬午年二月二十五日

2002 年 4 月 7 日

解疑

在《賢愚經》或《本師傳》等經論中，時常有描述帝釋天為了考察釋迦牟尼佛的發心，在其行佈施時作大違緣的情節。有人對此表示疑惑，為何帝釋天要如此為難釋迦牟尼佛呢？

其實，這是因帝釋天的發願力所致，在釋迦牟尼佛初行菩薩道時，為了釋迦牟尼佛能迅速圓滿資糧，帝釋天與提婆達多一樣發願成為佛陀佈施忍辱的殊勝對境。因佈施其他東西相對而言比較容易做到，但佈施身體的卻寥若晨星。如果不如此示

現，世人也難以了知佛陀的偉大之處。

又有人提出，為何佛陀時常在行佈施時，為了圓滿資糧，而將妻子、兒女佈施與吃人羅刹，這樣是否危害了其他眾生呢？

首先，佛陀的這一做法，只會圓滿妻子、兒女的資糧，而不會對其造成傷害。其次，這一做法的發心非為自利，而是為了早日成佛，挽救處於水深火熱之中的廣大有情，沒有絲毫的自私自利心。《入菩薩行論》中說：「經說行施時，可舍微細戒。」又說：「勿因小失大，大處思利他。」在具有殊勝發心的前提下，可以開許身語之不善業，《觀察三增上品》中云：「於大菩薩開許七種不善。」《大密方便經》中也有類似教證。

為了更多眾生的利益，大悲商主為令其從無邊輪回中得解脫，可殺短矛黑人；樂行童子為避免他人因貪己而死，可行不淨行。所以，發心極其重要。如果沒有清淨的發心，表面行持善法，恰如緣木求魚。

壬午年二月二十六日
2002年4月8日

修女

看到這個題目，也許有些人會感到不解。作為一名佛教徒，怎麼忽然間對外道感起興趣來了呢？但今天我要讚美的這位修女，決不能用單純的宗教來界定她的信仰。在我的心目中，她就是活生生的佛菩薩。她，就是馳名全球的修女——特蕾薩。

她出身於一個具有良好教養的南斯拉夫家庭，從小受到天主教的教育，18 歲前往印度的加爾各答，在一所擁有漂亮花園的修道院內，過著安定而舒適的歐洲式生活。

當她有一天發現修道院高牆之外人們的淒慘遭遇時，她再也不願安於往日平靜的生活，面對一雙雙渴望關懷的眼睛卻熟視無睹了。一種強烈的使命感驅使著她，使她不顧周圍人的極力反對，單槍匹馬地走入貧民窟，勇敢地將世人的悲慘背在自己身上。用一雙柔弱的雙肩，挑起了拯救貧民的重任。

當一個從沒有人關心過，沒有人知道他死活的老人，孤寂地躺在床上等待著死神造訪的時候，特蕾薩走進了他的房間；當一個被人毆傷的酗酒者醉臥街頭、無人問

津的時候，特蕾薩挺身而出將他救起，並送到她所創辦的憐憫之家；當渾身蛆蟲的傷者遭到路人的厭惡和唾棄的時候，特蕾薩精心地為他包紮傷口，並用溫暖的懷抱去迎接那顆瀕臨絕望的心……她的足跡穿越了大半個地球，加爾各答、葉門、倫敦、墨爾本、紐約，甚至包括中國。她先後成立了一百多個替窮人服務的處所，在僅僅 6 年的時間裡，就收留了 61273 個棄嬰。

她的不懈努力終於得到了世人的認同。1979 年，她獲得了舉世矚目的「諾貝爾和平獎」，也使她在一夜之間成為了家喻戶曉的人物。她除了將所有的獎金都用於慈善事業以外，還特別請求諾貝爾委員會，取消例行的授獎宴會。委員會為她的精神所感動，將準備用於開支宴席費用的 7100 美元，贈送給了她所創辦的「仁愛傳教修女會」。

儘管她已成為名人，卻仍然過著拮据寒磣的生活。她只有三套衣服，不穿襪子，只穿涼鞋。在電腦等先進電器極為普遍的時代，她的住處除了電燈以外，唯一的電器用具就是一部電話。她將教皇贈送給她的一部林肯轎車拍賣，並用所得款項開辦了一家麻風病院。

雖然特蕾薩修女是天主教修女，卻絕對尊重別人的宗教，每一位元病人去世以後，都會遵照他的宗教信仰舉行安弁儀式。

她用平易近人的語氣，向世人娓娓道來:「人活著，除了需要口糧外，也渴求人的愛、仁慈和體恤。今天，就是因為缺乏相愛、仁慈和體恤的心，所以人們的內心才會極度痛苦。」

「饑餓的人所渴求的，不單是食物；赤身的人所要求的，不單是衣服；露宿者所渴望的，不單是牢固的房子。就算是那些物質豐裕的人，都在切求愛、關心、接納及認同。」

「在今天的世界中，肺結

核或麻風病不是可怕的疾病，心靈上的貧乏才是最嚴重的病症。」

「我上天堂不為別的，我是為了大眾而上天堂，因為大眾淨化了我的心。」

「從細微的小事中體現博大的愛。我們要以挪威為中心，將愛傳播到整個世界，讓戰爭遠離我們。如此，那些待出生的嬰兒就會歡叫著來到人間。我們把自己變成傳播世界和平的火種，挪威的諾貝爾和平獎將會真正是獻給和平的厚禮。」

「我們感到所作的只不過是汪洋中的一滴水，但若欠缺了那一滴水，這汪洋總是少了一滴水。我不贊同做大事，在我看來，從個人做起才是重要的。」

一滴水雖然微不足道，但只有若干個一滴水，才能匯成一股涓涓細流，給乾渴的人送去一絲濕潤；

一支紗雖然微不足道，但只有若干個一支紗，才能織成一片布，給身處寒冷的人送去一份溫暖；

一粒米雖然微不足道，但只有若干個一粒米，才能煮成一碗薄粥，給飽受饑餓的人增加一些能量。

讓我們像特蕾薩修女一樣，放棄那些驚天動地的偉大創舉，以「俯首甘為孺子牛」的精神，從一點一滴開始做起吧！

壬午年二月二十七日
2002年4月9日

珍貴

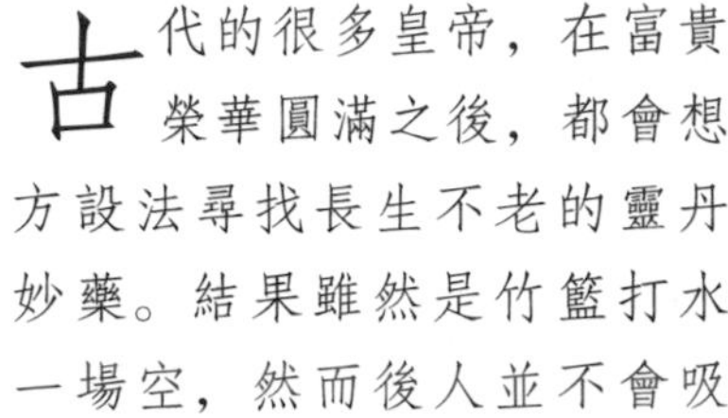

古代的很多皇帝，在富貴榮華圓滿之後，都會想方設法尋找長生不老的靈丹妙藥。結果雖然是竹籃打水一場空，然而後人並不會吸取教訓，仍然執迷不悟地步其後塵。因為對於世間人而言，壽命實在是太珍貴了！世間的任何財產都不能與之相提並論。

然而，作為修行人，為了佛法而捨棄生命也應在所不惜。《教王經》云:「我為護身舍財產，為護生命捨身財，為護正法可捨棄，財產身體與壽命。」

釋迦牟尼佛在因地時轉世為淨梵施主，為了聽受一個偈子的佛法，不惜捨棄十二年積累的金銀財寶。他說:「我於十二年積累了如此之多的財寶，卻從沒有得到過善說法寶。辛辛苦苦積聚此等石頭有何意義？善說才是真正的財寶，捨棄生命用來交換也值得。」

世尊還曾轉世為噶寫勒波，在身上挖千孔，點千燈，終於得到那句「積際必盡，高際必墮，聚際必散，生際必死」的教言，至今仍是我們修習無常的經典教證。

不僅佛教徒，中國著名的孔子也曰:「朝聞道，夕死可矣。」為了令自他解脫於輪回的精妙佛法，捨棄生命又何足惜！

壬午年二月二十八日

2002 年 4 月 10 日

最妙

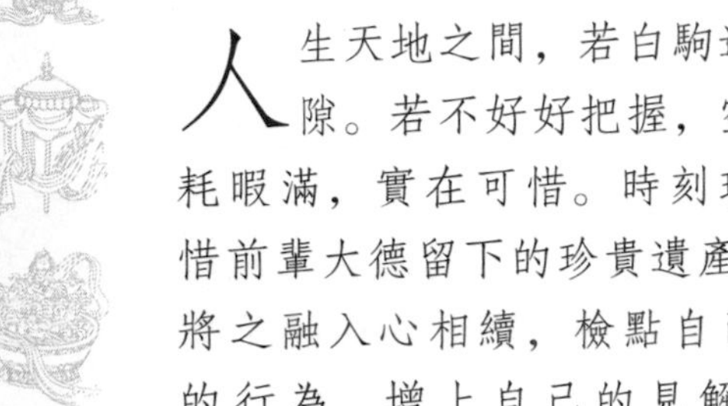

人生天地之間，若白駒過隙。若不好好把握，空耗暇滿，實在可惜。時刻珍惜前輩大德留下的珍貴遺產，將之融入心相續，檢點自己的行為，增上自己的見解，始為佛子之正道。

無著菩薩諄諄教誨弟子：「使心調柔與法相融是最好的積資；憶念死亡不定是最好的智慧；斷惡行善是最好的才智；頂戴眾生是最好的地位；知足少欲是最好的富裕；心無貪執是最好的快樂。」

藏巴加惹也告誡後人：「捨棄今生必須具備十一種誓言：不隨順他人而獨處；背井離鄉、拋舍故土；厭棄一切妙欲；恒處卑位；不護他人情面；恒時糾察以行對治；不在意他人說三道四，而認為一切理當如此；即使珍愛之物被風吹散，也不生絲毫痛苦；猶如乞丐死亡一般捨棄今生的苦痛；猛厲不斷地念叨『一切都不需要！』；自己掌握自己的牽鼻繩。如此這樣，美妙的修行功德就會如雲般聚集。」我們應將這11個準則牢記於心。否則，即使再有智慧，也成為佛教油子之因。

壬午年二月二十九日

2002年4月11日

散亂

無垢光尊者有一句教言令我推崇備至，雖然自己因惡劣習氣所驅，並沒有時刻遵從，但也不妨說出來與道友分享。

那句至理名言就是：「時時刻刻應觀察自心，若實在無法避免散亂，則應精勤於頂禮、轉繞等與善法相應的散亂，切莫造作惡業。若居靜處時，應當修持禪定等勝義善法，不能於渾渾噩噩當中度日。」也就是說，不要讓毫無意義的散亂佔據了自己的寶貴時光。任何心情、任何環境下，都應與佛法相應。

一些好的修行人，即使居於鬧市，也能把握自己。

散　乱

表面上看來很懈怠，常睡懶覺。其實卻躲在被子裡看書、念經、修行、甚至修習夢光明，像駿馬一樣遠遠超勝於整天忙於吹噓自己的人。根登群沛於印度時翻譯的一些零散佛經中也說道:「放逸之中未放逸，睡夢之中已覺醒，猶如駿馬之智者，遠遠超離平凡眾。」

晉代文學家陶淵明也說過:「結廬在人境，而無車馬喧，問君何能爾？心遠地自偏。」即使把家安於鬧市，卻沒有車馬的喧囂，為什麼能這樣呢？因為，一旦心靜下來，環境自然會隨之而安靜。身體所在的環境，往往會隨因緣而變更。心若調服了，周遭的環境自然不會對自己有所侵害。哪怕是身居喧嘩，也能如如不動。心遠了，「地」自然就偏了。

壬午年二月三十日
2002 年 4 月 12 日

追逐

站在都市五光十色的街頭，我看見世間八法的彩虹。

透過紅燈綠酒，映出人們的一臉倦容。為了五花八門的目標，熙熙攘攘的大街上，人潮洶湧的股市上，推杯換盞的酒桌上，爾虞我詐的生意場上……到處都是尋求的身影。世人對金錢和妙欲享受的追逐，已到了難以控制的程度。

騎自行車的嚮往摩托車，有摩托車的渴望汽車，然後是沙漠王子、賓士……；住一室一廳的想換五室二廳，住五室二廳的又野心勃勃地為別墅而奔波，擁有別墅的，更夢想著：春天，推開窗戶就能欣賞東京街頭千樹萬樹櫻花開的盛景；夏天，足不出戶就能享受阿爾卑斯山的習習涼風；秋天，在自家的花園裡，便能觀賞日內瓦湖的清涼月影；冬天，走出房門便能踩在夏威夷海灘細軟的金沙上面……；對金錢的貪婪也到了無以復加的地步，有一萬想十萬，然後是一億，反正是多多益善……

追求的方向令人眼花繚亂，追求的對境也是令人難以企及。然而，卻從未有人考慮過貪欲的副作用，不知道這一切完全是作繭自縛。要知道，欲望的溝壑永遠也無法填平。只能令自己為之所囿。忙忙碌碌，徒增煩惱。然而，不論如何苦心經營，風光一世，到頭來也不過「一抔淨土掩風流」而已。

《聖經》中也記載，亞當因為有了欲望而不得不離開伊甸園，以辛勤勞作維持生計。夏娃不得不付出生孩子的痛苦代價。可見痛苦是人們咎由自取的結果，沒有欲望也就沒有痛苦。

心寬何須室大，智淵何求財多？千百年來，為了追逐享受，人們付出了沉重的代價，實在應該記取這一慘痛教訓。

無垢光尊者在600多年前就知道人們的這一病患，留下了《大圓滿心性休息》，希望精疲力竭的人們能依此而得以休憩。前輩大德凝聚著智悲精華的教言，如何不被我們白白浪費，的確是值得深思的問題。

壬午年三月初一

2002年4月13日

書於一落英繽紛之櫻花樹下

雜感

為了配合治療，也為了更安靜地翻譯，我到廈門居住已經110多天了。

一直都很悠閒自在，沒有大量的公務要處理，也沒有成群的信眾要接待。直到幾天前，忽然在街上被人認出，又不得不恢復堪布的頭銜。

今天有人邀請前往南普陀素餐館吃午飯。很久無人問津，也許是耐不住寂寞吧，非常爽快地就答應了。路上看見很多即將被宰殺的蛇、飛禽，也買下一起帶上，算是不枉此行。

將蛇與飛禽放之山林後，便趕往南普陀素餐館。餐館裡環境幽雅，令人身心舒暢。這裡聽不到眾生被宰殺的淒厲慘叫；聞不到血肉混合的

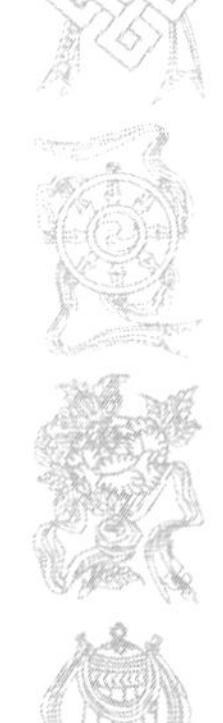

血腥氣息；看不到如母有情的無言掙扎……廚師和服務員臉上都洋溢著真誠的笑容；五顏六色的菜品引誘著人們的食欲；就餐的人們也沒有因貪食血肉而呈現的猙獰面孔，表情平和，神態輕鬆。整個餐廳彌漫著一種祥和的氣息。

有一廈門大學的教授同桌共餐，他感慨道:「以《大圓滿前行引導文》為指導，打好修行基礎特別重要。華智仁波切在上師前都聽過25遍，更何況我們？現在我看了5、6遍，對於消除煩惱，對治日常生活的矛盾十分有力。以前總是想到處求灌頂、求大法，分別念十分厚重，找不到修行次第。現在才知道，沒有比這個更高深的大法了，依此次第修行，一定會得成就……」

聽了他的話，心裡十分高興。並不是因為他對我的一再讚歎，而是因為沒有去過學院的漢地眾生也能因《大圓滿前行引導文》而得益。而且能有很高的見解，十分難得。在藏地寺院，常常以《大圓滿前行引導文》作為每年必講之課程，對此非常重視。如此傳統能深入漢地，實在可喜可賀。

看來，這個居士不僅具有世間學問，而且具有出世間之大智慧。

壬午年三月初二

2002年4月14日

離親

既想獲得不退轉之菩提果位，又希望能常伴親友，很多人都打著這種兩全其美的如意算盤。

然而，從古至今，坐在自己家中，尚能獲得成就者，恰如鳳毛麟角。我等凡夫若想達此目的，更是異想天開。

若居於家中，則時時有各種因緣困擾。今天嬸嬸家出事，明天舅舅家需要幫助，後天姑姑又下崗……日復一日，年復一年，日子就這樣悄悄地從身旁溜走。修行之事也就這樣一再拖延。

《修行入門》中講道:「雖然在行為上棄離親友，心裡卻不能捨棄眾生，而應當對他們生慈悲心，但必須斷絕身體、受用的牽連。否則，修法就會一敗塗地。要斬斷牽連，若能得到父母的欣然應允最好不過。即便他們百般加以阻撓，大發雷霆、大失所望、怨氣沖天，自己也不能退縮。自往昔的釋迦佛

離親

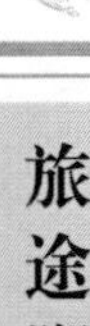

開始，所有的修行人都是在親友們的依依不捨、淚雨滂沱中拋下一切的，這是一種特定的緣起規律。」

無著菩薩也說:「親友等以愛心相敦促，操持今生圓滿當勤苦。本欲利益反成損害行，彼即逐今生利之愚夫。為解脫故當看破今生，精進修習深廣之妙道，為彼勝義今生皆放棄，前往靜處勤修極關要。富貴之時匿遁亦追逼，衰落之日投靠卻逃逸。兒子尚會弒殺親生父，至愛親眷何者可賴依？當面喜笑顏開和氣狀，背後種種惡語相中傷。利濟反以損害相回報，凡愚伴侶縱親定相欺。盛時媚笑阿諛且諂曲，權施巧計令自財物離；頹時犛麼爭鬥無毫利，護養親友悉皆為魯迷。眾親與盛聯合摧他眾，各自分離內部起貪嗔。緊要關頭弟兄相殘殺，親友能成利樂實罕稀！」

前輩大德們已為我們列舉了親友的諸多過患，速速從此羈絆中逃離，已成為濁世修行人的當務之急。

壬午年三月初三
2002 年 4 月 15 日

假象

世間的所謂圓滿之事，雖然表面看起來美滿無缺，但詳細觀察卻常常是痛苦的因。

龍猛菩薩曾說:「一切欲妙生禍殃，難信如同木鱉果。」也就是說世間的事情，表面看起來像木鱉果一樣色彩鮮豔欲滴，令人

聯想到其果肉也一定如同甘飴。吃後方知是毒藥，但已悔之晚矣。

世間的事情常常是這樣，最鮮豔的蛇往往是毒蛇，最絢麗的蘑菇常常是毒蕈，最美麗的女人大多是禍水。傾國傾城的海倫導致了特羅伊戰爭；沉魚落雁的陳圓圓，令吳三桂衝冠一怒為紅顏。因為美麗的女人，而引發綿延不斷的爭鬥，導致無數人深受其害。可見，一切表面美好的東西，都不要為之迷惑，要透過現象看其本質。

藏地大德根登群佩也說：「若詳細觀察，世上的一切所為都是痛苦的事，能息滅其因的唯有佛法。深深地思維，人人都能感受其中的滋味。」因此，了知佛法是對治痛苦的方法十分重要。

壬午年三月初四
2002年4月16日

忠告

如果有些修行人，在寂靜山林中修行，我們應儘量提供方便、幫助和安慰，使之千萬不要離開。這樣不僅功德很大，而且很有必要。供養修勝義善法之人的功德，一般的凡夫難以衡量。但若製造違緣，後果也不堪設想。

很久以前，在一座山裡住著一隻山兔和一位修行人。一次，很久沒下雨了，修行人為之所困，不得不準備離開，到城市去。山兔得知後，再三勸阻，卻不能打動他。

最後不得不跳入火坑，為其講訴靜處的功德、城市的過患。終令修行人為之感動而留了下來，並最終獲得成就。

世間的人們卻往往不如一隻山兔，真是令人慚愧。所以，即使我們不能為那些修行人提供順緣，但也千萬不要製造障礙。

作為修行人也應明白，只要真心修行，再大的困難也能克服。博朵瓦曾說:「即使紛紛揚揚下了九天九夜的大雪，雲雀也能尋覓到棲身之地。同樣，即使整個國土動盪不安，正法衰落隱沒，如果孜孜不倦地策勵修習，也必能找到隱藏容身並促進修行之勝地。」

違緣往往是成就的先兆，不要埋怨外境，應向內觀。

壬午年三月初五
2002年4月17日

戰爭

沒有智慧的人，妄想通過戰爭而獲得快樂與平安。但自古以來無數的慘痛教訓，都足以證明這種念頭是荒唐的。

的確，如果戰爭僅僅是口頭的談資，或電視上的消遣新聞，人們是不會有切身感受的。但是，如果親身飽嘗了戰爭之苦的人，一想起戰爭，就會為之戰慄。悲心強烈的人，更會有切膚之感。

戰爭給每個人的心靈，留下了難以癒合的創傷；給美麗的河山，留下了無法彌補的痕跡；給歷史的白紙，留下了猩紅的篇章……

戰爭使無辜百姓長期忍

耐不得安寧的生活，遭受家破人亡的巨大痛苦。巴以戰爭已持續了二十三年，四千萬難民無家可歸；阿富汗戰火紛飛，致使無數人流離失所；抗戰八年，無以計數的家庭妻離子散……這一切只不過是為了滿足一些人掠奪財富、爭奪地盤、獲取地位的目的。

愚癡的人妄圖通過戰爭獲得暴利，殊不知可怕的果報即將降臨。

大至國家之間的衝突，小到家庭成員之間的爭論，都是智慧匱乏的表現。尤其是修行人，應遠離爭執。喇拉曲智仁波切在無垢光尊者傳記裡引用佛經說道：「何處有爭執，離此百由旬。」因此，我們應當遠離一切戰爭及爭執，到寂靜的地方，為世界和平而祈禱。

壬午年三月初六

2002年4月18日

蓮池

閩南佛學院大殿前有一泓寬闊的蓮池，晚春臨近，池中的荷花也相繼開放。一場春雨過後，霽日從雲層裡露出笑顏，照著花瓣和葉子上凝聚著的晶瑩雨滴，使之散發出五彩的光芒，將白色的花兒映得分外妖嬈。翠綠的荷葉，如凝脂般地透出雍容華貴的氣質，將蓮池裝點得生機盎然。蜻蜓、點水鳥穿梭其間，肆無忌憚地享受著花葉的芬芳；放生的魚兒遨遊淺底，向蓮莖訴說著自由的舒暢；岸邊的樹木新綠蕩漾，為歸燕譜寫出春的樂章；往來的僧眾步履悠閒，是否已體會到「春在枝頭已

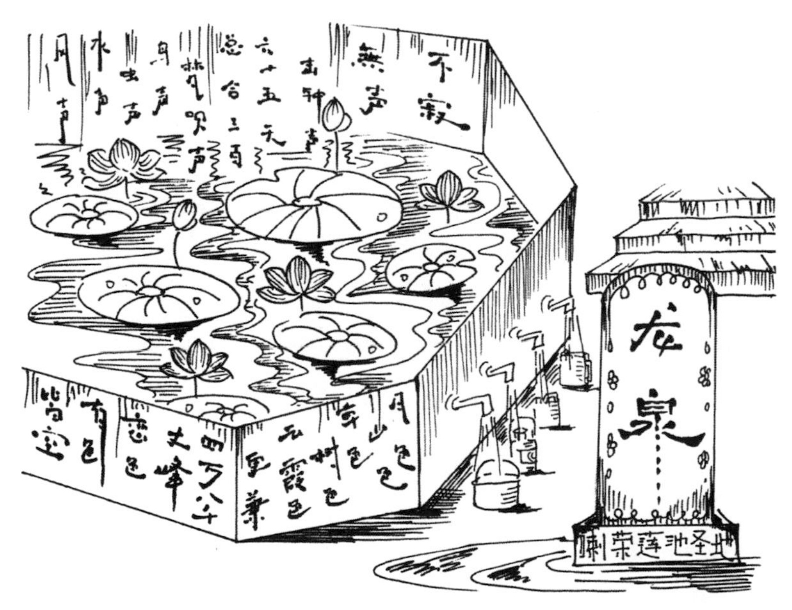

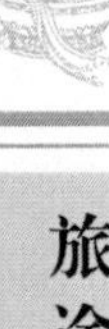

十分」的境界？

這令人陶醉的春色莫非是佛菩薩的化現？身臨其間，不僅身心通泰，更令我體會到「青青翠竹，無非般若；鬱鬱黃花，盡是法身」的深刻涵義。

修建蓮池的法師，可謂具有真知灼見，在修建蓮池之初，即在四周建造了圍牆，使這裡遠離了世間的喧囂，為修行人提供了一個寂靜的場所。難怪連一牆之隔的廈門大學的學子，也喜歡到此溫習功課，享受這佛門獨具的幽靜。

想起曾見過的一副對聯：「風聲、水聲、蟲聲、鳥聲、梵唄聲，總合三百六十五天擊鐘聲，無聲不寂；月色、山色、草色、樹色、雲霞色，更兼四萬八千丈峰巒色，有色皆空。」若能將之題於大殿，也許也能給人以一些啟迪吧。

在如此的環境裡修行，真是令人愜意的事。我多麼希望喇榮聖地也能有這樣的一汪蓮池啊！

壬午年三月初七
2002年4月19日
書於蓮池畔

錢財

城市裡的人們，臉上都掛著疲倦和痛苦的表情。究竟為什麼會這樣呢？經過我的詳細觀察，發現大多是因為錢財。

眾生賴以生存的這付臭皮囊，如果不幸降臨於都市，就時刻需要錢財的支撐，否則就會轟然坍塌。也許有的人會說:「不可能吧？」但在都市里，你會處處感覺到錢財的重要性。無論吃飯、穿衣、看病、睡覺，甚至上廁所，也離不開錢。真的應了那句話:「錢不是萬能的，但沒有錢是萬萬不能的。」

沒有錢，都市人的一切生存活動都不得不停滯。為了五蘊所構建的這部機器能正常運轉，人不得不像奴僕一樣，為這部機器的能源——錢財而搏鬥。我時常在想，如果人能像蚯蚓一樣吃土也能生存該多好啊！但現實無情地告訴我，城市人要尋求生存的因是異常困難的。

所以，城市的人只有忙忙碌碌。不論他是誰，都會感受為錢財奔波而帶來的痛苦。以前以為城市人過著天人一般的日子，現在方知，他們更是備受煎熬啊！

這一切，令我想起山裡

的修行人。在山裡，除了食物，不需要為更多的事操心，生存的因自然具足。同樣是1000元，在山裡，就是腰板挺直的大富翁；然而在城市裡，卻有捉襟見肘、相形見絀的感覺。

作為修行人，就是應當以積累聖者七財為榮，積累世間錢財為恥，視清貧為最好的伴侶。噶當派大德們最推崇的教言就是：「心依於法，法依於貧，貧依於死，死依於壑。」富貴榮華足以使人癡迷，而貧賤卻足以使人睿智。

漢地也有「一等和尚輕飄飄，二等和尚一大包，三等和尚壓彎了腰」的說法。

一位藏地的大德，在英國作學者期間，每月發工資前，就將上月的節餘全部佈施，自己卻穿著破舊的衣衫。很多慕名而去拜見他的人，都難以將眼前這個外表寒磣的人，與修證圓滿、學富五車的藏地著名大成就者的名稱聯繫在一起。這種行為，實在令人讚歎。

無數的大德們都為我們做出了表率，我們實應心無旁騖地依止於貧窮。

壬午年三月初八
2002年4月20日

歌聲

很久以前，有一美麗絕倫的舞蹈師，叫無喻姆。她的舞蹈美輪美奐，她的歌聲如同天籟。給人們帶來了美妙的享受。

她的一首歌詞，更引起了人們的深思:「自心常依正法者，誰願造孽趨惡道，驅遣暗夜明燈亮，再入歧途誠可惜。」聽了這段歌詞，散亂的人們陷入了沉思；欲殺國王的大臣抑制了惡念；苦行的出家人斷除了還俗的欲望；痛苦不堪的眾生消除了煩

惱……她的歌聲，令國王和國民都生起了極大的歡喜心。

這一切並非編造，是確鑿的事實。當時的人們業障淺薄，即使是簡單的歌詞，也能警醒世人。

然而，現在的人們整日為一些無意義的事所纏繞，即使是殊勝的竅訣，也充耳不聞。對這些忠告，更棄如敝屣。眾生的根基千差萬別，解脫之法也是五花八門。對一些看似膚淺的言教，千萬不要輕視，哪怕是看來淺顯的法門，若認真思維，專注法意，即使一個頌詞，也能斷除煩惱。

如今，我們值遇了難得的具德上師，聞聽了通往解脫之路的甚深之法。如果於此光明之處，尚誤入歧途的話，實在可惜。

現在的人們貪戀撩撥情欲的歌舞，認為那才是美妙的享受。其實，在這古老的歌聲中，才包含了豐富的養分，能從中汲取精華，方為智者之所為。

壬午年三月初九

2002年4月21日

頂峰

人生的道路坎坷跌宕，解脫的津梁蜿蜒崎嶇。

怯弱的人，畏懼困難，永遠不敢仰視高山；堅強的人，身披精進鎧甲，向著修行的高峰勇往直前。

山上的遊客心態各異，穿著五顏六色，來自天南地北，走向四面八方。然而，只有抵達頂峰的人，才是真正的勇士。

攀登解脫高峰的勇士，如果具有堅定不移的發心，百折不撓的勇氣，一定不會因半路的險阻而退卻，也不會被親朋的懸崖峭壁所隔阻，

更不會被違緣障礙的荊棘所嚇倒。一定會沿著此路，毫不猶豫，毫不動搖地一直往前闖。最終，也必將會到達嚮往已久的頂峰。將山上山下美麗的風景盡收眼底。方可領略「一覽眾山小」的美好境界。

在爬山的過程當中，有的人（邪見者）會迷失方向，前往茂密的森林；有的人（失信心者）會退失信心，掉頭退回原地；有的人（小乘行人）因疲勞懈怠，半途停滯不前；有的人（求世間法者）為湖光山色所引誘，去往別的地方；有的人（修密宗者）乘坐纜車，輕而易舉地抵達……

無限風光在險峰。

然而，險峰是屬於勇於進取的人。決不會讓缺乏信心資糧、好逸惡勞的人輕易抵達。

壬午年三月初十
2002年4月22日
於廈門五老山

枇杷

厄爾尼諾現象使仲春的天氣如同盛夏，天氣異常悶熱。

忽見街上一人肩負竹簍，裡面裝滿金黃的果實，在幾片葉子的襯托下，晶瑩飽滿，令人垂涎欲滴。從未見過如此之物，向人討教，方知是枇杷。剝開一顆，放之嘴裡，清涼鮮美的汁液溢滿口腔。如此美妙之果莫非是天人享用之物？一番討價還價之後，以不菲的價格換得幾十餘顆。趕快捧回家，作為佐書之「菜」。

翻開《白蓮花論》，書中曰:「世上有誰能永享快樂？又有誰會永遠受苦？未曾感

受痛苦的人有多少？得到快樂永遠享受的又有幾人？」的確，在漫長的人生道路中，既會有快樂，也不乏痛苦。無論何種身份，皆會嘗盡酸甜苦辣。只有勝不驕，敗不餒，坦然面對人生百味，方為具智之人。法國哲學家拉羅申福科說過:「幸福後面是災禍，災禍後面是幸福。」古代也有「福兮禍所伏，禍兮福所倚」的說法。可見一切都是相對，一切都是無常的。

無論快樂還是痛苦，當產生強烈的苦樂感時，都應觀其本面。這是最有力、最關鍵的修行方法。

想著想著，不知不覺忘了吃枇杷的事。但我在書裡嘗到了比枇杷更鮮美的滋味。這才是世上最鮮美的枇杷，且經久不腐，即使歷經百年、千年，也可永久享用。

壬午年三月十一日
2002 年 4 月 23 日

答疑

閩南佛學院的法師今天問我:「佛陀成佛後能否見眾生?」這是學佛之人常有的疑惑。有人說，佛陀成佛後已無我相、眾生相，自然不能見眾生。又有人說，不能見眾生又如何度化眾生呢?

對此問題應如此回答，佛陀成佛後於如所有智前，一切平等無礙，無相無眾生；而於盡所有智前，能照見一切眾生之起心動念，但無迷亂相，無有執著。

近代藏地著名大德俄巴活佛，曾得彌勒菩薩攝受，法王如意寶曾於其前聽聞過佛法。他於《辯宗派見解論》中引用榮索班智達的教義舉例說：如同兩人于一房中，其中一人做夢，另一人具他心通，而得知其夢境，但因知其為夢，而不生執著。若此時做夢之人因夢中遭遇惡境而生大苦惱，清醒之人可用神通入其夢境，令其消除恐怖直至蘇醒。同樣，佛陀也了知眾生之境現及分別念，但無相執，卻能以方便法，令各種根器眾生逐漸趨入解脫道。

如來的智慧、功德，即使得地菩薩也不能如實了知，凡夫之分別念就更難以揣度。法稱論師云:「如來智慧不可思。」

對於如來之究竟智慧，應以信心與教證了知，絕非以分別念思維推理所能決斷。

壬午年三月十二日
2002年4月24日

按摩

遵照醫囑，我必須每天接受按摩。

由於每天接觸，這個按摩師已和我混得很熟。他不但手藝高超，而且十分健談。

我剛一躺下，他就開始了滔滔不絕地講演:「你們學佛的都說因果報應，我觀察了很多，真的是不爽啊！你看美國，整天欺負別人，結果世貿大樓就被人炸了。阿富汗塔利班去年毀滅佛教，砸了不少佛像，結果也遭到報復。看來，因果這東西叫人不得不信。我隔壁的主人不孝父母，結果老婆跟人跑了。我也不知前世造了什麼惡業，今生變成瞎子，但也

不知造了什麼善業，讓我擁有這份手藝，可以衣食無憂……」

他的話讓我沉思良久，世間身體健全的人往往不如一個盲人。他們不知因果，造作惡業。遭遇厄運時，怨天尤人。殊不知：「欲知前世因，今生受者是，欲知來世果，今生作者是。」一切善惡因果，皆是自己所為。如果人人都能像這個按摩師一樣相信因果，我想世界也會因此而多一些美好，少一些醜惡。

想著想著，忽然感到背上被人狠狠地打了一下，痛得我叫了起來：「你可不要亂摸啊！」按摩師連忙說：「對不起！對不起！我把您當成美國人了。不過，天下都已經大亂了，我又為什麼不能亂摸、亂說、亂想呢？」一句話，說得我哈哈大笑：「在藏傳佛教裡，有位十分了不起的大成就者麥彭仁波切說：『雖此大地滿惡人，然自當持高尚行。』你雖不是佛教徒，但這句話對你也會有益的。你可要做出淤泥而不染的荷花啊！」「謝謝您的忠告，我一定照此行持。」

今天我挨這一下，也是因果顯現。若能因此而讓他明白一些道理，那也是值得的。

壬午年三月十三日
2002 年 4 月 25 日

交談

閩南佛學院後面有一座小山，其高度雖不能與雪域的名山相提並論，但於此地也可算是登高望遠之絕佳勝地，當地人稱之為五老山。登上山巔，整個廈門市區一覽無餘。令人頓生「登五老而小閩」之感。

山上樹林繁茂、綠草叢生、鳥兒啁啾、春蟲呢喃，真乃一修行之好去處。

半山腰有一「那蘭若處」，為當地人時常拜望之勝地。我與濟群法師的交談處就選擇於此。濟群法師培養了大批僧才，其培養的僧尼與知識份子已遍佈各地。為廣弘佛法所作之努力，也受

到同道的認同。與之交談，深感愜意。

一邊品著閩南人最喜歡的「功夫茶」，一邊交流心得。我談到了藏地依止上師的方式、傳統以及前輩大德依止上師的感人事蹟。感人之處，不免令其讚歎不已。我又談到了聞思修行不可偏廢的重要意義。他感慨道，在五濁興盛之今世，通過聞思修行建立正知正見，消除煩惱非常重要。他的觀點令我有「伯牙子期」之感。的確，佛法的真正目的是為了消除煩惱，若不能將佛法運用於實際生活，融入自己的相續，其他一切形象上的建道場、造佛像都是空談。只可惜人們往往不明其理，真是令人歎息。

不知不覺，日已偏西。我不得不起身告辭，但願此生我們還能有緣再次促膝長談。只怕世事無常，此願難遂了！

壬午年三月十四日
2002年4月26日

離貪

欲界眾生除了聖者以外，都有難以對治的貪欲。世上無論男女都對異性的身體十分執著。

世尊在因地時，為度化眾生而化現為一嫖客。第一天，他賜予妓女價值昂貴的珍寶。第二天，他給了妓女黃金做成的飾品。第三天，卻賞給妓女白銀做成的飾品。妓女不服，告到國王處。世尊說:「她所出賣的身體，本為充滿過失之物。所謂的嬌軀時刻都在變質，價值當然一跌再跌。如同陳舊凋謝的鮮花，蜜蜂也會捨棄。世間眾生的感情也會變質。清晨韶華之時，肉體可作性欲工

具。衰敗老朽後，自然也會廢棄。眾生哪個不是喜新厭舊？一切有為法均為剎那生滅。年少翩翩，最終也會被衰老磨蝕。而壽命終會被死亡日日侵奪。萬法說到底盡皆無常。那些不知老病死等痛苦，毀壞自己肉身之愚者，所迷戀之女人身軀，無非筋絡下面一堆骨架而已。對此等骨肉生貪，癡迷不拔，豈非太過愚癡？有智之人哪個不知貪戀女人身體有諸多過失？」聽了這番話，國王讚歎不已，妓女從此也停止了賣笑生涯。

如今世上也有許多貪欲旺盛之人，若深深思維這些話的涵義，也會有很大利益的。

不論男人還是女人，其身體都無非是一堆不淨物，其感情也是倏忽變化，飄搖不定的。沉湎其中，實在愚蠢之至。

壬午年三月十五日

2002 年 4 月 27 日

訣竅

全知麥彭仁波切的大弟子，直品單比尼瑪是青海班瑪縣人。他在8歲時就能將《入行論》講得十分精彩。他時常手拿與身體高矮不相上下的書夾（藏地以竹、木所制，用於擱放經書之夾板，長的約2市尺），為別人傳講。令多年聞思之人也咂咂稱奇。

華智仁波切對此感慨說:「多竹仁波切（直品單比尼瑪的別名）8歲為人宣講佛法，看來寧瑪巴的教法正值輝煌時期，前途無量啊！」

直品單比尼瑪為後人留下了大量詩歌，以及大圓滿、大幻化網等方面有如如意寶般的典籍寶庫。今天我從中採擷一束，與大家共勉:「平時喜歡觀察的尋伺者，想了達自然本智有一定障礙。因

此應當常時恭敬祈禱上師，精進修持，才能證悟心的本面。自己通達之後，不離觀心性的同時，翻閱《七寶藏》等經論，自己的覺相、妙觀察智會越發增上，必將有很大收穫。」

因此，如果能夠一邊觀心性一邊看書，或一邊念咒一邊看書都非常殊勝。江直仁波切說:「邊看書邊念咒有很大功德。初學者不能同時施行，到一定境界後就可以了。」

學院的許多堪布都是這樣，通過這種方法，多年來完成了數目驚人的念咒數量。

然而有的人卻自視高明，既不看書，也不念咒，將寶貴的歲月白白荒廢，真是枉為修行人了！

壬午年三月十六日
2002 年 4 月 28 日

心寶

寧瑪巴的很多成就者們留與後代的世間財產，雖然不能與所謂的富翁同日而語，但他們以智悲精華凝聚而成的智慧寶庫，卻豐富多彩、琳琅滿目，令世間富翁們望塵莫及。只要有信心的鑰匙，在此寶庫中都能找到令自己欣喜若狂的珍寶。

今天，我到喇拉曲智仁波切的寶庫裡逛了逛。裡面的寶物不可勝數，讓貪婪的我一陣陣狂喜。但因力氣有限，難以全部背負而出。只有選擇一段認識心性的教言，忍不住想翻譯過來，分享與人。希望沒灌大圓滿頂的道友不要偷看，否則護法會懲罰的。

「略說直指之心寶：一切萬法依心而顯現，觀察起心動念之心，卻無有所得。觀察自己之心，其顏色形狀皆不可得。無始之心乃為分別念所假立。真正尋覓『我』與『我心』，皆為空性。除此之外，毫無實質，這是中觀的見解。自己的心無有尋覓，自然安住於空性與顯現不滅，

自明自知的境界，這就是大圓滿的境界。於此境界中不隨外境而散亂，不被細微分別念所染汙，以正知正念護持明然了然之心，如河流之相續般長期修持，極為重要。此外，以修皈依、發心、上師瑜伽，斷惡行善等世間善法為助緣。我寧瑪老人索朗欽則（喇拉曲智仁波切的名字）平時所修持的唯有這些。願其成為有緣者之心寶。」

如今，我們得到了如此珍貴的心寶，實在應當珍惜。

也有一些人，自以為是大圓滿的根基，不修皈依、發心、上師瑜伽，斷惡行善等世間善法，認為那是下等根基的行為。難道他的根基超過了傳承祖師？

前輩大德們交付予後學者的教言心寶，已經毫無保留地呈現在我們面前，只有逐字逐句地思維，並融入自己的相續，認識心的本性，並長期修持，才能無愧於上師三寶的大恩加被。

壬午年三月十八日
2002年4月29日

還俗

十分不想寫下這個標題！但在這個五欲增盛的濁世，還俗已成為不得不面對的殘酷現實。與其避重就輕地逃避這個題目，不如勇敢地正視它。

今天，聽到一位出家十幾年的人，為煩惱所纏，已還俗好幾個月了。聽到這個消息，心裡像吃了一隻蒼蠅般不是滋味。記得在他出家初期，也可算得上是聞思精進、戒律清淨、智慧日益增上的典範。他曾說過:「我只

要活一天，決不還俗。讓我還俗，還不如死掉。」這樣一位下了很大決心的人，卻食言還俗，十分令人痛心。

他在電話中閉口不談佛法，卻無休止地言及他的生意。當問到他生意如何時，他像飽含了一大堆苦水，忙不迭地向我傾倒:「如今的生意太難做了！每天8小時，卻掙不到十元錢。想起以前出家時無憂無慮的生活，真像在天堂一樣啊！唉！！」聽了他的苦惱，我真不知該如何應答。

不過令我慶倖的是，他的見解至今尚未改變，對三寶的信心也沒有退減，懺悔心恒時不離左右。雖忙於生意，卻不離念誦。

喇拉曲智仁波切曾有一位很有名的弟子因故還俗，但別人譭謗他時，仁波切卻說:「譭謗別人是錯誤的，他的身體雖然還俗了，心卻沒有還俗。」

佛經云:「寧可毀屍羅，切莫壞正見。」《中觀四百論》中也說:「寧毀犯屍羅，不損壞正見。」如果見解毀壞，不行懺悔，反而責怪上師三寶，即使身體沒有還俗，其內心卻已無可救藥了。

壬午年三月十九日
2002年4月30日

離家

作為一個修行人，如果在家修持，極易為貪嗔癡的外境所轉。即使自己想安住，也會因親朋的打攪而生煩惱。所以，離家修行是上上之舉。

佛經云:「何處生煩惱，須臾不得住。」

博朵瓦也說:「遠離故鄉與親友，如理作意棄散亂，此等之人趨解脫。」

臧巴加惹的修行語錄中也有這樣一段話:「煩惱因外境而生，不捨棄故鄉真是愚癡；修行需對治煩惱，不依對治者真是愚癡；聽聞佛經依因緣而得，不籌備因緣真是愚癡。若遠離故土，即使

謠言四起，也不後悔；心依止上師，即使饑餓而死，也不後悔；若通達心性，即使短暫依師，也不後悔。若遠離家鄉，即有了對治煩惱的好緣起；不貪圖樂果，即已產生正信的好緣起；捨棄世間法，是發佈施的好緣起。不捨棄故鄉，貪嗔是不會間斷的。因此，首先離家極重要。世間瑣事不能捨棄，就無時修持；世間財物不能放下，就不能斬斷親友的牽連。」

看來，故土家園的過患確實無窮。大智者應難舍能舍，難行能行。

遠離家鄉和財務的糾纏，依止靜處時，才能深切感受到諸大德教言的勝妙之處。

壬午年三月二十日

2002年5月1日

看戲

在這個人心陷溺、物欲橫流的世上，只要有點時間和金錢，人們就喜歡到娛樂場所看戲、聽音樂，美其名曰藝術薰陶。沉醉其中卻沒有絲毫的反省和猶豫，仿佛忘了死之將至。

世尊在因地的時候曾轉世為鐵室王子，在過水蓮節的時候，人們為他舉行了盛大的歌舞表演活動。看到周遭的人們喜笑顏開，王子深感悲切地說:「嗚呼！世間煩惱眾，不穩無喜樂，然此水蓮節，反覺樂穩固，此等凡夫眾，無懼真稀有。死主遮生路，無慮貪歡樂，老病死怨敵，時時橫眼前，定趨來世道，智者誰歡喜？」

劉備在臨終之際，為使

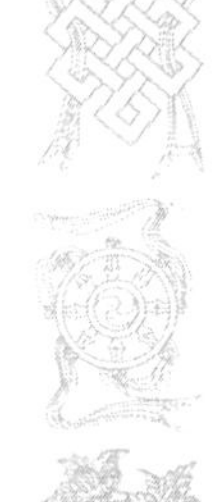

自己歷經千辛萬苦而創下的蜀漢家業，不至於功虧一簣，諄諄告誡兒子劉禪：「勿以惡小而為之，勿以善小而不為。」先父走後，劉禪早已將忠告拋之腦後，整日尋歡作樂，企圖在前人栽種的樹蔭下乘涼，最終遭致大好河山被人掠奪的結局。當他被軟禁於他國之時，仍不知好歹地一邊看著宮女的表演，一邊厚顏無恥地說道：「此間樂，不思蜀。」絲毫不知亡國之恨，真是令人感慨萬分。

有的修行人也一樣，終日沉迷於歌舞昇平的生活，毫不察覺死主將臨，實在與劉禪無異。

你在台下看戲，殊不知自己也正在人生的大舞臺上扮演著自己的角色。如何使之更加豐美、更加完善，是值得我們思考的大問題。

壬午年三月二十一日
2002年5月2日

竣工

今天對我來說，十分值得紀念。我自認為一生中比較大的工程——《白蓮花論》的翻譯完成了。動筆之初是在 2001 年 12 月 25 日，當天，全廈門的人都在以各種方式歡度「耶誕節」，我也自我安慰地將外面的喜慶場面，當作該翻譯工程的奠基大典。

作為佛教教主，釋迦牟尼佛從因地初發心直至最終示現成佛，行持六度萬行的事蹟可謂感人至深。每當閱讀之時都為其打動，多次發願將之翻譯與道友們共同分享。今天總算是如願以償了。

翻譯之初，恰值住房對面一幢高樓奠基動工，動工之時，人頭攢動，彩旗飛揚，聽說僅設計費就用了幾十萬，建築工人也上百名，再加上

現代化的機器設備，十分風光。而我們的工程除了校對打字的以外，沒有強大的人力物力作為後盾，與其比較，顯得寒磣之至。然而我們所具有的卻是令他們自愧不如的，對佛祖至深至誠的信心。僅憑這點，就足以使我們成為精神上所向無敵的貴族。

歷經100多天，如今大樓已經斷水，即將竣工。我的工程也圓滿結束，開發商一定認為自己對社會、對人類做了一件有意義的事，我覺得我的工程也許更有意義。相信幾百年之後，由水泥磚瓦修建的高樓將蕩然無存，而作為精神財富的世尊傳記，卻不會被飛逝的時間和地理版圖所囿，仍將繼續利益百千萬代、五湖四海的後人。使其因此而對佛陀生起信心，並逐漸趨至解脫正道。

留給後人最好的遺產，不是高樓大廈，不是金銀財寶，而是遮蔽無明風雨的精神大廈。

壬午年三月二十二日

2002年5月3日

五四

今天是「五・四」青年節，從1919年五四運動至今已經歷了近百年的歷史。隨著時代的變遷，青年們早已不必再為反封建、反壓迫而戰，他們以各種形式慶祝著這一節日。

我也加入了一幫有很多青年人組成的行列，舉行了一次大規模的放生活動。三艘船承載著飽受死亡恐懼的海底居民，浩浩蕩蕩地駛往深海，除了廈門本地的信眾，來自各地寺院、佛學院的出家人，福州、臺灣、香港等地的居士，約200名道友都參加了這次放生活動，出家人的紅黃僧衣，在家人五彩繽紛的各式服裝，在藍色大海的襯托下，形成了一道道靚麗的風景。

在我身居其中的四個月

期間，每當午餐和晚餐之時，窗戶外面時常會漂來宰殺海鮮的血腥氣息，使這座沿海城市純淨的空氣受到了玷污，更使來自藏地的我和同伴食不下嚥，將這些可憐的魚蝦從屠刀下解救出來一直是我們未了的心願。雖然今天解救的生靈與整個城市的殺生數量難以相比，但也能讓我們稍感欣慰。

記得曾有一縣令名曰潘公，在他上任期間，製定縣規命令百姓不得入江湖漁捕，犯者加罪。當他後來去任時，水中發出號呼之聲，如喪考妣。當地人聽到後，莫不歎異。不知道什麼時候廈門也能有這樣的好縣令，也能使這些生靈免受刀俎之苦。不過，此地的放生之風還算比較盛行，聽說是一位居士發心印了一萬冊《放生功德文》，廣為結緣，才使此風日益興盛，繼而流傳下來的。

據說這是當地近年來規模最大的一次放生。不管規模大小，至少，這也是我們為這些生靈反對壓迫而舉行的一次抗議。善無大小，唯貴久長，日日增之，月月累之，但願百年以後，生靈塗炭的悲劇不會再上演了。

壬午年三月二十三日

2002年5月4日

自利

實修的人先應調服自己的煩惱，獲得一定境界，不為環境所轉後，方能到人群當中行利他行為。這是佛教的必然規律。

如果自己煩惱未調，自己還處於「泥菩薩過河，自身難保」的階段，又何談利他呢？如果以利他為藉口，心裡卻是希求財產、名聲，即使表面看來是利眾，實際上卻毫無意義。發心不純正，即使是講經說法也不開許。

無垢光尊者在《竅訣寶藏論》中云：「雖勤利眾若為私欲縛，終成騙子危險當謹慎。」又說：「無有神通利益他眾難。」

卓袞巴大師也說：「對修行人而言，應當身著綴滿補丁的衣衫，手持訶[1]子念珠，門口印滿清晰的鳥跡[2]。在修行之時，無論是誰為懈怠懶散之人講經說法，都絕對沒有利益。格西是不會歡喜的，我也會將此人視為精神癲狂者。」

藏巴加惹也告誡後人：「沒有春天的播種，而希冀獲得秋天的果實是餓鬼（的癡心妄想）；時機沒有成熟，而企圖度化眾生實在是徒勞無益。」

博朵瓦也叮囑我們：「修行人應當勵力調服自相續，首要之舉就是如此。以他利為主的行為並沒有開許。只需在心裡想著利益他眾，除此之外，身語不一定親自而為。」

布頓大師也諄諄教誨弟子說：「過去眾多佛陀未調化，

①訶子：藏青果。

②形容足不出戶。

所有大力菩薩亦未調。呵責懷恨稱讚生驕慢，於強生嫉均者相比拼，傲視低卑執持粗暴心，縱宣法語亦作貪嗔行。如此凡夫愚眾於現今，吾無力化故當調自心。利他乃法根本之密意，當觀所調化者之根器，知其隨眠多寡前後際，不貪自利能調方調禦。己尚追尋名利及樂贊，不具神通若欲行他利，猶如無翅妄想遨藍天，他利未成自利衰敗因。縱言講聞乃為持勝法，必依淨戒無偽出離心，應為公正求義聽睿者，智士方宣勝藏乃密意。雖聚追逐今生名利眷，無信無欲縱演殊妙法，亦不實修徒生貪嗔因，此類聽聞實乃輪回繩。」

當然，如果因為可憐眾生，並沒有自利之心，即使沒有調服相續，而向人宣說佛法，也只有功德，沒有危害。

壬午年三月二十四日
2002年5月5日

安然

不管是王孫公子，還是平民百姓，不論身份高低貴賤，生活在世上的人們，在未得究竟境界之前，都會有時歡樂有時痛苦，時而無緣無故地生起悔恨、疲勞、痛苦、憎恨、厭倦等各種煩惱，彷彿全世界都成了生起煩惱的因；時而又歡欣鼓舞，精神煥發，喜不自勝，無憂無慮，渾身洋溢著幸福，彷彿太陽也是為自己而生存的。無法把握自心的人們，就這樣被輪番交替的酸甜苦辣所驅使。

作為修行人，應知道這一切都不過是顛倒夢想而已。「萬法本閑，唯人自鬧」，面對世間的變幻，應保持如如不動的心態。每天的心情不應變化太大。

學院堪布羅桑群培，在

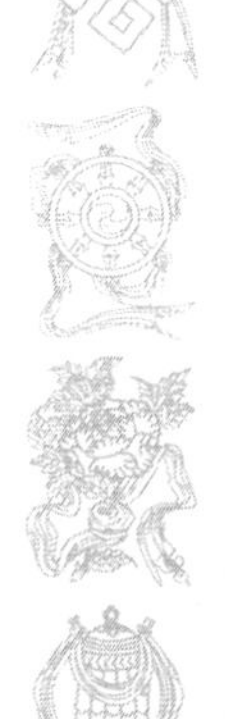

安然

此方面堪稱典範。家裡的陳設十幾年前與現在幾乎沒有變化。小鋼爐、轉經輪、經書、佛像，數得清的幾件用品，整潔地一一擺放，令人不禁油然而生敬意。他時常正襟危坐於床上，不是看書就是修法念經。任世間風雲變幻，永遠以從容的姿態對待。

而像我這種人，從剛到學院向別人借房子，然後修草皮房、板皮房、再到圓木的兩間房，消耗無數精力於毫無意義的事情上。為這副臭皮囊所累，為暫時寄居的客棧，進行著無休止的裝修。我時常在反躬自問，何時自己能安心於小小的木板房，端坐於臥榻之上，沉浸在修法的快樂之中呢？

世間的人們常常是今天與白衣人唱歌，明天與黑衣人跳舞，後天又與紅衣人泡吧……；今天到寺院打禪七，明天去念阿彌陀佛，後天又想灌大圓滿的頂……美其名曰「禪淨密三修」，結果一事無成。

真正的修行人應當面對世俗繁華，視若過眼雲煙。如《菜根譚》中所云：「寵辱不驚，閑看庭前花開花落；去留無意，漫捲天外雲卷雲舒。」即使身居人聲鼎沸的鬧市，也能保持若入無人之境的心情。

壬午年三月二十五日

2002年5月6日

蓮藕

同伴買回幾節白嫩的蓮藕，放在桌上，勾引著我的食欲。見我很感興趣，他便將蓮藕生長的因緣、功效一一向我傳授。聽後方知藕具有很高的藥用價值，生食能清熱潤肺，涼血行瘀；熟吃可健脾開胃，止瀉益血，安神健腦，具有延年益壽之功效。和這種見多識廣的人在一起，真的很愉快。孔子曰:「三人行，必有我師。」從他那裡的確學到不少知識。

藕生於污泥而一塵不染，中通外直，不蔓不枝，「中通」代表其謙遜的品德，「外直」代表其正直的個性，「不蔓不枝」說明其不具分別念，不向外攀緣的特點。所以自古就深受人們的喜愛。世間

的很多名流都很喜愛它，詩人韓愈曾有「冷比霜雪甘比蜜，一片入口沉屙痊」之贊。漢代司馬相如的《上林賦》中也有「與波搖盪，奄薄水渚，唼喋青藻，嘴嚼菱藕」的記載。

同時，蓮藕也是前輩許多修行人苦修時的食品。

《釋尊廣傳》中曾記載，釋迦牟尼佛在因地時，曾轉世為一婆羅門，當他在山上苦修時，主要的食物就是蓮藕。

蓮藕真是好東西，具有不可思議的加持力。吃它，對身體有幫助；學習它的精神，對心有幫助。可謂一舉兩得。世上還有什麼食物比它更好呢？今後，我要多吃蓮藕，因為它是佛陀曾加持過的食物。

壬午年三月二十六日
2002 年 5 月 7 日

永恒

在我從少年到成年的記憶裡，最佩服的人就是依羅喇嘛。

他身材魁梧，永遠手持念珠，口誦經咒。他的臉上有一疤痕，是因年輕時走路去拉薩，途中遭遇強盜所致。這不但沒有影響他的形象，反而使他顯得更加可愛。

讀小學期間，我一直住在他家。每天天還沒亮，他就開始起床，一邊念咒，一邊磕頭。飯後，就開始看書和念誦一天的功課，下午坐

禪，晚上念經。十幾年來，周而復始，從不間斷。

當時我以為，作為修行人本來就應當這樣，所以不足為奇。如今，當我意識到我和我周圍的人大多是三天打魚，兩天曬網，心情好的時候就精進，心情不好的時候就散亂的情形，才知道他的毅力的確值得讚歎。

到 1987 年他去世，已念了五億多心咒。真是不算不知道，一算嚇一跳。和他的精進相比，實在令我慚愧。

《大乘阿毗達磨論》云：「諸資糧道修行人應精進聞思，諸根調柔，飲食適當，上、下半夜不入眠（意為只睡中夜）。」

「不積跬步，無以至千里；不積小流，無以成江海。」

一時的勤奮不算什麼，一生的勤奮才是最重要的。

壬午年三月二十六日
2002 年 5 月 8 日
書於春光明媚之清晨

空難

廈門度過了悠閒而有意義的四個月，這裡秀美的風景、宜人的氣候，為我和同伴提供了一個寬鬆的環境，使我得以完成《釋尊傳》的翻譯工程。今天，我戀戀不捨地告別椰風蕩漾的鼓浪嶼、告別清涼寧靜的五老山，離開廈門回到成都。

前天，一架從北京飛往大連的航班於大連附近的海域不幸失事，一百多位男女老幼在此次空難中喪生。這一消息驚動了全世界的人，也使我和我周圍的人感到不安。

機場顯得格外冷清，人們都盡可能地取消了出行計劃，彷彿這樣可以避免死神的牽制。飛機上的人也顯得憂心忡忡，彷彿事到如今，才明白自己的命脈攥在死神

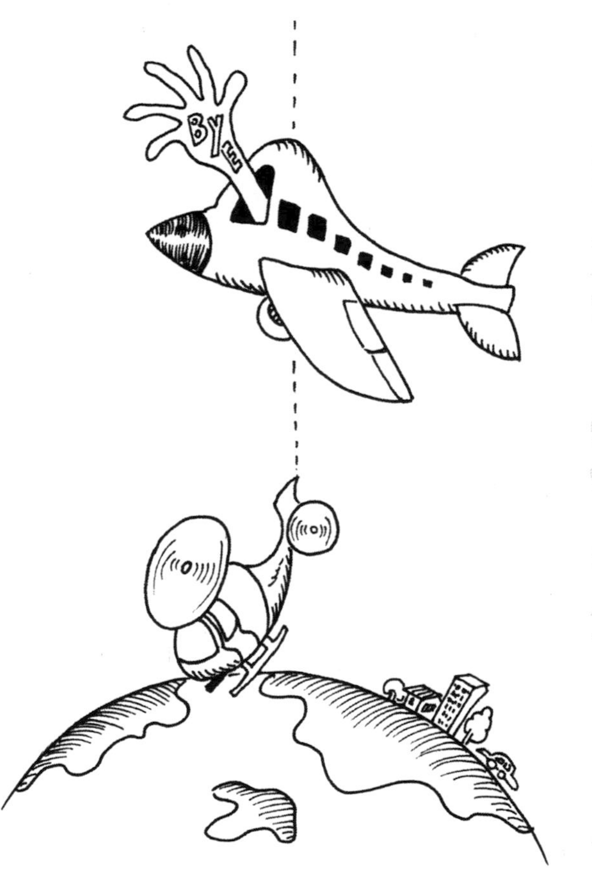

的手裡。

其實，不論在天上還是地下，人的生命都非常脆弱，隨時面臨死亡的威脅。一個活鮮鮮的生命，可能在一刹那間化為碎片。

佛經云:「老少賢愚等，各各向前行，向死威力境，各有死在前。或空或在海，或在山谷中，皆不能避死，死無處不侵。」如同這次遇難的人一樣，他們來自不同的國家，生活於不同的環境，性別年齡各異，卻因為相同的業力而同時喪命於太平洋上空。看來，太平洋上也不「太平」啊!

當大限來到之時，即使你擁有南贍部洲所有的財富，卻買不通鐵面無私的獄卒；即使你構築了銅牆鐵壁，指令重兵把守，卻逃不脫死神的魔掌。

我們這些僥倖活在世間的人，看著別人面臨死亡威脅時的種種無奈，是否應該考慮一下，如何為必將到來的死亡做點什麼?

壬午年三月二十七日

2002年5月9日

獨立

城市裡的人時常會對出家人提出這樣一個問題：「你們能結婚嗎？不結婚怎麼行呢？不孤獨寂寞嗎？」彷彿世間的一切安樂都必須通過結婚方能領略。

記得一位在家人曾向我傾訴婚姻生活的種種苦惱：人人都知道婚姻是愛情的墳墓，一旦結婚，戀愛時僅存的一點浪漫也灰飛煙滅，只剩下無止境的責任和矛盾。

首先是生子，如果不生，別人會認為你身體或心理有問題。一旦生下來，就要為他的成長發育操勞。等他讀了書，就要為他的學習操心。然後是他的工作、家庭、孩子，從此仿佛套在一副永遠不能卸下的纖繩上，直至離開人世。

是啊！人人都自以為這樣才是在為社會盡責，但歷史的車輪卻永遠也不會因你的婚姻生活而停滯。細想起來，婚姻生活又有何用呢？

其實，出家的生活才是最瀟灑、自在、快樂的。安樂不一定要在人群當中獲得。天上的月亮，因為具有獨立的品德而傲視群星；山澗的松樹，因為具有不撓的精神而參天屹立；洞裡的行者，因為具有快樂的源泉而獲得大安樂。

博朵瓦說過:「現在的人將大量的時間用於籌劃未來，他們不懂得，一個修行人要耐得住寂寞，獨立自主很重要。」臧巴加惹也說:「如果想幸福快樂，就應選擇獨處。食物豐盛的時候，就可以盡情饕餮，無須與人分享；如果（食物）匱乏，也怡然自得，不必擔憂有誰需要養活，當然快樂無比。即使受凍受餓，也由獨自承擔，所以十分幸福。」

喀巴格西也說:「頑冥粗暴易怒自利者，增長有漏眷僕無則妙。吾之眷屬乃智慧精進，成辦一切所需無疲厭。」

最後，再將巴瓦的一段言教贈予大家「具有財富名望之時，唯命是從隨聲附和；無力損害利益之時，以恩護養也相輕淩。惡時眷屬極難有利，獨自烹調世人皆知，不離親眷乃自妙手，無須欺誑詐現威儀。獨自享樂悠閒舒暢，苦行飲食無窮無盡。獨自生計何處皆覓，獨自衣衫怎樣皆暖。絕地妙火熾熱十分，獨自安住何等亦勝，無我茅棚逸然溫馨。」

壬午年三月二十八日

2002年5月10日

積苦

世間的人往往以聚積財富為樂。像辛勤的蜜蜂和螞蟻一樣整日忙忙碌碌地勞作，永遠沒有終日。最終，蜜蜂積聚的蜂蜜會被人取走，螞蟻建造的蟻窩也會遭水沖刷。「人為財死，鳥為食亡。」積聚的結果只能帶來無邊的痛苦。

無著菩薩曾說:「利養是束縛的因，應斷除妙欲；名聲毫無實義，應斷除貪執。

積苦

如果沒有知足少欲的心，聚積財富只會增上苦惱。安樂和善法增上的竅訣是知足，依之恒時獲得快樂。因此，徹底捨棄希求今生名聞利養之心，恒常精進無散修持，才是對死亡真正有利的正法。」

基確巴云:「若於幻財不知足，精勤積攢終遺留，獨自積累他人享，此乃心語當牢記。」

至尊仁達瓦也云:「除三法衣以及缽盂等，自己生存必須資具外，黃金珠寶等等其他物，芝麻毫許自己亦莫持。」

智者旬呢哲云:「身語狡詐生長邪命因，過享信財善行減退緣，應當根除美味之貪欲，衣食棄置牆角豈非理？」

不要再為積聚而辛苦了！自在地生活吧！

壬午年三月二十九日

2002年5月11日

真樂

什麼是真正的快樂？對於這個問題，不同的人有不同的詮釋。貪財的人認為財富是真正的快樂；逐譽的人認為名聲是真正的快樂；戀欲的人認為情愛是真正的快樂；有智的人認為修行是真正的快樂……真可謂五花八門，各說不一。

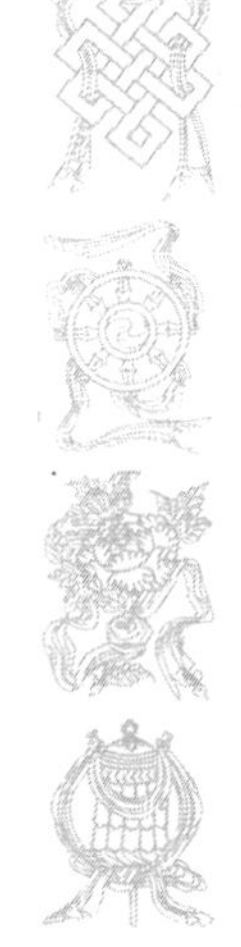

其實，如果善加分析，以世間名利妙欲為目標的人，是永遠也得不到真正的快樂的。

麥彭仁波切說:「被分別念波濤沖卷的人，修行得不到快樂的機會。」

僑居美國的噶羅仁波切也告誡西方人:「你們西方人財富如同天人一般，其實就像睡在荊棘上面，無論如何翻身，也始終沒有快樂。內心煩惱沒有息滅的人，是毫無快樂可言的。」

世間的所謂快樂，不過是輪回的因。對這種如幻之樂越貪執，只會被輪回漩渦裹得越緊。

只有徹底放下我執，方能獲得永恆之真樂!

壬午年三月三十日
2002 年 5 月 12 日

絕情

從世間的角度來講，絕情是不合常理的。有言曰:「非親有意應可敬，是友無情不可交。」然而，真正看破紅塵的修行人，不顧及情面，遠離惡濁之薰染，是非常有利的。

普穹瓦（1031-1109），曾依止仲敦巴 11 年，是噶當派三大格西之一，也是噶當派口訣系的開山祖師，他曾說過:「如果孜孜不倦地實修，則如同鎧甲上的鱗片，一旦掉落下來，就再也不能拼合

復原。同樣，真正修持正法的人，也不可能再與貪婪今世之凡夫俗子同流合污了。如果對迎合曲從之行深惡痛絕，就會與世間那些為魔所牽引的人格格不入。他們不高興、不滿意，是他們自己的事。即使他們誹謗譏諷，也決不低眉逢迎。哪怕除了一星半點的口糧之外，別無所剩，在此期間也應安閒從容地修持善法。如果善法增上，自然可利益他眾。」所以，我們平時沒有必要看別人的臉色，對別人唯命是從。要有自己的主見，小範圍暫時的顧及情面，只會影響究竟的修法。如果「撿了芝麻，丟了西瓜」，那就不划算了。

親友、眷屬、財物、威望，這些世間人苦苦追求的目標，究其本源，都是痛苦的虛假幻象。臧巴加惹說過:「貪嗔的根源是故鄉；痛苦的根源是家庭；貪欲的根源是財物；散亂的根源是顧情，這一切均應捨棄。」克怎巴針對眷屬之過患曾感慨道:「侍者、廚師都是令善法散亂的因，今生不應交往其他人，顧及情面的牆應徹底坍塌。」巴瓦也說過:「威望越大苦越多，敬上護下事不斷，關愛平等積財富，接送痛苦無了時。萬物具備難得樂，以厭離心依靜處。」

作一個「絕情」的人，即使親朋好友想不通，也只會對他們有利，而不會對他們有害的。

壬午年四月初一

2002年5月13日

伏藏

一說到伏藏品，很多學佛的人都認為是寧瑪巴特有的，這種想法完全是孤陋寡聞的標誌。

佛陀在顯宗的《現行等持經》中云:「一旦吾趨入滅盡，遺體法寶留於世，諸佛菩薩受持後，繕寫裝入寶篋中，藏入佛塔地與岩，交付天龍等眾生，此等經典恒不

滅，如同天人之淨戒，未來因緣成熟時，無論種姓之大師，依佛菩薩言開取，如願利益諸有情。」《正法攝持經》也云：「阿難，何人為正法長久住世，將法書於紙上，隱藏而供養，能獲得四利。何四？得佛眼……」可見佛陀早已明示伏藏之由來，只是我們翻閱的經論太少，才會有此誤解。

不論怎樣，伏藏品在末法時期的利益實在無法估量。伏藏大師班瑪朗巴說過：「此法度化濁世多數眾，甚深無缺無障義廣大，僅依部分教言也解脫，是故蘇醒佛性有緣者，憶念死亡精修伏藏法，一生必將獲得解脫道，濁世伏藏法有信心者，曾經已見蓮師並發願，皆為有緣善根者當喜。」

關於伏藏的功德、道理、辯論等解疑，在班瑪朗巴撰著的《伏藏大史》中有詳解，有興趣者不妨一讀。

壬午年四月初二
2002年5月14日

氣球

澄淨的藍天上，時常漂浮著各式各樣的氣球。它們色彩斑斕、形態各異、大小不等。小的若粉拳，初生之嬰兒即可把玩；大的若房屋，可以承載若干彪形大漢。有的是為了欣賞，如節日喜慶等活動；有的是出於商業目的，如懸掛廣告標語之類。但不論如何千變萬化，有智之人均知其內在實質——只不過是一團虛空而已，一旦遭遇不利外緣，即當下破滅。

同樣道理，如果一個人名聲再大，財富再圓滿，眷屬再多，除了諸佛菩薩應世化現以外，均與氣球無異。當居於高位之時，眾人趨之若鶩；潦倒之時，則如樹倒猢猻散。世人說:「貓兒得勢雄勝虎，鳳凰落魄不如雞。」名利實在是虛無縹緲的東西。卡巴格西說:「名聲是魔王的誘餌；利養是束縛

的繩索；福報是善法的違緣，不應將這些毒品當成藥。」

《釋尊傳》裡描述一群修行人互相詛咒時，就說「願他具有大福報」，或「願他成為國王」。可見，具有所謂福報的人，反而會有解脫之障。

丹巴桑及的大弟子丹巴剛噶曾在上師前祈求五個悉地：「願我成為無家可歸的人；願我成為無有財物飲食之人；願我成為沒有親友的孤寡之人；願我成為何人也見不到之人；願我不要有芝麻許的世間福報。」發願之後，就前往寂地精進不懈地修持，終獲不共之等持。

《富樓那請問經》云：「自身不謀諸資財，即使獲得也捨棄，今起唯求深佛法，護持清淨之戒律。」真正的智者應唾棄名利，崇尚佛法與淨戒。如果一個修行人僅僅具有世間名利，那即與氣球一般，無有絲毫實質。世事幻象不過是鏡花水月，「功名一枕黃粱，佳人一堆白骨」，只能成為流轉的因。

壬午年四月初三
2002年5月15日

金語

聽說紅原的根敦堪布不顧年老體衰，專程從幾百公里以外趕至成都，前來看望法王如意寶，我連忙趕到他下榻的農機招待所407房。

那是一間十分簡陋的雙人房，除了兩張陳舊的木床，一張搖搖欲墜的木桌以外，房間內別無長物。儘管如此，他老人家卻滿臉洋溢著如處天境般的笑容，雖然年界七十，腿腳不方便，卻顯得紅光滿面、精神矍鑠。

我曾在學院於其坐前聆聽了《寶性論》、《中觀莊嚴論》等13部大論，他對我恩德至深，我永遠也忘不了他手拿長長書夾的瘦小身影。

他年輕時曾在各地求學參訪，精通顯密經論，但並

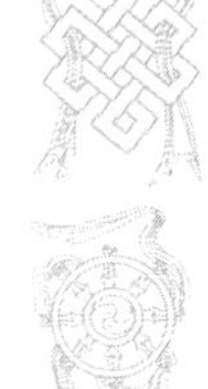

不以此為滿足。他當時在學院的住房離我的木屋不遠，時常在深夜兩三點，當我一覺醒來時，他的窗戶已透出了昏黃的燈光。每次我躡手躡腳走近偷看，他都是在全神貫注地鑽研經論。記得那年上師從新龍回學院，熙熙攘攘的迎接人流中，唯獨他仍手捧經書沉浸於書的海洋之中，顯得那麼卓然獨立。他的精神影響著我，使我在很長一段時間內，時時以他為榜樣而不敢懈怠。

我們傾心交談了很久，他一直用和藹的目光看著我，使我感到一種深切的溫暖。他說他現在一直假裝生病，對一切外事不聞不問。整天呆在家裡，一心一意只管念咒，十分悠閒。侍者告訴我說，上師自去年到北京高級佛學院傳授寧瑪教法回來，直至前幾天，一直閉關止語。他在門口寫著:「我病得非常嚴重，請勿打擾。」他們準備明天上山，後天又開始閉關。雖然我不知道他修什麼法，但估計應該是無上大圓滿。

他的現狀令我異常羡慕。如今的我常常不得不受制於外界環境，但雖然身在城市，心卻時常馳往寂地；雖然口中胡言亂語，心裡卻渴望著止語；雖然內心恒時起心動念，卻嚮往安住的境界。不知晚年能否遂願，可以像他那樣靜心修持?

其實我們每個人都應該這樣，精力充沛時應博學多聞，一旦法融入心以後，就應像他那樣實修。如果一直停留在表面修善的分別妄念中，何時才能安住呢?

壬午年四月初四

2002年5月16日

愛箭

藏族有句諺語:「草地上中了箭，很容易拔除；心中了愛箭，就難以自拔了。」

愛欲，是會給人帶來痛苦的利箭。佛在《出曜經》中云:「猶如自造箭，還自傷其身，內箭亦如是，愛箭傷眾生。」

難怪西方人也將愛情比喻為丘比特的箭，雖然無數文人用美文嘉言讚歎褒頌過它，但只要是箭都會有危害的。《本師傳》云:「從愛生憂患，從愛生怖畏。離愛無憂患，離愛無怖畏。」愛不重不生娑婆，愛戀是產生痛苦的

根源。且不論愛別離苦，即使形影不離的戀人，也會因彼此執著而引生無窮痛苦。美色如霞轉瞬空，弦歌似水彈指滅。世間情感如同朝露，轉瞬即逝。深陷愛河而難以自拔，只會徒增煩惱的牽絆。

如何才能得以逃脫呢？佛經中的一段公案將此答案告訴了我們：曾有一馴象人將千辛萬苦馴服的大象獻予國王，當他與國王騎著大象去到森林裡時，大象因嗅到母象氣息而狂奔不已。國王責怪馴象者，他回答說:「它的貪心增長，鐵鉤及繩索皆無能為力，我只能調服它的身體，卻不能調服它的心。」「那麼此等眾生的身心何人皆能調服呢？」「唯有佛陀！」的確，牽纏俗緣溺愛河，唯有佛陀拯救之。《楞嚴經》也有「入大愛河，令汝解脫」之說。要逃離愛河，免中愛箭，解除怖畏，唯有修習佛陀的教言。

蘇軾也有詩云:「欲平苦海浪，先乾愛河水。」欲救眾生於輪回之苦海，必須先斬斷兒女情長之束縛。

在漫長的人生中，遭受愛箭痛苦的人有多少呢？

壬午年四月初五
2002年5月17日

匆擾

「年矢每催，曦暉朗曜。」時光飛逝如電，一去而不復返。從獲得暇滿人生，至命歸黃泉，匆匆幾十年，轉瞬即逝。世人也有「尺璧非寶，寸陰是金」的說法。對於修行人而言，愛惜時光更是極為重要。

釋迦牟尼佛在因地時，曾轉生為一婆羅門，在一靜處修煉，帝釋天為其所感，欲賜

悉地，婆羅門回答說：「我沒有其他願望，如果您要賜，就賜予我您不來的悉地吧，否則我會因您來而導致

匆擾

散亂。」由此可見，對於真正的修行人來說，不打擾他是對他最大的恩賜。

有位居士也曾告訴我，他最怕別人上門或打電話，特別耽誤時間。

學院的一位堪布也說：「為了怕別人趁上門辦事之際，談論沒完沒了的話題，我寧可走很遠的路到別人家裡，辦完即歸，不致耽誤時間。」

真是這樣，對時間無所謂的人，感覺與人交談是一種享受。真正了知生命無常，暇滿難得的人，卻寧可捨棄財富也不願空耗時光。

那公巴大師說過：「人們與其談論許多似是而非的大道理，不如拜讀諸佛菩薩的傳記，瞭解彼等從當初直至後來是如何實踐的。只有這樣，才是極為善妙，不會被誆騙的啊！」

世間的文學家魯迅在《門外文談》中也說：「時間就是生命，無端空耗別人的時間，豈不是無異於謀財害命？」所以，即使你不能自己修行，也千萬不要謀害其他修行人的生命財產！

壬午年四月初六
2002年5月18日

表演

在人生的舞臺上，每個人都是一個舞蹈者。他們的舞蹈有的精彩非凡，扣人心弦；有的卻平淡無奇，索然寡味。什麼是最優美的舞姿，世間與出世間的人可謂仁者見仁，智者見智。

巴勒斯坦領袖阿拉法特在國際舞臺上可謂輝煌一時，他曾建立了自己的國家，並在聯合國一手持槍，一手持橄欖果為和平而宣誓。雖然

世人對他的舉止眾說紛紜、莫衷一是，但他也算得上是風雲一時的人物了。

如今72歲的他，雖然已經被關押在戰火飛揚，瀕臨倒塌的房屋裡。仍然十分珍惜時間，十年來一直堅持晚睡早起，每天只休息4個小時，其餘的時間都在為他的「和平」而戰，甚至不願意為刮鬍子而耽誤時間。他說：「每天用15分鐘刮鬍子，一個月就是7個鐘頭啊！」且不論他的努力是否有價值、他的觀點是否正確，但這種精神是值得我們借鑒的。

現在的人，白天忙忙碌碌地在人群中打滾；晚上迷迷糊糊地在被子裡昏沉；中間囉囉唆唆地在閒談中度過。一天有多少時光用於修行？若能每天早起1個小時、晚睡1個小時，一個月就節約了60個小時，舞蹈者為了跳出動人的舞姿，都不惜勤學苦練，一個修行人沒有珍惜時間的概念就太不合理了。

修行人也應慎重選擇自己的角色，不要做表面的修行人。仁達瓦說:「通過精進聞思並斷除今生貪執而修，除此之外，再沒有令諸佛菩薩歡喜之事了。」

生、旦、淨、末、丑，不僅僅囊括了世間之人，也包含了各色各樣的修行者。表面行善，實無修持的人，只能成為徒增笑料的丑角，甚至不如丑角，至少丑角可以給人帶來愉快，而這些人不但於己無利，也禍及於人。

在扮演一個修行者的角色之時，是表演外在千姿百態、嘩眾取寵而內容空虛的舞姿，還是內在實修實證但外表卻平淡無奇的舞姿？實在值得我們深思！

壬午年四月初七
2002年5月19日

常樂

如果一個人的修行到了一定境界，痛苦自然可以轉化。遭遇任何違緣和障礙時，讓心放鬆是得快樂的秘訣。藏巴加惹說:「心若精進地去執著，痛苦和貪嗔永無間斷，若了知令自心放鬆的方法，快樂將永不分離。」

恰爾卡．益西多吉大師是藏地有名的大修行人，他精通顯密，相續中生起了無偽的菩提心，創建了恰爾卡，並攝受了900多位僧人，住世75年，他曾對弟子告誡道:「恒常令心快樂，時時刻刻觀修心，一切禍害的根源就是我執，對一切眾生有報恩之感，這就是修行的殊勝竅訣。」修行人應隨時隨刻都保持一顆安詳的心，行住坐臥都應觀心的本性，遇到痛苦不怨天尤人，

遣除我執，修習四無量心。即使作了噩夢，也應觀修空性，沒有必要想方設法遣除，對一切都應不執著。

卡巴格西說:「若不知取捨，所作所為永無快樂之時；了知取捨的智者，遭遇違緣也會成為助緣。」所以，要獲得快樂，必須要有正知正念，要了知取捨。若不知取捨，一切皆是徒勞，不但得不到快樂，反而增上苦惱。

朗日塘巴格西說:「在寂地樸素無華地生活即可，放棄徒勞無益的積資；晝夜行持善法即可，放棄徒勞無益的尋找親友；在臥榻之上調服自心即可，放棄徒勞無益的隨順他人；令師生喜以修行供養即可，放棄徒勞無益的尋求利養；以佈施的方式保護即可，放棄徒勞無益的念誦猛咒。」

心動神疲，知足常樂。如果具足正念，即可在有生之年的活動半徑裡，散播出快樂的心雨；製造出安詳的氛圍；閃耀出璀璨的光芒。

壬午年四月初八

2002年5月20日

重要

所有的大恩上師，無論是集體開示、還是單獨傳授時，都非常重視並再三強調增長善根的唯一竅訣——三殊勝。

華智仁波切曾諄諄告誡弟子:「修持善根無論大小，若以方便攝持，稱為加行發心殊勝；善根不被他緣毀壞，稱為正行無緣殊勝；能令此善根日日增長，稱為結行回向殊勝。一切善法以這三種殊勝攝持是必不可少的。」

全知無垢光尊者在《竅訣寶藏論》中也曾叮嚀後人:「加行發菩提心離小乘；正行滅實執知無自性；後行道用三輪淨回向。」《大圓滿心性休息大車疏》中也說:「無論做任何善事，都應以加行菩提心殊

勝、正行無緣無相智慧殊勝、後行如夢如幻回向殊勝攝持，應當了知若與三殊勝相聯，即是所謂的隨解脫分善，成為佛道之因。相反，若未以三殊勝攝持，則是所謂的隨福德分善，獲得一次各自之善果後便會窮盡。」

所以，如果想獲得佛果，平時在行持善法，如：念誦、供養、看書、放生、頂禮等，以及行持哪怕是看起來微不足道的善法，也應當以三殊勝攝持，此善根將如同滴水匯入大海，乃至菩提，永不枯竭。回向菩提，十分重要。《中般若經》云:「須菩提，此善根唯為成佛而作回向，莫為獲聲聞、緣覺果及其他果而作回向。」

可惜雖然我常常這樣給別人講，但自己在行持時卻常常忘記。真是很慚愧。喇嘛欽!

壬午年四月初九
2002年5月21日

謹慎

在密宗修法裡，恭敬上師，對上師有信心是十分重要的。

第八世噶瑪巴（1507-1554）是藏地政教合一的大領袖，也是修行圓滿的大上師。他曾說道:「不管什麼樣的上師，即使沒有信心，也不要觀他的過失，更不能說他的過失。如果別人說的時候，也最好不要聽。即使聽了也不要認為是真實的，哪

怕真是這樣，也要想這是上師的密意。並且隨喜上師的一切所作所為，增上信心。」又說：「平時應觀察自己的相續，若無悲心和證悟空性的見解，即使是上師要求自己造惡業等非法行，如果暫時放棄，也未違背上師教言。一些人說只要依止一位上師即可，不需其他任何上師，這種說法是被著魔的顛倒非理所染汙的表現。歷史證明，無數的大德依靠多位善知識，以種種供養、承侍、積資的方式而成就。此種事例不勝枚舉。」

薩迦班智達也說：「如果沒有依照佛法，即使上師的話也可以不予理睬。」宗喀巴大師在《事師五十頌釋》中也有類似說法。

不過我們也應提醒自己，上師的密意無法揣測，所做之事是造惡業還是利眾實在難以斷定。認真思維，方可抉擇。千萬不要輕易捨棄上師，因為上師是嚴厲對境的緣故。捨棄上師，必然遭致金剛地獄的嚴懲。謹慎為妙啊！

壬午年四月十一日

2002年5月22日

鑰匙

不論開啟任何寶庫的大門，都需要鑰匙。

開啟佛的語言大寶藏，也需要智慧的金鑰匙。否則，不論你如何念:「芝麻芝麻開門！」寶庫的門也絕不會為你洞開。

大慈大悲的佛陀，無論說什麼話，都有內、外、密，直接、間接等不同層次的含義。各種意樂根基的眾生，都會有不同的收穫。

這種特異的語言表達能力唯佛具足。其他的人，不

論你是智慧淵博的學者，學富五車的專家，聞名遐邇的智者，甚至斷除煩惱的阿羅漢，也不可能具有如此通徹萬物的語言。

因此，佛陀針對無邊無量的眾生，也會有開許和遮止，一說多、多說一，決定、非決定，顯現與空性等看似矛盾的多種說法。有智慧的人詳細分析，不但不矛盾，而且有很深的意義。《贊佛語頌》云:「開許或遮止，汝說一或多，有時說決定，有時說不定，相互皆無違。」了知此義後，便會用智慧抉擇佛的金剛語，抉擇了義不了義、四種意趣和四種秘密。

開啟佛語寶藏的鑰匙，就藏在遍知無垢光尊者的《大圓滿心性休息大車疏》第八品的字裡行間。

只怕現在的人們事情太多，沒有時間去尋找。

壬午年四月十二日

2002年5月23日

口紅

偶爾在雜誌上讀得一文章，敘述一女工每月工資500元，卻用300元買回一支名牌口紅，令我感慨不已。且不論她本月開銷如何支付，以如此高價買如此之物實在可惜。

對於濃妝豔抹，我向來不以為然。世間也有「清水出芙蓉，天然去雕飾」、「曾識姮娥真體態，素面原無粉黛」之說。為區區一隻口紅，花費300元，真不如用來放生、供養或者買書。要知道，世間粉妝玉琢的一切，終將煙消雲散。無論你如何將自己粉

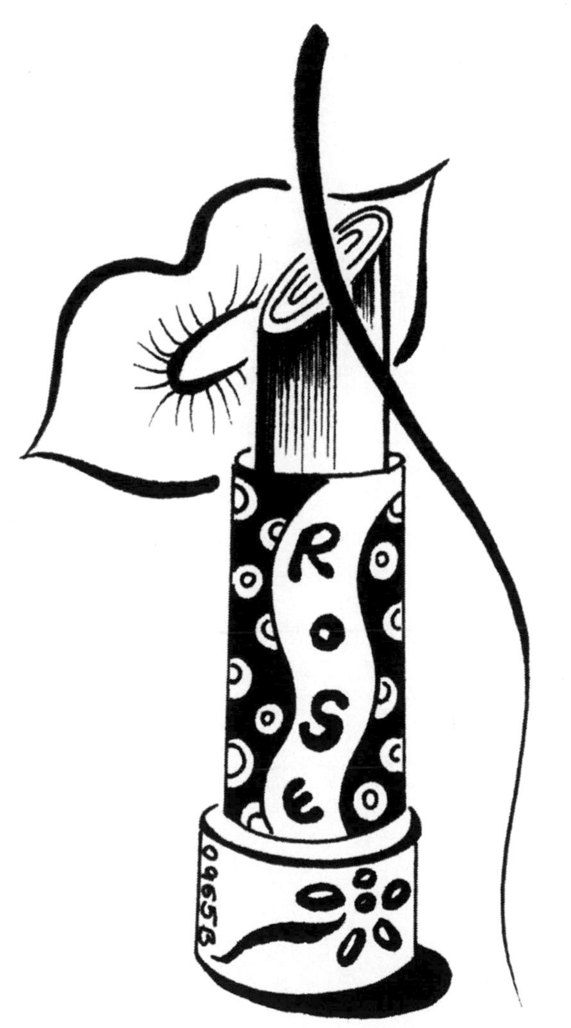

飾得「雲髻峨峨，修眉聯娟，丹唇外朗，皓齒內鮮」，終將隨著時光的流逝，而使紅潤的容顏轉為枯槁面容，烏黑的頭髮變為星星白髮，如歐陽修在《秋聲賦》中所云:「渥然丹者為槁木，黟然黑者為星星。」到頭來，僅落下一堆白骨。

任何一個具智之人也不能使自己成為「金玉其外，敗絮其中」的繡花枕頭，唯有增長自己的智慧、修正自己的品德，才是世上最莊嚴之飾品。將時間和金錢用於修飾外表，不如聞思修行，誰不對舉止閒雅的僧尼生起敬重之感？誰會覺得雞皮鶴髮、慈眉善目的老者有礙觀瞻？如果通過修行發現自心的本來面目，才是令人視而不厭的美。不辨真正的美醜，實為當今世人之悲哀。我多想告訴世人:「應當放棄毫無意義的修飾，尋找真正的美。」

壬午年四月十三日
2002 年 5 月 24 日

建議

如今，許多高僧大德們在漢地建立了許多佛學院。無論是兩年預科，還是四年本科，甚至研修班等，都建立了一整套完善的教學體系。這些學院戒律清淨，教學有序，教學內容涵蓋面很廣，涉及顯宗的各大經論。為各地寺院輸送了大量高素質僧才，實在值得隨喜、讚歎。

但美中不足的是，在教學當中往往將世間的自然科學與社會科學，作為學習的主要課程。實在令人遺憾。的確，為了度化不同根器的眾生，應該學習世間理論。藏地佛學院也有大小五明學科。但如果將世間知識放在首位，實在是本末倒置的行為。而且，很多教學都只講理論，不談實修，許多出家多年的僧人，尚不知如何調服煩惱，更遑論調心。這不能說不是一個弊端。

另外，很多佛學院都聘請在家人擔任法師。使我不得不看到在家人坐在高高的講臺上，出家人恭敬地坐於下端的情形。讓分別念厚重、執著心很強的我，心裡十分不是滋味。當然，有許多在家人知識淵博、修證很高，維摩詰就是以在家人形象度化眾生的。但為什麼不能培養一批出家人勝任此擔呢？這也更符合佛教的歷史傳統。我想，即使改革創新，也沒有必要拋棄這一規矩，漢地也不至於人才匱乏到如此地步吧！

今天於此胡言亂語一通，有否價值還望有智者思維。

壬午年四月十四日
2002 年 5 月 25 日

烤肉

偶爾聽得一新鮮吃法，實在令我瞠目結舌。據說此為日本人發明的「烤肉」：先將待斃之牛捆嚴，再以一木板狠擊其臀部，直至其腫脹至每一毛細血管均充滿血漿。取其臀部之肉，用於燒烤，其味鮮美無比。說此之人津津樂道、唾沫飛揚，仿佛已聞到牛肉之「芬芳」。我想，那些在享受烤肉的人們也一定紅光滿面、神采飛揚，何曾想到牛之慘狀？

想起不久前於報紙上看到的一則消息。日本人發明了一種「盆景貓」，將年幼之

貓置於玻璃瓶中，上面以玻璃管導入營養液，下面以玻璃管匯出排泄物，貓長大後，充滿玻璃瓶，便形成各種形狀的「寵物貓」。據說，該「寵物貓」一上市，即供不應求。有誰為可憐的貓將在狹窄的玻璃瓶內度過餘生而生起一絲悲心呢？

「誰道群生性命微，一般骨肉一般皮，勸君莫打枝頭鳥，子在巢中望母歸。」不知白居易的這首詩能否喚醒一些麻木的心靈？即使世人看來低賤的動物，也同樣具有感覺器官，同樣擁有妻室兒女。為何這些人竟沒有一絲惻隱之心？而且，因果報應不虛，是亙古不變的真理，不顧死後即將面臨之下場，實乃愚夫所為。

我實在無意貶低日本人，但如此發明實在令人遺憾，為何人類的歷史總揮不開干戈的陰影？為何互相殘殺的悲劇總是周而復始地上演？「欲知世上刀兵劫，但聽屠門夜半聲。」這也是眾生之共業所致。如果前世沒有虧欠，也不致遭如此果報，自食其果，實在無法抱怨。但冤冤相報何時了啊！我奮筆疾書，望世人能明鑒此理。

壬午年四月十五日
2002 年 5 月 26 日

夢影

身居荒僻山野的人，嚮往城市的車水馬龍。

而久居城市的我，卻懷念山間的清淨生涯。

日有所思，夜有所夢。關掉檯燈，閉上眼睛，不一會兒就進入了夢鄉。

在夢境中，我住在一個寂靜山洞裡。洞內簡樸整潔，洞外花繁樹茂。飛鷹在空中翱翔，微風在山間吹拂，松鼠在林間竄動，溪流在叢林歡騰……格桑花在陽光的照耀下，綻放著動人的色彩；樹葉在朦朧的霧中，淌滴著晶瑩的露珠；我像無憂無慮的孩童，了無牽掛地生活著。

日子一天天地飛走。一天，一隻小猴出現在我面前。我趕緊拿出最好的食品，款待這唯一的來賓。吃完後，它卻怎麼也不願離開。也許，是和媽媽走散了；也許，它媽媽被獵人捕獲了……總之，我不得不收

留這可憐的小東西。

在我不厭其煩的調教下，它學會了磕頭、供水、供香……每當我看書、念經時，它就在一旁玩耍，從不搗亂。偶爾不聽話時，只要我一嚇唬，它便老老實實地去頂禮。我們吃著同一口鍋煮熟的飯，在同一塊石板上休憩。無論我到哪裡，它都形影不離。它給我的修行生活平添了許多樂趣，從未擾亂過我的心。

一天，我到山下去背糧食，命令它看守我們那並不需要看守的家。它可憐巴巴地蹲在門口的石板上。當我走了很遠，回頭眺望，仍能看見它孤獨的身影……忽然，夢醒了。山洞小猴都不見蹤影。因為擔心無人照管的小猴，也因為懷念山洞的清淨生活。我努力想再睡著，回到夢中，但怎麼也無法入夢。

《釋尊傳》裡曾有一公案，講的是一寂地修行人，養了一隻大象，遭到帝釋天嚴厲呵責。看來修行人是不能養寵物的。但不知為什麼，我還是十分懷念夢中那只小猴，它可能正在耐心地等待我呢！

壬午年四月十六日
2002年5月27日

感慨

不管是出世間的大成就者們，還是世間的大智者們，往往在生前會遭遇無人理睬的尷尬。彷彿他們的功德在臨死之前並不存在似的。

一次，智悲光尊者在山上靜修，在見到無垢光尊者的幻化身時，不解地問道：「全知大尊者，我多年來一直祈禱，為何您今天才現前呢？」尊者回答說:「你們現在都說我是全知，我在世的時候不要說是全知，連基本的吃穿也很困難啊！」的確是這樣，一個具德上師生前常常默默無聞，無人問津。在攝受弟子時，弟子也並不知曉上師的功德，一旦上師

感　慨

辭世，方憶念起上師的偉大，但卻再也見不到上師的身影，只留下無窮的追憶與悔恨。

大恩上師如意寶晉美彭措也曾說過：「我死了以後，你們對我的信心會增上。不僅僅是我，許多人都是同樣。」

世間也是這樣，常言說：「良馬易得，伯樂難求。」在智者尚未被人發現之前，其生活狀況都是異常窘困的。

貝多芬——這位連接古典和浪漫樂派的音樂巨匠，生前卻遭受了諸多不幸，疾病纏身，經濟困難，以至於寫下《一文錢隨想曲》，其手稿上寫有「為丟掉一文錢而憤怒，以隨想曲的形式發洩」的字跡，可見其當時困頓交加的狀況。舒曼曾為此感歎，而寫下了一篇精美的散文。

寫下千古名著《紅樓夢》的曹雪芹，生前也是過著「劃虀為食」的窮酸生活。

古往今來，能像劉備那樣求賢若渴，三顧茅廬的又有幾人？無數的英雄們都留下了懷才不遇的哀鳴。

生前不予重視，死後即使大肆渲染其豐功偉績又有何用？

尤其是修行人，更應當在上師在世之時，意識到上師的珍貴。

壬午年四月十七日
2002年5月28日

二諦

很多對佛教一知半解或一竅不通的人，都喜歡搖頭晃腦地說:「色不異空，空不異色。」當問他什麼叫空，什麼叫色時，卻一問三不知。最多以為「色」就是顏色或者女色，「空」就是什麼也沒有。

掌握「色空不異」的道理十分重要，不論聲聞、唯識、中觀還是密法，都離不開二諦正見。

《中觀根本慧論》曰:「正見是勝義，世俗是虛妄。」法界基的本性是覺空雙運，什麼皆不成立當中，什麼都可顯現。眾生因無明障垢，徒生戲論，而致流轉生死。若能對明空雙運法界本性，生起真實信解，獲得甚深安忍，則會現前清淨的大光明境界。

藏傳佛教對此非常重視。 辯論的課題也大多圍繞此論點而展開，對勝義世俗二諦的分析也十分透徹，寧瑪巴的大德們在認識二諦方面，留下了大量殊勝的教言。

龍欽巴在《大圓滿心性休息大車疏》中說：二

諦並非如同牛的兩角般分開存在，見到世俗諦實相時，猶如水中所現月影，月影顯現為世俗，月亮無實有為勝義，此顯現與空性無二，稱為二諦雙運。

不僅中觀，無上大圓滿的本來清淨與任運自成也是對二諦雙運的進一步闡述。《勝乘寶藏論》云:「從世俗顯現分稱為任運頓超，從空性勝義分稱為本來清淨。所謂二諦，並非異體，是同一本性、不同反體的關係，如同一人既是婆羅門，也是具戒者。」榮索班智達也說:「證悟二諦無二，能了達法與法性無別，此人可稱為具大圓滿見行者。」龍欽巴與榮索班智達這兩大車軌的大圓滿祖師的訣竅，相信對於具備信心與智慧的人來講，是十分珍貴的。

智慧是成就的因，善法是成就的助緣。修道時，於勝義諦中修持般若智慧，世俗諦中勤積如海善法，福慧二資不得偏廢，須互相攝持，方能成就無上之菩提。

壬午年四月十八日
2002年5月29日

離世

窗外肆無忌憚地燦爛了一個春天的花朵開始凋零，滿地落英繽紛，被車輪碾作泥、行人踩為塵。世間一切美好的東西都是那麼短暫，一瞬、一剎那、一眨眼間就飛逝而去。春花萎落、秋葉飄零，示現了宇宙的無常；紅顏易衰、青絲成雪，示現了人生的無常。

如果我們不能從大自然所昭示的真諦中預知死亡的

無常，在如露如電的人生中，空耗暇滿，為無明繩索所縛，貪執世間財物及親友，對死亡毫無準備，一旦死亡來臨，就會有千變萬化的醜態上演。如同《儒林外史》中的嚴監生、《歐也妮．葛朗台》中的葛朗台，因執著於多點了一盞燈而死不瞑目。

如何安度人生、迎接死亡，佛陀為我們開示了八萬四千法門。只要擇其一而不懈，條條道路通羅馬。

若能通達生死涅槃本自平等、諸佛不生不滅、心佛無二無別，念念安住實相，心心契合佛意，以佛知見觀自心性，則能越諸瀑流，永斷無明，究竟解脫。

對於沒有修持至如上境界的薄地凡夫，麥彭仁波切為我們留下了深刻的教言：「如沒有以上境界，僅依隨念釋迦佛一次，也能往生極樂刹土。」所以，無論釋迦牟尼佛還是阿彌陀佛，只要有信心，臨死之前強烈祈禱，就一定會往生。但是，如果強烈地貪戀世間的財物、親人，即使你多年持咒，也將功虧一簣。

壬午年四月十九日
2002 年 5 月 30 日

人海

擁有各種膚色、言說各種語言的人，彙集成了無邊無涯的「海洋」。有的人熟知水性，成為風口浪尖的弄潮兒；有的人隨波逐流，成為淘汰的沉澱。看人海波濤洶湧、潮起潮落；觀世間幾度沉浮、無終無盡，總是在不停地忙碌奔波，隨業流轉。令我不禁望洋興嘆：唉！可憐的世人！

大善知識桑莫瓦大師是修習《那諾六法》的成就者，他精通顯密，具有神奇莫測之神變神通，並創建拉普寺，培養了大量傳人。可謂心德

流播於天下，法雨沐浴於四方。他說:「世間八法對於我們世間眾生而言是極為普遍的。其中，對快樂的追逐更是普天率土之眾生的共同行為。於此大地之上，所有的眾生都在為自己所希冀的快樂而東奔西跑、晝夜顛簸。

其實，一切快樂的根源都潛伏著痛苦。所以，我們不應該面對快樂就欣悅開懷，值遇痛苦就灰心喪氣。如果為了今生的快樂，而花費大量心思，甚至不擇手段，勢必埋葬自己的來世。如果像這樣貪圖快樂幸福，則無論是修法還是做世間的任何事務，都是追求今生、沉溺於世間八法的鼠目寸光之徒啊！大家應當深思！後人也應以此為借鑒，審慎思維，避免自己重蹈覆轍！」

勞碌身心所追求的一切，卻如水紋般稍縱即逝，克怎巴云:「若未究竟舍離貪欲念，此生瑣事則如水波紋，一波方平諸浪又興起，身口之行寡少非理乎？」薩迦班智達也云:「心思繁雜則令散亂眾，事務接踵而至恒忙碌，諸等皆需漸次受誘惑，如此虛耗人生可知曉？」

可見，不論你在人海之驚濤駭浪中如何搏擊，終將被擊得體無完膚。一個明智的人應遠離事務的束縛，如《虛空藏》所云:「拋棄家庭與依靠，逐利瑣事極寡鮮，行于寂靜之深山，儼若野獸般生存。」

不要希求在茫茫人海中做一朵耀眼的浪花，速速逃離才是明智的。

壬午年四月二十日
2002年5月31日

六一

今天是「六.一」兒童節，看著街上天真活潑的兒童們，令我想起我曾度過的兒童節。

在15歲之前，因為沒有接受過任何的正規教育，從沒有人告訴過孤陋寡聞的我世上還有兒童的節日，直至我15歲上了小學。

記得那天的天氣格外晴朗，我這個已經稱不上是兒童的「兒童」，混跡於一群真正的兒童當中，唱著歌，等待著附近的牧民送來我們渴望的優酪乳。因為我的年齡太大，我的個頭幾乎和老師不相上下，卻不得不裝出「兒童」的模樣。現在想起

來仍覺得滑稽。後來，我轉入了宗塔中學，也意味著我「兒童」時期的結束。

如今，我已邁入不惑之年，了無牽掛、無憂無慮的赤子生涯已成了一個遙遠的夢。令我慶倖的是，我已跨入佛門，並得遇良師，使我在有生之年能時時沐浴佛法的甘露。

不知兒時的夥伴如今怎樣？他們是否也如我一般幸福？眼前的這些孩子們又有幾個能享受佛法的甘甜？答案一定不會盡如人意。很多兒童因缺乏正確的引導，終如其父輩一般，為業惑煩惱所牽，空耗暇滿。

我永遠不會忘懷自己曾在一個佛教國家度過的一次兒童節，那些無論在家庭，還是在學校，都能蒙受佛法甘露薰陶的兒童們，在舞臺上用自己所學到的佛教理念演繹著佛教故事和佛教常識，儘管稚嫩，卻給他們幼小的心靈種下了善根，使他們不至於邁上通往惡趣的生活軌跡。如果這種過兒童節的傳統能發揚光大，傳遍全球，那該多好啊！

壬午年四月二十一日

2002年6月1日

弘法

在當今時代，能夠弘揚佛法並具有實修實證的高僧大德十分匱乏，一些沒有弘法能力的人卻摩拳擦掌、躍躍欲試，希望自己能投入到弘法利生的事業中去。其實，弘法也並非像自己所想像的那樣簡單，必須在具有前世的發願、自己的修證已經獲得成就等種種因緣具足的條件下，方可利益眾生。

最近聽一法師說，在他所住持的寺廟，很多修行人都因別人的挑撥而離去，心裡十分傷心。聽了他惋惜的感歎，我多想告訴他，弘法

也要隨緣。如果具備能力，擁有道場及所化眾生，在外因內緣具足的情況下，當然應該盡心盡力以智慧明燈驅散無明黑暗，延續佛陀慧命，宣講如來教法。如果因緣暫時不具備，則獨善其身，向內觀極其重要，不一定要強求什麼表面上的弘法利生當然，在這物欲橫流、正法凋零的時代，作為荷擔如來家業的佛弟子，敷演大乘佛法是我們義不容辭的責任。有人認為需有一定成就的人才能弘法，薄地凡夫是沒有資格弘法的。其實不然，只要對某種傳承或某部經論，比如《俱舍論》很精通，有一定感悟，契合佛意，即使在其他方面沒有修證，在斷除自利心的前提下，也可以為別人將自己所知所解的顯宗教言灌輸於人。而且，大成就者也不一定顯現成就相，也許，在你我的周圍，一些看似平凡的眾生，正是大菩薩乘願而來。在善財童子參訪的善知識中，不是也有示現為下劣種姓的嗎？

「未成菩提先度人，此乃菩薩初發心。」弘揚佛法也不一定要建道場，並坐在高高的法座上。在日常生活中，用自己的一言一行，去感化有緣的人，令其相續中對佛法生起哪怕一絲一毫的信心，其利益也是無量的。

壬午年四月二十二日

2002年6月2日

風燈

見解不穩固的修行人，對三寶的信心，猶如風中之燈，隨時都會熄滅。在遭遇違緣時，往往會退失見修，甚至生起邪見，頻造惡業。所以在修行之初，依止善知識，通過聞思，生起八風吹不倒的穩固正見堪為當務之急。當然，能在此基礎上進行實修，以殊勝智慧斷除分別念，安住真如境界的修行者，更是稀有難得，值得稱道。

德巴堪布是我初入佛門的導師，他傳給我的前行修法，是我進入修行大海之明

风　　灯

燈；他傳給我的大圓滿法，是從無垢光尊者、麥彭仁波切等前輩祖師處傳下來的無上至寶。每當看到他那瘦弱的身軀，總是讓我信心倍增，他從小依止善知識，精進聞思修行，不僅精通五部大論及甚深密續，而且通曉音律、擅長工巧。

在他28歲至40歲時，正值動亂期間，他雖然被迫放牧和幹木匠活，甚至被關進監獄，仍然不間斷地聞思修行。放牧期間，他的腰間總是藏著經書，一到寂靜地，就展卷苦讀；做木工期間，他白天辛苦勞作，夜晚緊閉門窗，於燈下攻讀至深夜。

我12歲時第一次見到他，當時他穿著灰色的衣服，他告訴我說，在此形勢下，作為佛弟子，心裡對三寶的嚮往不能捨棄。若想在狂風暴雨中也能護持正念，使信心之燈不致熄滅，必須一心祈禱上師三寶。說完此話，一縷金色的陽光透過窗戶灑了進來，照在他紅潤光滑，沒有一絲皺紋的臉上。使我感到一種發自內心的溫暖。現在想起來，當時的情景仍然歷歷在目，記憶猶新。

83年政策緩和以後，智慧淵博、慈心廣大的德巴堪布，就利用他在上羅科瑪鎮的木工房，開始為大家傳法，我的五加行也是在此期間圓滿的，並最終在他和日嘎喇嘛座前，披上了出家衣，踏上了一條通往解脫的不歸路。

作為修行人，我能否也像德巴堪布那樣，在任何艱難歲月，都能護持佛法之燈長明不滅呢？

壬午年四月二十三日
2002年6月3日

遍知

遍知無垢光尊者是普賢王如來的化身，他的教言字字千金，有緣見聞者實為無量劫所修福德所感，應當生起大歡喜心。

將揚羅珠江措曾說:「在印度、西藏，雖然有很多智者高僧，但所造論典絕沒有超勝於無垢光尊者的。」無垢光尊者本人也說過:「我所講教言實在難得，從中很容易得到廣深成就法門。」

華智仁波切也殷殷教誨道:「其他分別念所

造論典，越看越增上分別念；而無有造作，超越意識的論典，即使聽聞一句，也會無勤生起等持。具尋思分別的論典，學了也是徒勞。無垢光尊者的言教如同如意寶，使人永得平安快樂。所以，他的言教即使是聽聞、受持、修持一句，也與如來的言教具有同等的緣分與功德。奇哉！奇哉！感謝三傳承上師，見之有緣、修之有福。所謂本自具佛，實在真實不虛。」

現在很多人整日沉迷於分別念所造的、增長三毒的書籍，為何不多用一些時間，到龍欽巴以其出世間之勝義智慧所開採的智慧寶藏中去流覽流覽呢?

壬午年四月二十四日

2002年6月4日

書於翻閱《法界寶藏論》時

比賽

世間的人們總喜歡參與各種各樣的比賽，從國家的經濟繁榮、政治穩定，到體壇的世界盃、奧運會，再到個人的榮辱得失，無論是扭轉乾坤的大事，還是雞毛蒜皮的小事，都習慣性地與對方較勁。雖然沒有真槍實炮，卻處處彌漫著硝煙的氣息。名義上是比賽，實質與戰爭無異。

為業力所牽的人們，整日為競爭而奔波，不但搞得自己疲憊不堪，而且常常因此而將目標定得遙不可及，預定的目標難以企及，從而陷入一種難以自拔的痛苦當中。當看到周圍的人升遷、發財、出國，甚至買一件衣服，都會生起難以名狀的失落感，並千方百計超過對方以滿足自己的攀比心理。引發經濟犯罪率不

斷上升，增加社會不安定因素。實在是得不償失。

最近聽一位去拉薩朝聖的人講，在桑耶附近的亞瑪龍，有一位叫雷工的修行人，他已念了一億蓮師心咒，他告訴去看他的人說，這裡山青水美，山洞裡冬暖夏涼、山泉清澈甘甜、吃糌粑也能品出甘露的味道。真是無憂無慮、悠閒自在。想起那些忙忙碌碌的世間人，為五斗米而折腰，整日勞作卻煩惱增盛，真是可憐。

其實，一些名相上的修行人也喜歡觀看和參與比賽，承受比賽所帶來的痛苦，卻不喜歡獨自修行的快樂。常常奔波於一些表面的所謂善法，內心卻為名利所誘而躁動不安。

作為修行人，我能否也像雷工一樣，捨棄世間名利，安住法樂。任世界萬千變幻，永保一顆如如不動的心呢？

壬午年四月二十五日
2002年6月5日

酸奶

一到夏天，優酪乳就成了草原上最美的佳餚。家鄉人常愛說一句話:「如果夏天沒有優酪乳喝，草原上的美景都仿佛缺了顏色。」誰家因為沒有犛牛而喝不到優酪乳，將是令人沮喪的事。

同所有牧場上的人一樣，我對優酪乳也情有獨鍾。因為遠離家鄉，來到漢地，前幾天還心想：這個夏天可能喝不到優酪乳了吧？沒想到，今天一位居士給我送來了漢地製作的優酪乳，居然味道和草原上的優酪乳不相上下，有的還在裡面加上了水果，更是別有一番滋味。不由得想起曾經與上師一起吃優酪乳的情景。

那是在2000年6月28日，當時法王如意寶正在南山閉關，並為部分藏族喇嘛傳講大圓滿。我帶領一群來自美國、新加坡和大陸的四眾弟子前去拜見法王。當我們的車沿著崎嶇的山路跋涉

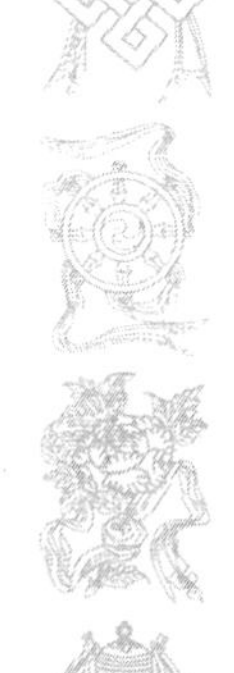

到南山頂時，滿車的人都不由自主地發出驚歎:「太美了！」的確，上師的小木屋在滿目的繽紛花朵和藍天的襯托下，無論從哪個角度欣賞，都是一幅絕佳的風景圖。

我們就在這如詩如畫的景致中拜見了上師。那天上師也顯得格外高興，他讓人拿出優酪乳，在我們每人手上分了一份，他自己也分了一份在手上，並告訴我們說:「這是我年輕求學時最好的食物，今天也分給你們嘗嘗，這裡沒有碗，但作為修行人，要不怕艱苦，我們以手為碗，一樣可嘗出優酪乳的美味來。」說完，他就帶頭津津有味地吃著手裡的優酪乳。我一邊吃著優酪乳，一種發自內心的幸福如湧泉般噴薄而出。

至今，那天的情景仍像昨天的事情一般清晰。我期待著有一天，能再跟上師一起坐在草原上品嘗優酪乳的美味。

壬午年四月二十六日

2002年6月6日

佛法

如今，能夠真正瞭解佛法並如理行持的人實在寥若晨星。有些所謂的修行人，對佛法不但沒有系統的認識，連一些基本常識都不具備，卻口口聲聲宣稱自己在行持佛法，豈不貽笑大方？

在佛教歷史上被稱為第二佛陀的世親論師在《俱舍論》中曰:「佛之妙法有二種，教法證法之體性，持教法者唯講經，持證法者唯修行。」也就是說，以聽聞講說的方式獲取教法，以修持的

佛　法

方式攝取證法，教法與證法，涵蓋了佛法的一切內涵。

為了佛法能長住於世，必須借助於經論，《天子如意持請問經》中云:「諸法經論兩種攝，善說乃其密意釋，以之於此世界中，佛法能得長久住。」無數的前輩，為受持弘揚佛法，剝皮為紙、析骨為筆、刺血為墨，為我們留下了無數珍貴的三藏教法，使我們得以聞聽佛性之義，而得了悟：眾生因由一念無明，障蔽心源，不知六塵境界，當體本空，以致由惑造業，因業受苦。

如果沒有教法的指引，則如同沒有日月燈光作為航標，使我們只能無休止地輾轉於輪回生死苦海之中；也使我們如同沒有嚮導的盲人，只能在三有的荒漠中徘徊，即使精疲力竭，也永無出期。

當了悟輪回緣由之後，就應當實修實證，令戒、定、慧三種證法與心相融，以之消除惑業，增長福慧。

佛性雖然本具，卻如同礦石中的黃金，木柴中的火焰，稻穀中的稻芽，如果不經過一番冶煉、鑽磨與種植，則永遠不能獲得其成果。如果了知其理而不實修，終如說食數寶，不能得其受用。於長劫輪回苦海中，輕易地將千載難逢的解脫大舟放棄，始終不得解脫。

教法與證法，二者不得偏廢，通過教法獲得正見，並在此基礎上實修證法，才是真正的行持佛法。

壬午年四月二十七日
2002年6月7日

木碗

諾爾巴堪布在廈門植物園的木碗專賣店，買了一個木碗送給我作為禮物。木碗本來就具有一種天然的木質紋理，在表面刷了一層本色清漆之後，更顯出一種古樸意趣。我特別喜歡它，一直用它吃飯，好像什麼東西盛在裡面就成了甘露一般。隨著貪執木碗之念的日益增盛，令我想起華智仁波切的一段故事。

蔣揚欽則仁波切在德格的時候，華智仁波切正以乞

討的方式四處雲遊。他有一個木碗，伴隨他同甘共苦，浪跡天涯，走遍了多康的山山水水，因此，華智仁波切也十分喜愛它。

當他去拜見欽則仁波切時，見到上師的周圍眷屬雲集，房間富麗堂皇，宛如宮殿，裡面裝滿了各種金銀財寶，心裡想著：原來上師也很喜歡財物，這滿屋的珍寶他也一定很執著吧！欽則仁波切以神通照見了他的心思，便一語中的地高喝道：「華智，你不要想得太多！我對這室內室外財寶的執著，遠遠不如你對你那木碗的執著！」一句話使華智仁波切心中豁然開朗，他恍然大悟：修行人並不一定要過苦行僧般的生活，最重要的是要放下執著。

作為我們這些普通的修行人，更應拋棄對娑婆塵世一切名利的貪執。前人曾教誡云：「不結良因與善緣，苦貪名利自憂煎，豈知住世金銀寶，借汝權看數十年。」如果不結下與佛法的善妙因緣，只是因苦苦地貪戀世間名利，而枉自擔憂，備受煎熬。殊不知，一切自己所擁有的金銀財寶，不過是讓你暫且看守幾十年而已，又何必執著呢？薩哈巴也說：即使芝麻許的貪執，也是輪回的因。

所以，我們應以如出囹圄、如棄枷鎖般的厭離心，拋棄一切貪執。否則，不論你如何精進，終將徒勞身心。

壬午年四月二十八日
2002年6月8日

會死

無等塔波仁波切的首座大弟子秋雍，是藏地公認的大成就者。一位康巴的修行人聽聞其美名，特地前來拜見，他向成就者供養了布匹後，便乞求傳法，成就者什麼也沒傳。經過再三的請求，成就者拉著他的手誠懇地說:「我也會死，你也會死！我也會死，你也會死！！我也會死，你也會死！！！」就這樣重複了三遍，並告訴修行人:「上師的教言沒有別的，我也發誓沒有比這更殊勝的竅訣了。」康巴人聽完後，依此教言精進修持，終獲成就。

作為修行人，應時常憶

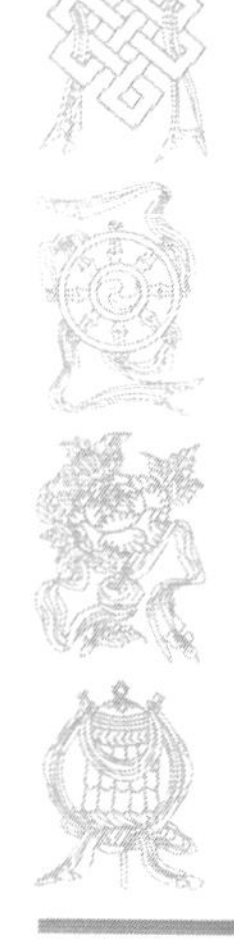

念死亡，印光大師在他的禪堂裡，掛著一副很大的「死」字中堂，並時時告誡後人:「人命無常，速如電光。」「光陰短促，人命幾何，一氣不來，即屬後世。」可見這些成就者們對死亡的重視。

前輩的成就者們，為生死之大事，歷盡千辛萬苦，以堅固的信心、勇猛的精進心，朝如斯、夕如斯，方得明心見性。

只可惜現在的人，對世間的一切事無不斤斤計較、絞盡腦汁，對死亡之大事卻置之不理，彷佛以為死神已將自己忘卻，這實在是掩耳盜鈴的自欺之舉。我等無始以來，因由二取執著，而迷失本來面目，原有光明被妄想覆蓋、塵勞縛著，以致長期流轉生死苦海。人生若不悟禪道，難越生老病死關。如果想重見光明，永脫生死，必須下一番工夫，「寶劍鋒從磨礪出，梅花香自苦寒來。」只有放下一切，時刻憶念死亡，苦苦修習，方能嗅出本有的菩提芬芳。

壬午年四月二十九日
2002 年 6 月 9 日

知否

德巴堪布的著作已整理完畢，一共有四函。其中的教言囊括了修行的各個次第，今天我想把其中的十三個「知道嗎？」翻譯出來與漢族道友分享：

「我為曾經所造的業力相同、如今之迷亂顯現相同的朋友講述此教言，無論是誰，只要有信心，都可以聽聞：

1. 茫茫輪回大海，利用短暫一生即能超越的是珍寶人身，但人年老之後會滿臉皺紋，您知道嗎？

2. 器世間與情世間、官員與隨從、上師與弟子、城市與寺院，這一切都是無常的老師，不會停駐很久，您知道嗎？

3. 上半生為人宣講佛法，守持清淨戒律，下半生身在俗家，被自己所生養的孩子所圍繞，如果沒有捨棄今生，即會顯現內在真相，您知道嗎？

4. 口中宣講大乘佛法如獅子吼，內心卻著了自私的魔，尚未圓滿菩提心力而高聲空吼，如同老狗的狂吠，您知道嗎？

5. 無論是否認識都依止為上師，無論是否熟悉的上

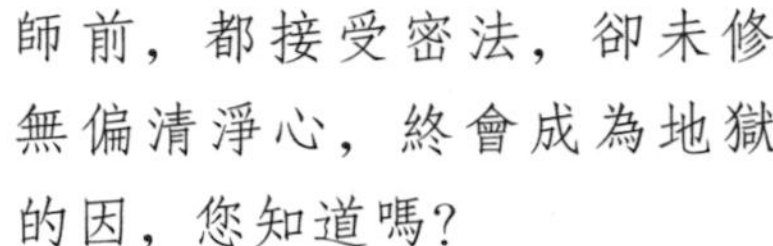

師前，都接受密法，卻未修無偏清淨心，終會成為地獄的因，您知道嗎？

6. 口中時常念叨這是魔法時代，自己行持著濁世的惡劣行徑，即使當地國法森嚴，因果也不能改變，您知道嗎？

7. 有人說一切皆為空性，從而輕視因果。輪涅雖空，緣起顯現卻真切不虛，您知道嗎？

8. 在沒有證得等淨無二境界之前，若以密法為藉口，輕易違越戒律，自己極易墜入深淵，您知道嗎？

9. 自己尚未證悟境界，卻肆意享用信財、亡財。在閻羅殿裡，就必將會用自己的血肉償還，您知道嗎？

10. 可憐的人死後，濁世毫無境界的修行人整日籌畫著超度儀式，這樣的超度實為毀壞自他的象徵，真正的超度是需要具足智慧和方便的，您知道嗎？

11. 有人口口聲聲地宣稱：我現在已皈依佛法，並自認為超勝他人。但是，在傲慢的鐵球上，是不可能萌生功德果實的，您知道嗎？

12. 我們是具相上師攝受的道友，輪回中所感受的痛苦快樂，必須在自己所了悟的境界中平等行持對待，您知道嗎？

13. 以上所說的問題並非觀察別人過失的眼睛，而是照見自己善惡的鏡子，您知道嗎？」

壬午年四月三十日
2002年6月10日

靜住

如今科學領域的迅猛發展，給人們的生活帶來了日新月異的變化。人們在盡情享受現代化所賜予的各種方便的同時，卻從未抽出一絲閒暇，思考如何讓自己如狂象般飛馳的心得以休憩。人們的希求越來越高，總是為永不滿足的欲望而奔波於仕途經濟。許許多多的修行人，也為外境所轉，為了自我安慰、自我陶醉，整日忙於一些毫無意義的散亂之事。

作為修行人，應甘於寂寞，遠離喧嘩場所，調柔三門，時常安住一處。

記得阿底峽尊者曾說：「如今五濁之惡世，非為裝模作樣時，乃為策勵精進時；非為尋求高位時，乃為置於卑位時；非為攝受眷僕時，乃為依止靜處時；非為調化弟子時，乃為調服自心時；非為隨持詞句時，乃為思維

静　住

意義時；非為到處遊逛時，乃為安住一處時。」意為在五濁猖獗之今日，那些自心尚未調服，僅僅背誦了一些事相名詞，根本沒有理解其深刻含義，為了尋求高位，卻裝模作樣，打著度化眾生的旗號，到處遊逛、攝受弟子、眷僕的行為必須捨棄。

《楞嚴經》指出:「末法時代，邪師說法，如恒河沙。」我們不應做這樣的邪師，而應當如噶當派前輩大德一樣不依外緣，依止靜處，策勵精進，自視低微，反覆思維佛法的深刻含義，一心一意調服自心。只有這樣，才能使正法真正融入自相續。

在許多人樂於棲身的城市，到處充滿了蠱惑的能量。若沒有修持到一定境界，就應到曠野無人之境，「身體恒時應有心，床榻恒時應有身」，直至證得真如境界。如果身為一名修行人，卻樂於在人山人海的大城市中毫無意義地閒逛，那就完蛋了！

壬午年五月初一
2002年6月11日

尊者

上師如意寶晉美彭措法王，在成都363醫院內科13床住院已一個多月了。今天，來自錫金的多竹欽仁波切前來看望上師。

仁波切未到之前，上師特意囑咐，一定要給仁波切安排法座。

不一會兒，在一位侍者的陪同下，八十多歲的仁波切步履蹣跚地走了進來。他婉辭了為他預備的法座，只坐在一張小凳子上，便與上師拉開了家常。他首先祈禱上師長久住世，又談到了印度、中國的佛教發展狀況。天南地北、教內教外，談話的主題不斷翻新，他們卻始終興趣盎然，不見疲憊之相。

上師問仁波切從國外回來帶了多少侍者，仁波切回答說:「一個也沒帶，我單獨

尊　者

一人回來的。」「那太簡單了，一路上誰照顧您呢？」「走時有人送，到了有人接，人多太麻煩，別看我年紀不輕，照顧自己還是足夠了。」看到這位藏地公認的大德如此不講排場，與一些沒有修證，卻侍者眷屬如雲的所謂「成就者」形成了鮮明的對比。

兩位偉大的精神導師進行了傾心的交談，並發願住世度眾。離開時，仁波切為我們一一加持，然後由我陪同他回到了蜀都大廈賓館 26 層的房間，裡面已經有很多來自各地的眷屬在恭候他。

即將分手時，他特意入定片刻並囑咐我，為祈禱上師長久住世，消除上師弟子們的違緣障礙，應念「十八羅漢祈請文」一萬遍、「獅面佛母心咒」一億遍、「無垢懺悔續」十萬遍。我將他的話牢牢地記了下來，希望與道友們共同努力，為上師及各位成就者長久住世，消除各種違緣障礙而認真祈禱。

壬午年五月初二
2002 年 6 月 12 日

忍辱

今天在一家星級賓館看到了一幕令人難忘的情景。一位顧客暴跳如雷、怒髮衝冠，硬硬的拳頭幾乎揮到了女服務員的身上，但女服務員卻始終保持著職業性的微笑，令我欽佩不已。

在六度中最難守持的即是忍辱，作為佛教徒時時熏習的也是要對一切眾生修習安忍，佛經云:「持戒及修定，安忍為主因，一切諸善法，因安忍增長。」然而，包括我在內的很多佛教徒卻比不上這位服務員。世間的服務員為了前途和飯碗可以將忍辱

修到如此地步，作為大乘佛子，為了自他的究竟安樂，卻為什麼在修持忍辱方面反而不如一位服務員呢？這不能不令我生大慚愧。

從理論上我們都知道，眾生因各自業力而感受苦樂，遭遇嗔恨對境，應歸咎於往昔之惡業，而不應抱怨外境。無垢光尊者曾講：「眾生感受各自之業力，為了父母等親友、眷屬不應生嗔，甚至為了堪布、阿闍黎、上師、三寶等也不應嗔恨他眾，如果有受害的宿債，是無法避免的，如果沒有宿債，則不會受害。並且，僅由他人的贊毀，也不能造成重大利害。」

對於打罵我們的人，我們不應像世間人一樣視其為冤家，而應將彼視為善知識，世間的人不明因果，但依眼前是非，而為恩怨友敵。這位服務員能將安忍修到如此境界，實在難能可貴，將來也一定能感受安忍所帶來的樂果。

佛經云：「安忍能斷除，一切諸惡根，亦名能斷除，責難諍訟者。」若能在菩提心的攝持下修持安忍，將打罵視為消除宿債的良方，就一定能徹底根除惡根，得到究竟安樂。

壬午年五月初三
2002年6月13日

加持

和很多人一樣，我比較執著於加持品，也有幾件十分珍愛的寶貝時常帶在身上，如果不是十分親密的好友，絕不輕易示人。

有人認為這種執著大可不必，萬法皆如夢幻泡影，何為如此塵勞牽絆？的確，從究竟實相來說，一切皆為平等清淨，但從緣起顯現而言，加持品的力量也是不可思議的。

記得90年在不丹拜見頂果欽則仁波切，當時天氣異常悶熱。仁波切雖然赤裸著上身，卻帶著嘎烏盒和一些加持品，顯得特別引人注目。他將嘎烏盒示於我們，並告訴我們在這隻嘎烏盒裡裝著的文殊菩薩像，就是當年麥

彭仁波切造論時，時常放光融入尊者心間的文殊像，說完就用嘎烏盒為我們一一加持，使在場的人和我都感到無上榮幸。

法王如意寶也是一樣，他那裝滿寶物的嘎烏盒總是不離身，即使在沐浴時暫時取下，沐浴完畢也會立即帶上。另外，像黑帽噶舉派的那只著名的黑帽，也成為萬人敬仰的無價之寶。連不著相的禪宗也有一件祖師傳下的法衣。

既然這些成就者們都要向我們示現加持品的珍貴，可見加持品的不可思議緣起力，絕非我們普通凡夫所能了達。

佛陀在示現涅槃時，也為我們留下了佛像、舍利等加持品，令我們頂禮供奉。許多佛經中也有將加持品、佛像、佛經帶於身上，邪魔外道不能侵害的記載。所以，在沒有證得等淨無二境界之前，千萬不要輕視加持品的力量。

壬午年五月初四
2002年6月14日

麵條

今天與一位十分投緣的朋友一起聊天，從佛法到人生，從分前別後到大江南北，可謂包羅萬象、無所不談。不知不覺，午飯的時間到了，服務員送來了麵條。一看湯色，便令人垂涎欲滴，一品味道，更令人叫絕。世人說:「酒逢知己千杯少。」沒想到，遇到好朋友，連麵條也變得可口起來。心的力量真是不可思議。

記得在我幾歲時，一次父親帶我去爐霍，途經真都小鎮，在鎮上一間破爛不堪的小麵館，吃了一碗面。哎呀！實在是太好吃了！

如今幾十年過去了，在那以後，我品嘗了許多人們所公認的世間美味，卻再也品不到那碗面的滋味了。其實我也清楚，一

碗小鎮上的面，不可能有什麼與眾不同的味道。一切皆由心情所致。當時也許是因為難得出門，興致很高，或者是因為在那個年代實在沒有什麼美味可嘗。同小時候的那碗面一樣，今天的這碗面，也會成為我終身難忘的記憶。

記得古代的一位皇帝，在流亡途中，偶爾嘗得一種豆腐，感覺如天界甘露。流亡完畢回到皇宮，令御廚仿製，卻怎麼也做不出當時的美味。僅僅因為對豆腐美味的強烈貪執，便促使他令眾多廚師平白蒙冤、身首異處。如果那位皇帝知道境由心造的道理，也不至於屠殺無辜了。然而，世間又有幾人能明白此理呢?

壬午年五月初五
2002年6月15日

血施

站在視窗，望著往來的人流，看著他們忙碌的身影，不禁思緒紛紜。

一陣「嗡嗡」的聲音打斷了我的思緒。一隻花白的蚊子落在了我的手臂上，原來是你這個傢伙！

只見它伸出吸管，插入了我的手臂。我一邊念著觀音心咒，希望它能早日解脫，一邊欣賞它吸血的憨態。可能是怕一不留神丟失了這份難得的食物，它始終目不斜視並紋絲不動。不一會兒，

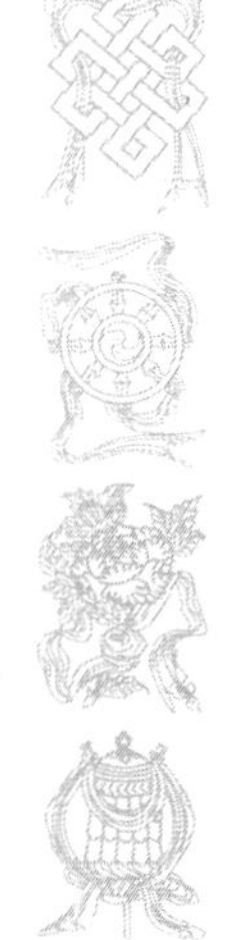

細細的肚子變得滾圓。它滿意地抽出吸管，可能是吃得太多的緣故吧，笨重的它飛飛停停，在我身上駐留了好幾次，才顫顫巍巍地離開了，空氣中又響起了「嗡嗡」的聲音，與剛才不同的是，歡樂的成分更重了。沒想到，心情快樂的時候，連蚊子也能奏出美妙的音樂。

我趕緊將釋迦牟尼佛在因地佈施血肉時所誦的偈子背誦出來以作回向:「此福願獲遍知果，摧毀作害之怨敵，救度眾生皆擺脫，生老病死三有海」、當然，佈施一隻蚊子微不足道的血，與世尊的功德實在不能同日而語，但「滴水雖微小，漸次盈大器。」作為凡夫，能從一點一滴的小事做起，相信總有一天，就能達到與佛陀無異的境界。

壬午年五月初六

2002年6月16日

賓館

一位居士告訴我說，我去世界各地，都住在最豪華的賓館裡。今天，我一定要請您享受一下五星級賓館的待遇。

就這樣，我被安排進了成都最豪華的錦江賓館。剛下出租，從服務生為我開門到取行李，已能深深地體會到五星級賓館無微不至的服務，走進賓館，豪華的大廳更是令人耳目一新。走進房間，那價值昂貴的傢俱，寬敞柔軟的床鋪，潔淨舒適的衛生間，無不令人愜意。

走進餐廳，琳琅滿目的中外各式食物應有盡有，挑逗著人們的食欲。在舒緩輕柔的音樂聲中，我度過了一段美好的時光。我想，世間

宾　馆

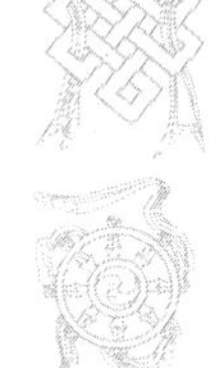

人所公認的最美妙的享受，恐怕也莫過於此了吧。

但我也不由得偷偷計算了一下，我今天的消費相當於幾萬條泥鰍的生命，如果能將這筆錢用於放生，那該多好啊！

躺在奢華的床鋪上，想起馮夢龍的《喻世明言》中的一個故事，有個富翁白天吃著山珍海味，晚上躺在豪華的床上，卻做著身處地獄的噩夢，令他痛苦不堪。他家的牧童，白天吃著豬狗般的食物，晚上躺在草墊上，卻在夢中享受著天人般的快樂。富翁為了與牧童交換夢境，不惜白日做工，吃豬狗食，就為等待一個晚上的歡樂。最後，當牧童發現雖然白天可以肆意享樂，但晚上飽受痛苦的滋味實在難以堪忍時，也最終做回了自己的牧童。所以，躺在美妙的床上，不一定能做出美妙的夢來，躺在露天的草地上，說不定真能做出什麼新版本的「黃粱美夢」。

想著想著，不知不覺地睡著了。醒來後發現，雖然沒做噩夢，但柔軟的席夢思著實讓我不爭氣的背痛了好半天。

壬午年五月初七半夜
2002年6月17日
強忍著背痛書於
錦江賓館地毯之上

侄子

本來不想在日記裡提到自己的親友，但今天聽到的消息使我實在難以抑制，忍不住將它寫了出來。

侄子仁增諾沃今年10歲，在我的記憶中，他是十分吝嗇的。我每月給他一些零花錢，他從捨不得花，看到夥伴們買零食、飲料，他也只是在一邊看著，寧可偷偷地咽口水，也不願為零食花一個銅板。一些生活必需品，也是八方乞討、四處借貸，真是一隻一毛不拔的「鐵公雞」。

今天卻聽弟弟告訴我，他將很久以來苦心積攢的600元零花錢，全部交給慈誠羅珠堪布用於放生，自己一文不剩，令我十分感動。

他歷來善根深厚，十分喜愛放生。記得一次他被拖拉機撞倒，傷勢不輕，為了安慰他，我告訴他說:「也許是因為你喜歡放生的緣故，

才沒有撞得更厲害。」他回答我說:「我也是這樣想，真是感謝三寶的加持。」

雖然，他失去了一些品嘗零食的快樂，但他的收穫卻是難以衡量的。想到世間很多與他同齡的兒童，早已薰染了世間的惡濁之氣，為一已之利，不惜傷害其它眾生。如果遭遇違緣，也只知怨天尤人、哭天喊地。他能做到這樣，無不歸功於上師三寶的加持。

我多麼希望所有與他同齡的孩子，都能像他一樣，時時浸潤在佛法的陽光雨露中，不再遭遇世俗的狂風暴雨，不再重蹈前輩的覆轍。我不知道他的未來將會如何，但他今天的行為的確令我隨喜。

壬午年五月初八
2002年6月18日

離蓉

法王如意寶離開喇榮，在成都養病已經八個多月了。雖然《寶性論》等經論中云:「聖者遠離老病苦。」但為了示現輪回無常、生老病死，培植眾生的福報，解救眾生於無明魔障的壓榨之下，上師仍顯現龍鍾老態、病魔纏身的境況。

幾天前上師若有所思地說道:「如今色達的幾千弟子，一直苦苦地期盼著我的歸去，我無論如何也應滿他們的心願，回去吧！」

早上7點，我們一行十幾人悄然離開蓉城，返回嚮往已久的喇榮溝。

但由於上師身體欠佳，出發不久就開始嘔吐，行至汶川，已難以控制，不得不下車，坐在空地鋪開的毛毯上，繼續嘔吐。儘管一行人

心急如焚，卻仍然無濟於事。

對面的山陡峭地矗立著，彷彿一道天然的屏障，擋住了我們歸家的路。滔滔江水洶湧澎湃，恰似我焦急難耐的心情。傷心的淚在心中流淌著，化為一首憂傷的哀歌：「青山聳兮入雲霄，江流湍兮掀波濤，疾倡狂兮師不調，弟子心兮受煎熬。」

如果學院的四眾弟子得知現狀，他們一定會不惜以生命為代價，換取上師的康復。望著顯現上精神疲憊的上師，近在身邊的我卻無所適從。原打算住理縣，但因目前的情況只能放棄，我只有先行一步到汶川，為上師安排下舒適的房間。

壬午年五月初九於汶川

2002年6月19日

少眠

偶爾偷得閒暇，得以翻閱別人送我的《頂果欽則法王傳》，其中一段描述道：「仁波切每天總是在4點半就起床。用好幾個小時禪定和祈禱。然後一連串的活動就開始一直到深夜。仁波切每天都得完成極其繁重的工作量。」看到這裡，令我慚愧萬分。

最近幾個月，常常以身體為藉口，捨棄了以前早起的習慣。有時日起三竿，仍在被窩裡打滾。看到仁波切幾十年如一日，從不給自己任何藉口，始終保持少睡的習慣，真是令我汗顏。

作為一名發願利眾的修行人，我必須珍惜時光，減少睡眠，精勤修習自利利他之善法。

佛經云：「勤者不多睡，而常習醒法，棄惰諂悅戲，

色欲及飾身。」「他人放逸時，賢者不放逸，他睡自己醒，如良馬超劣。」也就是要減少睡眠及一切無義之事，常行警醒覺悟之法。當他人昏睡時，唯有賢者獨醒。宛如良馬賓士，能遠遠地超勝劣馬一般，毫不懈怠，常保清醒的賢者，也能首先達到目的地。

世間云:「一切事情即模仿，模仿之中能生巧。」雖然我是一名凡夫，賢者的其他勝績我不能模仿，但少睡的精神應該是可以效法的。我不應該丟棄少眠的習慣。

壬午年五月初十於米亞羅
2002年6月20日

發願

我們應該時刻發清淨誓願，尤其是生生世世不離正法的誓願。《吉祥鬘天女獅吼經》云：「吉祥鬘天女於世尊前發三大願，何為三願？『世尊，以我真諦加持力利益無邊眾生所積之善根，世尊，願我生生世世獲得佛法之證悟。世尊，此乃我之第一大願。世尊，我獲得佛法證悟後，不顧勞累、不生厭煩而為眾生宣說佛法。世尊，此乃我之第二大願。世尊，我宣說佛法後，不顧自

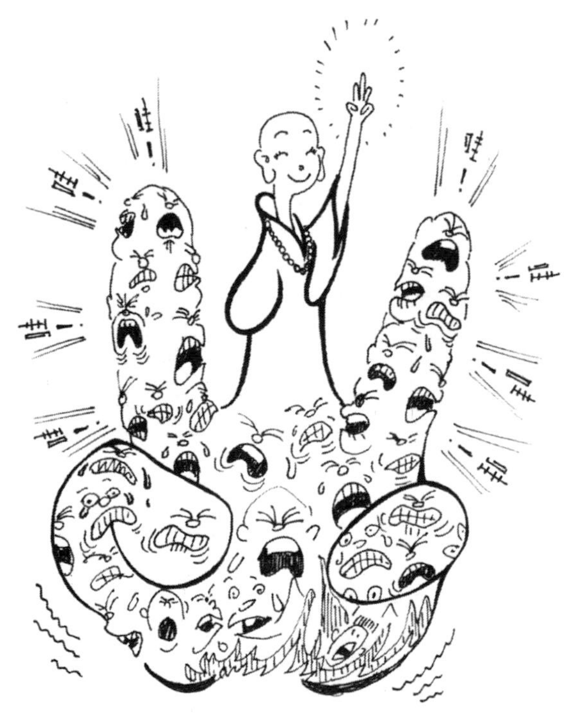

己身體生命而護持、受持正法。世尊，此乃我之第三大願。世尊，我已發此三大願。』世尊於吉祥鬘天女所發之願作此授記:『天女，如同所有之色法均可容納於虛空，天女，如此恒河沙諸菩薩之願亦均可包括於此三大願中，此三大願行境極為廣大。』吉祥鬘天女白世尊言:『世尊，發此願乃如來之加持力所致。』世尊曰:『天女，如是。』吉祥鬘天女曰:『世尊，恒河沙數所有之願均可包括於受持妙法之大願中，世尊，受持佛法之行境如此廣大。』」

如果想發大願的人，都能認真思維佛經的意義該多好啊！但願我能生生世世受持佛法。

壬午年五月十一日
於紅旗橋側
2002 年 6 月 21 日

上寨

得知上師回學院的消息，益西彭措和慈誠羅珠早已在上寨等候，益西彭措已為上師安排了上寨最好的房間。雖說是最好的，但其「豪華程度」也實在不敢恭維。

慈誠羅珠、哲和我擠在一個房間裡，這是一間未經打掃的屋子，滿地煙頭、垃圾，枕頭、被單污穢不堪，但因為上師的情況有所好轉，再加上久別的友人得以重逢，我的心情格外快活，絕不亞於幾天前呆在五星級飯店的感覺。安排的晚餐也十分可口，心的力量真是能超越一切。

飯後，我們一起去散步，途經一家新建的住房，這裡曾是當地殺牛的場所，慈誠羅珠感慨道:「人真是可怕的

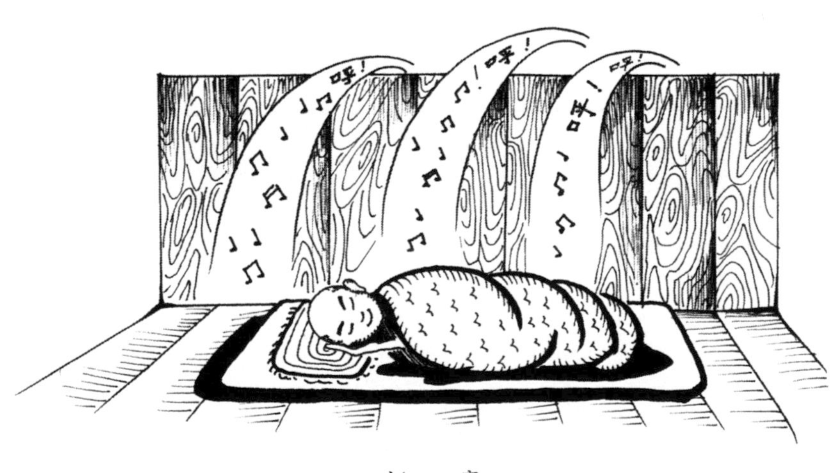

上　寨

動物，對其它動物的生命毫不在乎，如果這裡是殺人的地方，人們是決不會在這瑞安家落戶的！」這裡一定聚集著許多犛牛的冤魂，我們為它們念誦了回向偈。但願它們能有一個好的去處。對面山上印著觀音心咒的經幡迎風搖曳，附和著我的祝願。

夕陽在山巔灑下最後一抹金黃後，迅速地消失於地平線，上寨迎來了新一輪的黑暗，回到房間，既沒有水，也沒有臉盆，隔壁嘹亮的鼾聲透過薄薄的木板清晰地傳了過來，敲打著我的耳鼓膜，如同一首安詳的催眠曲，將我趕入了甜蜜的夢鄉。

壬午年五月十二日
2002 年 6 月 22 日

謗師

破顯宗四根本戒，造五無間罪等罪業，通過密宗的灌頂、懺悔後，仍有即生成佛的機會。但如果從內心譭謗上師，則絕無即生成就的機會，並且會長劫於地獄中遭受難以忍受的痛苦。

《密集金剛續》云：「眾生造五無間等罪，浩如煙海金剛乘，依之即可得成就，誠心譭謗上師者，修持也不可成就。」其注解《明燈釋》中也云：「不僅譭謗上師者不得成就，與之接觸的道友也不得成就，譭謗上師、違反誓言的人不可與之長期交談、交往。否則，對成就有極大影響。」所以，我們平時在接觸道友的時候，應首先觀察其對上師的信心和恭敬心。

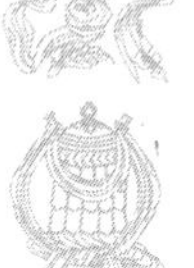

若有人譭謗上師，應予以制止，若不能制止，則應遠離，否則，會玷污自相續。

其實，對於上師的看法，皆是自己內心的映照。飛錫法師云:「鼻有墨點，對鏡惡墨，但揩於鏡，其可得耶?好惡是非，對之前境，不了自心，但尤於境，其可得耶?」如果在鏡子中發現鼻子上有了墨點，卻企圖通過拭擦鏡子去消除墨點，顯然是愚蠢之舉。同樣，在眼見耳聞外境之時，若有喜好厭惡的念頭，包括對上師是非過失的評價，也只能歸咎於自心，而不能怪罪埋怨於外境。

如果內心不清淨，即使值遇真佛，也不能見其功德，如同善星比丘一般，終將毀壞自己。我們應當清洗掉對待鼻墨般的分別念，視師如佛，方可證達萬境咸真之境界。

壬午年五月十四日於色爾壩
2002 年 6 月 23 日

迎接

一大早，我就被即將回家的興奮催醒。推開窗戶，一片生機蕩漾，又到了「日長蝴蝶飛」的季節。天出奇地藍，沒有一絲雲彩。所有的樹木都吐出了新綠。太陽從東方躍出，驅散了朦朧的晨霧，給大地鍍上一層金黃。我們浩浩蕩蕩的隊伍離開色爾壩，開始向學院出發。

沿途的寺廟和村落都聽到上師回家的喜訊，他們手捧哈達，在路的兩旁恭候著上師的車輛，當上師搖下車窗玻璃，向他們揮手致意時，所有的人都眼裡噙著淚水。一年來對上師無盡的思念，都化為了陣陣桑煙，嫋嫋地飛往藍天。

車到霍西，30多輛摩托

迎　接

車行走在隊伍的最前方，之後是100多匹由健壯漢子駕馭的馬隊組成的開路大軍。上師的車行走在前方，聲勢浩大的隊伍一眼望不到邊，聽說有100多輛車加入了迎接的行列。真是寶馬香車喜滿路，迎接的隊伍走到哪兒，那裡就成了一片歡樂的海洋。

當車到達洛若的時候，迎接的氛圍達到了高潮。來自學院的僧眾身穿統一的黃色袈裟排成兩列，仿佛天人的飄帶一般飛舞飄蕩，一直延伸到耍壩子的地方，整個山坡上人頭攢動，黃色的僧衣使青色的山巒被染上了一層流動的金黃。

多少個日日夜夜，他們翹首期盼，凝望著上師歸來的路。如今，當這一夢想成為現實的時候，他們已經不知道用什麼樣的方式，表達自己內心的幸福。千言萬語化為了興奮的尖叫、無聲的哭泣。

雖然上師因為疲勞，沒有給大家說話，但他的歸來已經足夠。如同嬰兒回到母親懷抱一般，每個人都感受到上師在身邊的踏實。

夕陽西沉，銀漢斜挑，繁星點綴的夜幕籠罩著大地，儘管草原的夜晚仍是寒冷依舊，但我相信帳篷裡的每個人都同樣做著甜甜的夢，因為他們的心是溫暖的。

壬午年五月十五日
2002年6月24日

痛心

四大不調時，會遭受身心的煎熬，有時看到別人的言行，也會感到痛心。

有的人曾經虔誠地依止上師，並且得受過傳承，現在卻妄想過河拆橋，公然宣稱:「他從此以後不再是我的上師，我不再依止他。」這種行為雖然很愚蠢，但卻並非個別現象，我們時常都能在自己的周遭耳聞目睹。

心情好的時候，將其視為上師，處處小心翼翼、恭敬備至。失去信心的時候，卻將上師拋之腦後，恣意譭謗侮辱，這種行為十分令人痛心。這一切，都是因為不懂佛教教義所致。

上師並非以想像安立，只要以依止之心，於其前得一句以上的法，均為自己的上師。

痛　心

藏地著名的阿旺彭措格西，於《菩提道次第筆錄》中云：「是上師與非上師，界限並非以想像而定，而是自己以想依止之心，於其前聽受一句以上的法，均安立為上師。」佛經云：「聞受一偈法，若不思為師，轉世百次狗，復為疥瘡者。」噶當派的祖師大德們也發人深省地教誨後人：若不恭敬上師，精通三藏也無利。

尤其因對上師生嗔而捨棄，過患更是不堪設想。《時輪金剛》曰：「於師生嗔剎那數，摧毀此數劫善根，且於此數劫時中，感受地獄猛烈苦。」因此，不管如何都不應捨棄上師。一看到某些人對上師的滿不在乎，叫我不得不深感痛心。

壬午年五月十六日
2002年6月25日

死時

天氣有點發悶，西邊籠罩著朵朵黑雲，可能又要下雨了。

看到路邊停放著的很多屍體，心情也像天氣一般沉悶起來。「無物能牢，何況蠢茲皮袋？」世上沒有什麼東西是牢固穩定的，更何況這副愚蠢的臭皮囊呢？無論何人也免不了一死，自己不

久也會像他們一樣奔赴黃泉，到時候有什麼把握呢？

雖然獲得人生、跨入佛門並值遇大恩上師。但卻常常被世間瑣事牽絆，沒有認真修持。看盡了人間的悲歡離合、風風雨雨，方知「世味渾如嚼蠟，年光疾於跳丸」。應為生死之大事做準備了。

無始以來，因無明愚癡，我等所造惡業，難以計數。僅憑自己之力，想了脫生死，難於上青天。所以，如果臨死之時，沒有其他把握，憶念上師一定是最好的。上師是一切三寶的總集，憶念上師也即憶念三世十方諸佛。《妙臂請問經》云：「何人死亡時，刹那憶念師，為最勝往生，此人定成佛。」所以，不管自己的罪業有多深，臨死時能憶念根本上師，即能往生清淨刹土並獲得佛果。

如同一粒沙子，入水即沉。縱有數千萬斤頑石，若能裝於大船，即可不沉而抵達彼岸一樣。臨死之時，如果能憶念釋迦牟尼佛、阿彌陀佛、根本上師，就是通往極樂世界最好的往生大船。

不知我臨死時能否憶念，喇嘛欽！

壬午年五月十七日
2002年6月26日

廣遊

「踏破鞋子不如坐破墊子。」這是我時常自勉的一句話。很多修行人，都以當行游僧為樂，為了參學、為了朝聖，今天到這個寺廟掛單，明天到那個聖山拜訪，忙得不亦樂乎。對此舉動，我實在不以為然。

華智仁波切說過一段話：為了旅遊而朝拜神山，為了快樂而去往寂地，表面上看來是修行，其實不然。

身為修行人，在未通達真如境界前，應以修心為己任，不要像浮萍一樣四處飄蕩。日日被境風所吹，心隨

外境而四處晃蕩，將寶貴的大好光陰白白空過，一旦老病忽至，後悔已經晚矣。

即使想廣遊，也宜神游而不必勞身。書中自有三千乾坤，一部華嚴，權作遊訪旅程，身在方丈之中，遍游華藏世界。無邊刹海，任心馳騁，遠勝過徒勞身心的奔波。還可避免勞命傷財、頂風冒雨，偶爾還會遭遇山石塌方、強盜野獸襲擊，甚至喪失生命等危險。您不妨試試。

真心修行的人們，可否思考一下我的忠言？

壬午年五月十八日
2002年6月27日

神通

很多對佛教真諦尚不瞭解的所謂修行人，非常執著天眼、天耳、天上飛行，或者開中脈、見幻象等神通。經常聽見有人講某人又開天眼了，某人又見到觀音菩薩了等等消息。

所以，不少的人為追求這些特異功能而學佛，這樣不但達不到學佛的真正目的，反而很可能會走火入魔。

神通是修行過程當中自然而然的奇妙成就。若執著於此，只會對修行造成障礙。

如果僅僅是追求神通，世間的許多特異功能、雜技、魔術都能顯示許多常人難以置信的現象。隨著科學日益發達，上天入地早已不是神話。所謂的神通除了盜名欺

神　通

世，又有何用呢？

佛教對神通也並不持讚賞態度，佛經云:「魔鬼、非人也具足神變。」

喬美仁波切說:「守持清淨戒律才是最大的神通。」

從前，仲敦巴格西與四位瑜伽士前往熱振。一天，已到驕陽當頭，應當食用午餐的時候，他們的食物卻一無所剩。一行人饑餓難耐，正商量如何應對之際。衮巴瓦卻胸有成竹地說:「我將會吃到那個從山嘴往上攀登的人所帶來的食物。」當他示現神通的話音剛落，一位施主便攜帶著豐盛的齋食即時而至。他們終於得以飽餐一頓。仲敦巴格西向來喜歡隱藏功德，所以對衮巴瓦顯示神通的行為極為不快，聲色俱厲地訓斥道:「衮巴瓦，你不要妄自尊大！」

噶當派的大德們從來就是這樣以隱藏功德為榮，他們有一種說法:「隱藏功德者，邪魔不能害。」

現在世間的人卻沒有神通也到處炫耀自己的鬼通、魔通。他們不知，若身處五彩繽紛的世間，卻不為外境所轉，恒持正見，增上出離心、菩提心才是最大的神通。

壬午年五月十九日
2002 年 6 月 28 日

精華

「諸法從緣起，如來說是因，彼法因緣盡，是大沙門說。諸惡莫作，眾善奉行，自淨其意，是諸佛教。」一切顯宗的精要均可囊括於此偈中。作為修行人，若能時常念誦，回向放生生靈或施主，加持於人或為人宣說，功德很大。

「諸惡莫作」，包含了小乘的一切法要，也就是獨善其身，不能作惱害眾生之事；「眾善奉行」，則包含了菩薩乘的所有要旨，也就是要兼濟天下，廣行利眾，救人之難、濟人之急、憫人之孤、容人之過；「自淨其意」，則是要淨除自心的污垢，剷除一切惡念。作為佛弟子，若能依教奉行，則「永無惡曜加臨，常有吉神擁護」、「百福駢

臻，千祥雲集」。一切所求之除生死、斷煩惱、得菩提之大願，皆唾手可得。

白居易曾問鳥巢禪師：「禪師，何為佛法之要旨？」「諸惡莫作，眾善奉行。」「此話三歲孩童也解得啊！」「三歲孩童可解，八十歲老翁不可行啊！」世上的事向來如此，說著容易做著難。要想依照此偈行持，非得花一番寒徹骨的功夫不可。

在世尊的諸傳記中，時常有佛陀及諸比丘在接受供養後，念誦此偈為施主回向的記載；往昔藏地的僧眾在接受供養後，也常常念誦此偈為施主回向；99年我去泰國時，發現當地的僧眾也是念誦此偈為施主回向。但不知為何如今此風並不盛行，很多僧眾在接受供養後，往往一擦嘴，最多說聲謝謝，就算了事。這種由佛陀時代一脈相傳，沿襲下來的良好風氣，不應該斷送在我們這一代的手裡，我們應重拾此傳家寶，使之不致丟失。

壬午年五月二十日

2002年6月29日

時代

哎喲，別偷懶了，還是翻譯吧！

泡上一杯香茶，翻開經書，提筆翻譯。腦海裡卻如同銀幕般浮現了我此生的一幕幕場景。

牧童時代：藍天中點綴著幾朵白雲，無憂無慮的我光著腳丫奔跑於草原上，與其他牧童一起哼唱著歡樂的歌，幾百頭犛牛都是我們親密的夥伴，我們一起在無垠的曠野中盡情地撒野。

學生時代：如同阿里巴巴打開了四十大盜的寶藏，背上書包走入校門的我和同學一起，在知識的寶庫裡盡情地採集著無窮的珍寶。

聞思時代：披上袈裟，與成百上千的道友一起，依止上師，聞思經論，遨遊在佛法的海洋中，蕩滌著身心的障垢。

翻譯時代：與漢地的眾生接上特殊的因緣後，深感藏地佛法精髓的不可多得，拿起筆、翻開書，在冥思苦想中度過了許多時日。

現在應該進入修行時代了，記得阿底峽尊者來藏時，曾詢問仁欽熱沃譯師能否幫助翻譯，譯師回答說:「我的頭髮都已經白了，不應再翻譯，應該修行了。」尊者贊同地說:「的確應該修行了！」如今，我的頭髮已白了許多，卻每天停留在詞句的表面，並未將所了知的進行實修，使法融入相續。如果再這樣下去，馬上就進入死亡時代，並最終成為歷史時代了。

壬午年五月二十一日

2002年6月30日

消息

今天，青海來的僧人告訴我了一個消息：一個月之前，多登喇嘛圓寂了。

他是竹欽堪布袞則的弟子，曾於山中息交絕游實修21年，其間於監獄度過了一段時光，但仍然修行不輟。並以其證悟境界造出了《大圓滿離雲虛空》（我也曾有幸拜讀此論），時常示現成就瑞

相，並培養了許多弟子。

他在圓寂前病得十分嚴重，圓寂的那天他告訴身邊的人:「願意聽我話的有緣弟子，在我走後，應精進修持菩提心。」說完，隆重地穿上法衣，以金剛跏趺坐安詳示現圓寂。

修習密法的人都明白，事先了知死亡，死時安然自在的密乘修行人實在不可勝數。得到大圓滿灌頂與竅訣的人，只要信心不退，並嚴守密乘戒，即使精進不足，今生未獲成就，但以聽聞加持力，來世也可值遇密法，並獲成就。

如今，我們值遇了如此殊勝的法，應以百倍的信心、發無上的菩提心，為廣度愚昧眾生而精進修持。

壬午年五月二十一日

2002 年 7 月 1 日

飛人

鳥有了翅膀，可以在天際翱翔。「鯤鵬展翅九萬里」描述了飛鳥的自由自在，也表達了仁人志士對崇高理想的追求。自古以來，搏擊長空一直是人們嚮往的目標，面對世間的風刀霜劍，林黛玉發出了「願儂脅下生雙翼，隨花飛到天盡頭」的吶喊。「廣開兮天門，紛吾乘兮玄雲，令飄風兮先驅，使涷雨兮灑塵。」無數的傳說，傳遞了世人對飛翔的渴求。

很多人看到敦煌壁畫中關於飛天的描繪，聽到嫦娥奔月、七仙女下凡的故事時，都會認為這不過寄託了世人的良好願望而已，若不借助於飛機、氣球之類的托載物，人是不可能上天的。

然而，能飛翔的人卻不僅僅是傳說，在密宗的歷史上，以肉身飛行於天空的事卻是真實不虛的。敦珠仁波切所著的《西藏古代佛教史》中，記載了覺姆滿莫與兩位弟子於會供後，不舍肉身飛往鄔金蓮師剎土，看到這一

情景的牧人在食用會供品後均得到殊勝等持境界的歷史。另外，在距今不久的50年代，澤旺仁增堪布也於即將批鬥他的前夕，在眾目睽睽之下飛往刹土。

學院耍壩子即將結束之際，慈誠羅珠為了證實當年的這一傳說，晝夜兼程、翻山越嶺，穿越了幾百公里的路程，趕到青海玉樹，對當年的這一傳聞進行實地採訪。他找到了當年參與批鬥的領導，他們向他重述了當年親眼目睹騎在犛牛上的堪布飛走的情景。在場的所有人都證實了這一奇觀。

今天，他向我講述了此次採訪的經歷，詳細的情節堪布正在整理，相信不久就會與大家見面，不論是對人的飛翔抱有疑問的人，還是研究密宗的人，看了這次採訪記錄，一定會對密宗成就生起信心。記住，千萬不要錯過這篇文章！

壬午年五月二十二日
2002年7月2日

鞭策

一位剛從印度歸來的堪布，向我講起了他在印度哲蚌寺四年的修學生涯及體會。

在那裡，聚集了三千多名僧眾，每天淩晨五點，起床的鐘聲就把他們從美夢中驚醒，一天繁重的功課從此開始，除了短暫的休息，直至晚上十一點，一直處於高強度的學習

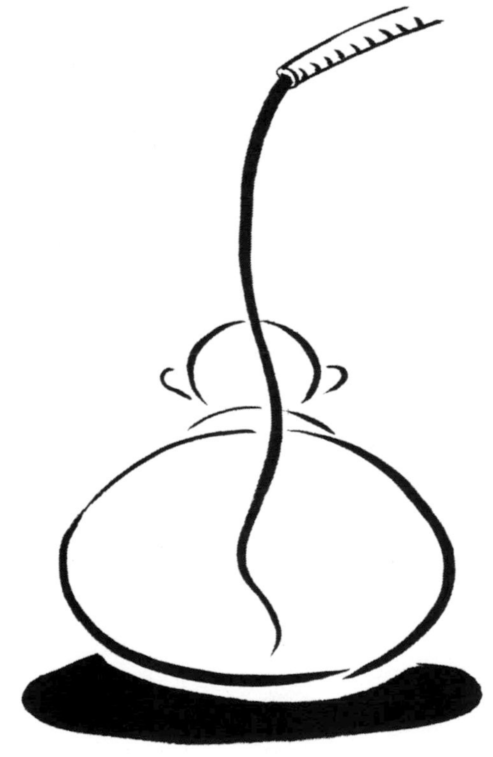

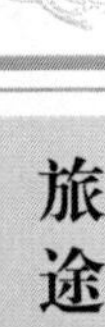

中，若有想偷睡懶覺或不聽從管教者，無情的皮鞭就會抽打在身上。

所有的僧眾都接受著非常嚴格而有序的教育，第一年學習因明基礎《心類學》及《因類學》，然後是《現觀莊嚴論》七年，《中觀》三年，《俱舍論》及戒律共四年，《釋量論》則貫串於整個修學課程。其間每年都必須背誦60篇以上的長頌詞，若不能完成，則取消參學資格。在所有的顯宗課程結束後，經過嚴格的考評，方可進入密宗的修習。

「桃李不言，下自成蹊」。由於這種幾近苛刻的管理，致使該寺聚集了各路精英，培養了一大批出類拔萃的僧才。

聽了他的講述，令我對該寺的管理體制欽佩不已，多年以來，由於缺乏外力的鞭策，致使我的惰性與日俱增，想看的書、想做的事，常常因為懈怠與散亂而放棄。對於我這種缺乏自制力的人，實在需要外力的鞭打，使我精進、令我警醒、促我進步。

壬午年五月二十三日
2002年7月3日

瀕死

兒時的夥伴尤諾得了一種奇怪的病，一半的臉莫名其妙地腫脹，不僅影響日常生活，更因壓迫神經而危及生命。經多方治療，終不見效，如今已回天乏力，不得不離開膝下的一群兒女，離開生長多年的家鄉，被家人送至學院，等待死魔的判決。

今天我去看他，令我難以置信的是，從他扭曲的臉上怎麼也搜尋不到他年輕時英俊的痕跡。對於我的安慰和祝福，他報以牽強的笑容，使他的臉顯得越發怪異，讓我無論如何也不能將眼前的尤諾與我心中那個快樂的牧童尤諾聯繫在一起。

想起曾經在一起的放牧生涯，我們總是那麼無憂無慮。清

晨，陽光與清霧伴隨著我們出遊；傍晚，山歌與彩雲陪同著我們歸家。尤諾是夥伴中最英俊、最快樂的。如今，美好的日子已如流水一般飄逝。兒時的夥伴相見，竟然恍如隔世。

人生總是這樣悲歡無常，歡笑過後常常伴隨著哀痛，短暫的晴朗就會迎來數日淒風苦雨，若不知以佛法拯救自己，終將被業力的赤風推動，被動地迎接漫漫中陰路，淒迷地等待未知的來世。

不幸之中的萬幸，在他最艱難的時候，他知道求助於佛法，僅憑這點信心，他也會走得較好。古人云:「天堂人樂成佛難，閻浮人苦成佛易。」因為天界的人太快樂，過於放縱，終將樂盡苦來，成佛無門；閻浮提的人固然痛苦，但卻因痛苦而生懲戒之心，並可依此而最終成佛。

如果善加利用，病痛反而會成為成佛的良方，違緣也會轉為順緣。我祝福尤諾，希望他能明白這個道理。

壬午年五月二十四日

2002 年 7 月 4 日

一場雨染綠了芳草，庭前院後的花兒肆意地開放著。坐在院中，翻開《寶篋經》，上面寫著:「初學者為令自心寂靜調順，應居於靜處。」確實如此，在修行未證得境心無二前，我們應當遠離散亂。

無垢光尊者也說:「自己未得境界前，易受憒鬧干擾，應依止靜處。」很多人喜歡弘法利生，如果自心能與竅訣融為一體，則無論行住坐臥皆是修道，佛法以外本無世間法。宇宙山河，森羅萬象，十方國土，皎然清淨。能達

到如此境界，則如何行事都無所謂。

夏瓊寺大格西夏爾東在《菩提道次第論》中云:「若外境對自心無有危害，法心合一，去到北京、天津等大城市弘法，則值得隨喜。但尚未證達此境者，需獨自修行。弘法好，獨修更好。」

豎耳傾聽，除了一兩隻鳥兒偶爾劃過上空，發出翅膀扇動的撲拉聲，萬籟俱寂。舉目環顧，除了院子裡的花燦爛地張揚著，滿目清涼。

雖然這裡是幾千人彙集的道場，因為上師三寶不可思議加持力所致，人人以調服自心為己任，即使是已證悟的成就者，也是韜光養晦、不露鋒芒，使喇榮溝成為了人丁興旺的寂地。此生能在此寂地成為一員，真乃三生幸事!

壬午年五月二十五日
2002年7月5日

恒記

多芒寺伏藏大師德欽朗巴（大樂洲）生於19世紀末，其生前曾親見蓮師，色身常往來於人世與蓮師刹土之間。其流傳於世的伏藏與論著一共十三函，今天於一寂靜地有幸得見他給弟子烏金的一段教言:「頂禮上師！願我們能在寂地修持！道友是最好的年輕僧人（意指烏

金）。五濁興盛之時，身處靜謐山谷的多，實修的卻寥寥無幾。時常散亂懈怠是修行的大違緣，無稽之談是毀壞自他的因，應儘量止語；無有閒暇是缺乏安樂的因，應斷除瑣事；貪財吝嗇是通往惡趣的因，應知足少欲；裝模作樣欺騙他人終將毀壞自己，應常處卑位；若隨意享用三寶財產，將感受嚴厲果報，應恒常修持；行為粗暴毫無意義，應寂靜調柔。恒常如此行持，定得上師加持，不久即能成就蓮師剎土的果位，與此結緣者必得解脫。」可惜，這些具有真知灼見的告誡卻並未引起後人的警覺，大量的修行人自甘墮落，下喬入幽、與俗為伍。奔走於增長三毒之事，頻頻造作深墮阿鼻地獄之罪孽。實在令人扼腕。

但願這些教言，能給世人一些啟迪。

壬午年五月二十六日
2002年7月6日

敬師

今天有幸得以拜讀大智者夏嘎措知讓珠撰寫的上師略傳，夏嘎巴對上師的信心是無與倫比的，他寫的每一首金剛歌，都以歌頌讚歎上師為主題。

他的上師語自在法王是蒙古國王，他第一次見上師，是在一次金剛娛樂法會期間，上師正與王妃一起坐在草地上欣賞節目，拜見上師後，得師攝受並從菩提道次第起修，後來得密法灌頂，並聞聽《七寶藏》，獲得殊勝教言。當他準備到寂地修持時，上師告訴他：我們相聚的時間不長，不要離去。他聽從師教，並與上師一起到一寂靜地方修煉。在那段與上師共處的日子裡，他每天轉繞上師的帳篷。承蒙恩師加被，他的信心也與日俱增。

後來，經過上師開許，他去到青海湖心修煉，他將自己修行的山洞用土石封住出口，夜以繼日地專心苦修。

一天，他在夢中夢見一名騎著藍色駿馬的人告訴他說：「你的上師去了別處，你想見他嗎？」他不假思索地連忙跟隨此人返回上師駐地。

當回到上師原來的住處時，上師已不見蹤影。他問騎藍馬的人：「上師去哪兒了？」「自由空行刹土。」騎馬人一邊回答，一邊快馬加鞭地往前飛馳。

又走了很遠，看見成千上萬的人手持寶幢、寶傘、鑼鼓在迎接上師，見到朝思暮想的上師，他含淚執意祈求道：「上師可否帶我一起走？」上師說：「不行，你要回去好好修持，並盡力弘法利生。」給他作加持後，便向前開拔。此時，天邊湧出無數天人、天女前來恭候上師，他一直凝望著上師等人的身影，直至消失無蹤。當他醒來後，枕頭已被淚水浸濕。後來他得知，上師的確已在那天示現圓寂。

意傳加持是多麼的了不起！願我也能生起像夏嘎巴對上師一樣的信心。

壬午年五月二十七日
2002年7月7日

夢境

在夢中，我來到了以前放牧的加嘎地方，與來自印度的觀世音菩薩的化身共度了七晝夜的美好時光。在快樂的短暫時日裡，我每天恭敬承侍，恒常不離左右。

他穿著平常的衣服，舉手投足都顯得那麼和藹可親，無一不顯露出他是真正的善知識，使我時時刻刻都沉浸在無法言表的幸福之中。

七天的時光眨眼即逝。

最後一天，他告訴我說要留下一些教言給我。我欣喜若狂，本來一直盼望有此幸運，但一來覺得自己福德淺薄，二來也怕沾染世間八法的垢障，所以一直未敢祈請。能夠如願以償，豈不讓我喜出望外？

我取出一隻藍色的筆，恭敬呈上，只見他在信箋上寫道:「見解以中觀為根本，行為以利他為依託……」將一切教法提綱挈領，歸納為兩頁半的文字。前面寫得很潦草，後面逐漸工整，書寫完畢後交與我並讓我頂禮，他將經書放在我頭頂，我祈求念經加持，他念誦了一段

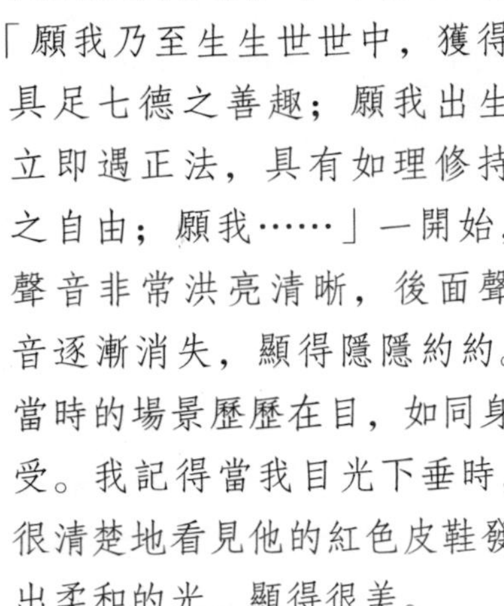
《竅訣寶藏論》中的發願詞：「願我乃至生生世世中，獲得具足七德之善趣；願我出生立即遇正法，具有如理修持之自由；願我……」一開始，聲音非常洪亮清晰，後面聲音逐漸消失，顯得隱隱約約。當時的場景歷歷在目，如同身受。我記得當我目光下垂時，很清楚地看見他的紅色皮鞋發出柔和的光，顯得很美。

巧合的是，第二天，謝布堪布在幫我收拾屋子時找到了已經丟失很久，他以前送我的一件禮物。

以上所說，只是為了與人分享快樂，決非妄語，更不是為了炫耀，信不信隨你。

壬午年五月二十八日

2002年7月8日

師教

佛教徒常常以「依法不依人」來否定別人的見解，但在上師的問題上卻應另當別論。

學習世間的學問，尚需要對師長的恭敬仰慕之情。修行想得成就，則完全仰仗對上師的恭敬心。記得阿難曾說過：弟子的成就絕大部分依靠上師。世尊糾正道：弟子的成就完全依靠上師。顯宗尚有此言，更何況密法？

八世噶瑪巴不動金剛曾

說過：即使上師令你去殺父親，你也應遵照執行。紅帽法王也說過：上師將帽子說成是鞋子，或者將鞋子說成是帽子，你也應當謹聽遵命。這是對修習密法的人的基本要求。所謂根器差別，全在弟子的信心，上等根器也就是上等信心；中等根器也就是中等信心；下等根器也就是下等信心，這是一條顛撲不破的真理。如果能從心底裡視師為佛，那他與成就也僅一步之遙。

當帝洛巴強迫那若巴從樓上跳下時；當瑪爾巴命令米拉日巴背石造房時，正是因為對上師堅定不移的無偽信心，才使那若巴和米拉日巴毫不猶豫地謹遵師教，瞬間圓滿了無數資糧，造就了兩代空前絕後的宗師，也為我們後人留下了在尊師重教方面彌足珍貴的行為榜樣。

不論你是修學哪一個宗派，如果違背師教，自救尚不可能，又怎麼能言及其他呢？

壬午年五月二十九日

2002 年 7 月 9 日

降魔

很多人都懼怕魔鬼，世間人發明了很多降魔除害的方法，包括一些佛教徒也視魔為害，以嗔心念誦猛咒以行降伏，殊不知此做法已與佛教本質大相徑庭。

佛教是以慈悲為根本，喪失根本之行為均非正法，

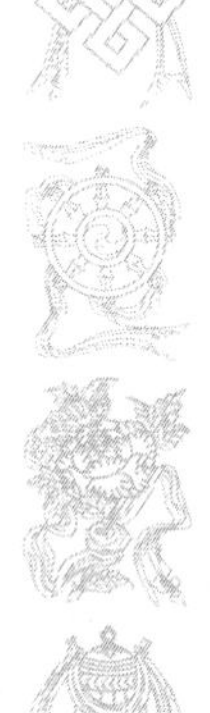

烏鴉且知反哺，羔羊尚能跪乳，作為已發殊勝菩提心的大乘佛子，豈能坐視往昔父母痛苦於不顧，而一味施行誅法？對一些造作惡業的天魔外道，雖然密宗對獲得成就的密咒師，開許以降伏法將其神識超拔於淨土，但作為無此能力的異生凡夫，從無有此開許。況且，一切降伏門，均以菩提心為前提，若喪失菩提心，只會令外魔越伏越多。

若能常行佈施，發菩提心，則一切魔障不會侵害。《說甘露經》云:「何人具五種法，邪魔外道不能害，長壽且速得佛果，何五？不間斷法佈施；於眾生無畏佈施；修慈悲喜舍；常修葺舊佛塔；恒常對眾生發菩提心。若具此五種法，非但魔王不能害，包括魔王眷屬也不得親近。」

於此眾生貪欲增上之惡世，如果因常做惡夢、受用損耗、瘟疫流行、煩惱叢生而認為是著魔，或者被魔附體，被魔加害之時，切不可嗔怨外境，應恒時於諸所緣眾生生起猛厲悲心，依經中所說而修，佛金剛語絕無欺惑。一定能消除違緣、增上順緣、息滅惡夢、遠離魔障，最終圓滿二資、成就二利。

只可惜現在依佛經修持的越來越少，而聽信邪說的卻越來越多。

壬午年五月三十日
2002年7月10日

法施

法佈施即是為其他眾生講經說法，如果發心純正，則其功德很大。《人非人冬波請問經》云:「佛白阿難曰:『法佈施可滅煩惱，財佈施得身體堅固。欲滅煩惱之人行法佈施，具息滅貪、嗔、癡，增上智慧等三十二功德。』」時常為人講經說法，是大佈施。甚至對一兩個人宣講一偈，功德也不可思議。《彌勒請問經》云:「佛告彌勒:『若人以七寶遍滿恒河沙數三千大千世界，供養十方諸如來，又若人以慈悲心宣講一偈，前者之功德不及後者千百萬分

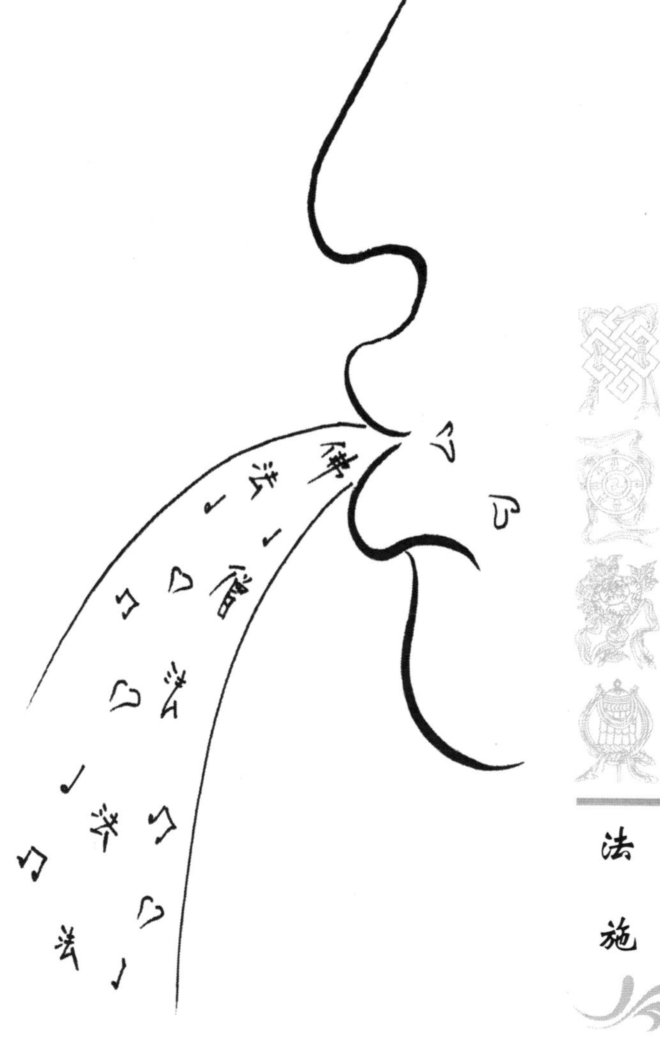

之一。』」可見法佈施利益之深遠。

在漢地，宣說佛法成了法師的專利，其他人都礙口識羞，彷佛宣說佛法也成了丟人現眼的事，真是榮恥不分的邪見。《無垢稱經》云:「佛告梵天曰:『此法門中宣說一偈，乃大佈施。』」《般若八千頌》云:「無論善男子、善女人，令人閱讀、憶念、受持，功德不可思議。」且不論為人宣講佛法，即使勸說別人翻閱經書，其功德也不可衡量。

世間的孝敬，以身語奉養父母為先；釋迦佛子，則以成道利生為無上之報恩。為人宣講佛法，度脫六道有情，使其永出苦難，即可報答無始以來生生世世無量父母生養教化之洪恩。

為了普天下的有情，承擔起續佛慧命的重擔，是我們不可推卸的責任。

壬午年六月初一
2002 年 7 月 11 日

緣分

一位廈門的居士今天來看望我，一見到我就殷殷地說:「上師啊！您一定要加持我，我的解脫就全靠您老人家了！」

時常，我會聽到類似的話語。且不論我一介凡夫是否具此能力，即使是真正的具德上師或佛陀親自現前，也不可能如同扔石子一樣地將你我扔到極樂世界。如果以佛陀的大悲心即能將你我度化，娑婆世界的無邊眾生早已應該度盡，輪回痛苦早已應該消失，何至於等到現在？

如果自己不精進，解脫是絕無希望的。《毗奈耶經》云:「吾為汝說解脫法，解脫依己當精進。」可見解脫與

否，完全掌握在自己手裡。如今，我們這些前世無量佛未能度化的、業障深重的惡世眾生，值遇了恩德勝佛的根本上師，聞受了解脫的無上法門，應當珍惜這難得的暇滿人生，並猛厲修持正法。

如果不以強烈的信心與精進修持，如同倒扣的水器不能顯現月影一般，自己也不會與法相應，三寶的加持也不可能得到。《華嚴經》云:「如月縱出升，非器不顯現，佛陀大悲月，亦不照無緣。」如果緣分不具足，佛陀也無能為力，精進修持才是最好的緣分。

壬午年六月初二

2002 年 7 月 12 日

收益

吃完中飯，關上院門，在佛堂前點上香、供上燈，一切收拾妥當，即坐下來開始我最喜歡的工作——看書。

心情如同今天的天氣一般，既不陰也不晴，窗外鳥雀的嘰喳聲、花間蜜蜂的嗡嗡聲、桌上鬧鐘的滴答聲，更襯托了四周的寂靜。

翻開《勇施等持經》，一段話映入了我的眼簾：「我應於一切眾生作本師想。何故？因我不知誰之相續成熟，誰之相續不成熟故。」的確如此，作為具縛凡夫，我們沒有辨別相續成熟的大成就者與凡夫的能力，但很多佛菩薩卻是顯現出各種身形來度化眾生的，在不具備辨別能力之前，我們應將一切眾生若佛觀待，對其恭敬承侍。

《寶積經》也云：「迦葉，吾與同吾者可了知法與補特伽羅，凡夫不了知法與補特伽羅。否則，會墮落之故。」作為凡夫，我們無法了知法與補特伽羅，故應對一切眾生起真佛想。

更何況，一切眾生，皆具佛性，只因迷悟迥異，才有天淵之別。但終有破開迷霧，徹見曉月之機。對這些未來佛，我實應恭敬禮待。

短短的一句話，讓我受益無窮。不知我以後能否時時按此行持，反正我今天已發此願。

一陣敲門聲打破了剛才的寂靜，我又不得不出去辦事了。

壬午年六月初三
2002 年 7 月 13 日

生日

四十年前的今天，我於草場上的一頂帳篷裡呱呱墜地，如今，四十年光陰如同風馳電掣般飛逝，嗷嗷待哺的嬰兒時代，天真爛漫的少年時代，血氣方剛的青年時代，如同遙遠的夢幻一般離去。我永遠也忘不了父母的生養之恩，更忘不了大恩上師的諄諄教導，使我能從心底裡對三寶生起堅如磐石般的信念。

今天，最令我欣慰的是，全國各地的道友，都為我的生日舉行了規模不小的放生活動，蒙古、北京等地都放生幾萬元以上。

能令無數的生靈得救，即使別人認為虛張聲勢也是值得的。

世間的愚昧眾生，為滿足自己的饕餮之欲，以自之強，淩彼之弱，塗炭生靈。豈不知水陸飛禽之物，如同你我一樣，皆有覺知之心，雖然口不能言，但求生之情與我等無異。戕殺無辜，與禽獸有何區別？如今我們因前世善根而幸得人生，雖因前世業障習氣，不能完全戒葷茹素，但也應當厲行戒殺放生之善行。

如果在將來，誰能見聞我所著、所譯的法本，並因此而生起信心，想表達自己感激之意的話，再沒有比放生，更能令九泉之下的我深感快慰之事了。這也是我一直想致力於此，但卻因個人能力有限而無法成辦的心願。

壬午年六月初四
2002 年 7 月 14 日

老人

到扶貧醫院打針，途經商店門口，一位衣衫襤褸的老人，手中攥著兩元錢，以求助的目光望著來往的人群。她的臉因風吹日曬、食不果腹而顯得暗淡無光，在厚重灰塵的覆蓋下，一雙饑餓的眼睛無神地四處張望著。

這是一個風和日暖的好天氣，人們都忙著採辦自己的物品，掛念自己的修行，老人的存在早已消失於他們

的境界之中。他們從老人滿是污垢的裙子上踏過，連瞅她一眼的念頭也沒有在心中劃過。

一個小時後，當我打完針再次經過這裡，剛才的場景仍然持續地上演著，我掏出身上僅有的十元錢，放在她手裡，我分明看到瑩瑩的淚光在她眼中閃爍。我不忍與她對視，逃也似的走開，留下雙手合十、口中喃喃有詞的老人。

看著周圍漫不經心的人們，我多想說一句：善待這位老人吧！若干年以後，我們終將邁入風燭殘年，何不現在就多做一些換位思考呢？

回到家中，背越發疼痛，不知剛才那位老人現在怎樣？她明天的一日三餐又將如何應付 呢？唉！

壬午年六月初五
2002年7月15日

健康

最近時常聽到的一句話就是:「您要好好保重身體!」我的身體好像成了天底下至關重要的東西。自己也常常以「身安而後道隆」提醒自己注意日常保健,以免使不健康的身體成為修行障礙。

今天看到一篇報導,聯合國世界衛生組織對健康的定義是這樣的:「健康不僅僅是沒有疾病,而且是身體上、心理上和社會上的完好狀態或完全安寧。」我一下子感到釋然,原來與很多人相比,我都算是比較健康的人。至少,我沒有那麼多的不協調、不平衡、不適應、不安寧。雖然身體對人的影響是不言而喻的,但心理因素對生理的主導作用更是毋庸置疑的。雖然我的一些皮肉血骨或內

部器官時常與我過不去，但與很多人心靈上的病痛相比，這肉體上的區區病痛，實在不足掛齒。

我們時常因為過分重視肉體，為了這個肉身能舒適地存在，在世間的競技場上苦心鑽營、斤斤計較而導致心神不寧、情緒煩亂。作為修行人，因執著肉體而放棄精進的聞思修，去追求名聞利養，更會成為修行大障。形骸非親，萬物皆幻，放下對身體形骸的執著，抵制煩惱對我們心理健康的侵蝕，才是一個真正健康的人。

壬午年六月初七
2002年7月16日

阿姨

為了放生，今天去了爐霍。本打算利用放生之餘，抽空耍耍壩子，可惜天公不作美，一直淅淅瀝瀝地下著雨，看來我們的帳篷、飲料、食品算是白帶了。

聽說一位我小時候對我很好的阿姨病了，我連忙去看看她。

她住在一間簡陋得難以想像的屋子裡，屋裡除了一床骯髒破舊的被子、一把黑糊糊的茶壺，幾乎找不到一件像樣的家什。

記得在我上小學的時候，她家顯得比較殷實。常常在課間，我會偷跑到離學校不遠的她家，因為在那裡我總是能找到糌粑、酥油之類的食物，以填充我那彷彿永遠也填不滿的胃。她總是那麼大方地拿出最好的東西，從

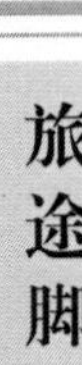

無慳吝之心。

如今，91 歲的她雖然住在簡陋的破屋裡，由五十多歲的兒子照料，但心情仍是那麼開朗，滔滔不絕地向我講述她從各處聽來的逸聞趣事，逗得我們開懷大笑。最後，她說:「不知我前世造了什麼惡業，得了這樣的病，看來只有好好祈禱三寶，才能減輕我的罪業。」

一聽她的話，我就知道她之所以心情開朗的原因，由於誠信因果，在遭遇病痛艱難時，就不會怨天尤人，只會一心一意祈禱三寶，懺悔業障，才會感得如此心境。

如果每個人都能誠信因果，那麼，即使他身處困境，都能保持愉悅的心情。

壬午年六月初八
2002 年 7 月 17 日

宗塔

暴雨一夜的肆虐終於偃旗息鼓，太陽從雲層中探出了笑顏，經過雨的沖刷，空氣變得格外透明，草場也綠得令人心醉。白色和金黃色的天鵝在天空中優雅地滑翔，淙淙溪水緩慢地滋潤著宗塔草原，白色的野花繁星般地撲滿視野，蜜蜂蝴蝶在花間輕快地暢遊著，青蛙在草叢裡歡快地跳躍著，青山環繞，森林茂密。

我來到了過去的母校宗塔中學的原址，如今這裡已改建為一所小學，過去的教室已破敗不堪，以前住過的宿舍已不復存在，原址上新修了一棟平房。

朝氣蓬勃的中學時光，如同電影般一幕幕地在腦海中閃現。那時，我們是那麼地充滿活力，仿佛有使不完的精力。如今，青春已棄我而去，空剩下一把老朽的身骨。過去的師長大多撒手人寰，同窗的好友紛紛與世長辭。栽植於校園旁的樹木早已枝繁葉茂、參天林立，當年參與植樹的同學卻音訊杳無、難覓蹤跡。站在學校對面的山上，回首俯視曾經生活的故跡，人事皆非，生起感慨萬千。無常真是毫無情面的裁判，吞噬了過去的一切，也使人不敢留戀現在的擁有。更使人曉知幻化的山川、假合的身體都不離無常的實質。

略感欣慰的是，一位當年的同窗拉布，現已出家，在對面山上有四、五十人的寺廟裡擔任住持，每天為他們宣講佛法。使我在滿目的無常中感受到一絲永恆的光芒。

壬午年六月初九
2002年7月18日

多芒

應多芒寺眾多人的邀請，我今天也鸚鵡學舌，為該寺的僧人談了一點自己的體會：多芒寺歷來由戒律清淨的大德住持，因為德巴堪布年歲已高，本寺雖然目前比較興盛，且擁有不少堪布大德，但真正能主持工作的大德仍然匱乏，寺院面臨新老交替青黃不接的局面。作為寺院的一員，我們肩負著寺院生死存亡之重擔，不能

隨波逐流，應有開闊的心胸、遠大的抱負，不能貪圖眼前的溫飽，不應在穿著、住房上相比，而應比慈悲、比智慧。格魯派一位大德講過：「如果沒有看破世間，形象上的聞思修毫無意義。」

我將紮嘎活佛寫的《山法寶鬘論》發給他們每人一本，希望他們能追隨前輩的足跡，在聞思的基礎上尋求內心的安樂。

雖然在座的很多人從未與我正面交流，但同為棄離塵世，尋道求度的出家人，我們的心靈是相通的，我非常樂於將自己在尋求解脫道路上的感悟和教訓與人共勉。一位真正的修行人，要甘於寂寞，不能為世間瑣事而囿，閻浮提苦事無窮，醉生夢死於逸樂之中，欲求出離，南柯一夢而已。自不能度，何談度人？再不要被貪嗔癡所拘了！三思！三思！！

壬午年六月初十
2002 年 7 月 19 日

開光

今天，多芒寺新築成的釋迦牟尼佛塔舉行開光典禮。恰逢藏曆六月十一日。今天和十三日，也是一年一度供護法的日子，來自上下羅科馬鄉九個村的幾千信眾，身穿節日的盛裝，駕馭著剽悍的駿馬，聚集在左當草原上。

方圓兩公里的草原上紮滿了各色帳篷，柯洛河在陽光的照射下，波光粼粼，折射出寶石般的耀眼光芒；四周的山巒青翠欲滴，宛如錦緞織出的帷幕；山雀在林中婉轉地歌唱，仿佛天界傳來的音樂。這如同仙境般的土地也是吸引我四十年前探出母體，迫不及待地來到人間的地方。

熏燒柏樹枝的桑煙嫋嫋

升騰，漢子們手持護法旗，一邊轉繞，一邊將龍達淩空拋灑。不一會兒，整個草原就成了龍達的海洋。

在一頂可容納上千人的大帳篷裡，男眾們再次發願戒酒、不殺生，去年他們都如此發願，起到了很好的效果。在過去的一年裡，幾乎沒有發生過濫殺無辜的情況，大家都以飲酒殺生為恥，使這個以前以出產犛牛聞名的地方減少了不少惡業。

空氣中減少了血腥的氣息，顯得更加澄淨；河水中不再流淌著牛羊的鮮血，顯得更加清冽；美麗的草原上不再傳來牲畜的哀鳴，顯得更加寧靜。如果，我此時尚在娘胎，一定會再次選定這個地方作為我的出生地，因為我深深地眷戀著這片聚集著善良人們的地方。

壬午年六月十一日

2002年7月20日

為難

世上每個人，不論他們的智慧如何深廣，總會遇到不能兩全其美的事，更何況像我這樣的淺慧之人。今天發生的一件事，就使我左右為難。

幾天前，一位從東北千里迢迢趕來的居士告訴我說:「我最近看了您翻譯的《釋迦牟尼佛廣傳》，我被佛陀在因地時深廣的發心和行為強烈地震撼著。我多麼想像他一樣拋棄一切，行菩提行。看到學院幾千出家人清淨而又自由自在的生活，我真想加入他們的行列。如果留在世間，我只有渾渾噩噩地虛耗此

生，毫無意義。希望您能成全我。」

聽了他的話，我十分讚賞，當即同意他出家。不料，他的妻子剛才給我打來電話：「堪布啊！我也是十分虔誠的佛教徒，也嚮往出家的清淨生活。但如今我們的兒子只有七個月，母親在醫院已沉屙難起，我又沒有工作。如果他走了，剩下我們孤兒寡母該如何生存？作為大乘佛子，難道就應該置生病的老母、年幼的兒子、無助的妻子于不顧，到深山去發菩提心嗎？」

聽了她的話，我深感為難，想起六世達賴喇嘛倉央嘉措的那首詩：「曾慮多情損梵行，入山又恐別傾城，世間安得雙全法，不負如來不負卿？」

既想令孤立無援的她得到救護，又能成全她丈夫出家的宏願，如何才能找到皆大歡喜的良方呢？

壬午年六月十二日
2002年7月21日

譏笑

很多修行人捨棄故鄉到山裡修行時，總會引起世間人的不解和譏笑。但我們應該明白，世人的譏諷、侮辱是成就修行的順緣。一切違緣都是成就的徵兆。

藏地的格西尤龍巴在寂地閉關時，一位弟子拉著他的衣服，一定要求他傳一個殊勝的教言。他語重心長地說道:「你雖然從小出家，但應明白看破世間非常重要。食能果腹、衣能穿暖即可，應身處卑位。對待上師教言，應當像饑渴的人飲用甘甜的泉水一樣。即使別

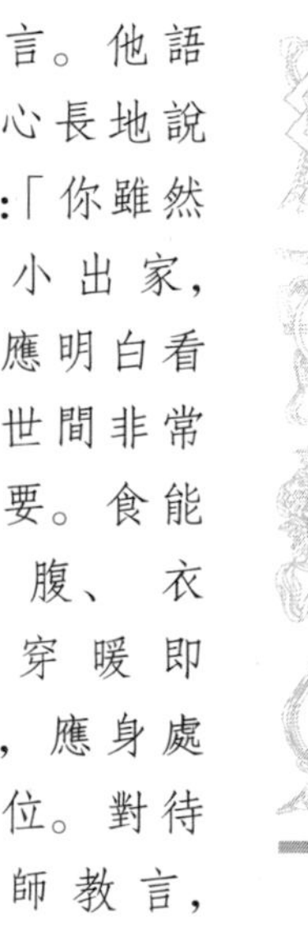

人譏笑，也義無反顧。將一切拋置於腦後，精進不懈地修行，只要這樣，就一定會成就。」

博朵瓦格西也說:「如果別人對自己生起悲心，應感到欣慰。」也就是說要放下面子、遠離虛榮，當別人覺得自己很可憐，而自己的內心卻快樂無比時，你就可以體會到修行的樂趣，所謂外境也奈你莫何了。

米拉日巴在山中修行，面對幾位女郎的譏笑與憐憫，唱道:「罪業多集小女子，一味貪著自家園，愛美戀身如火熾，我歎眾生真可憐……汝等美麗小女子，與我貢通窮米拉，相顧彼此兩可憐，爾憐我兮我憐汝，比料一場看誰勝，我知汝等說夢囈，米拉示汝勝口訣，得我碧玉換頑石，飲我美酒棄白水。」由此可見，愚昧和邪見才是值得同情和可憐的，別人無知的譏笑，只能讓我們生起大悲心，又怎能動搖我們修行的決心呢?

壬午年六月十三日
2002 年 7 月 22 日

無私

同在一片藍天下的人們，都有維持生存的欲望。但生存的目標卻千差萬別。心靈高尚的人，活著是為了利益更多的人；平常的凡夫，活著是為了自己、親友和家人；心胸狹隘的人，卻一味為了自己的利益而孜孜不倦、廢寢忘食。

即使是博覽群書、智慧超群，即使是滿腹經綸、學富五車，即使是受過無數賢人聖哲的教育，讓他放下自私之心，也難於上青天。無始以來，我們都為了自身的利益而活著，要放下這難以

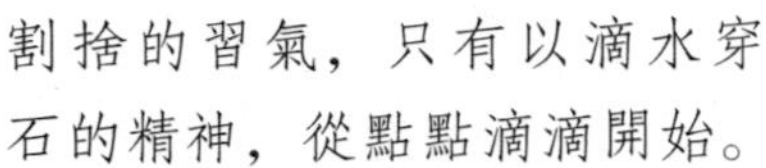

割捨的習氣，只有以滴水穿石的精神，從點點滴滴開始。

《大師在喜馬拉雅山》中講述了這樣一個故事：小喇嘛尊哲與上師在一起修行。每天他們只有一頓午餐可以享用，午餐也成了一天中最快樂的時光。

一天，上師告訴他:「今天來了一個老和尚，你要將自己的食物讓給他。」

「不行！我也很餓，就算出家人，也不能剝奪我吃飯的權利，我今天只有這一點食物。」

「你不會餓死的，應該把食物讓給他！」

「可是我也很餓！」

「你必須給！」

就這樣，尊哲心愛的午餐屬於了別人。但從此以後，他卻學會了忘我，無論多麼珍愛的東西，他都能輕而易舉地佈施。此時，他才體會到上師讓他捨棄食物的一片苦心。放下自己執愛的東西，可以換來一片無私的天地。

釋迦牟尼佛當時在遇到一位只會說「給我」的乞兒時，也是先讓他說「我不要」，種下一顆無私的種子，才將食物佈施於他。要清除自私的深厚積習，就要遵從「不以善小而不為」的古訓，從一分錢、一碗飯、一尺布做起。

壬午年六月十四日

2002 年 7 月 23 日

皈依

世上皈依三寶的人為數不少，皈依的目的也是千差萬別。佛教的門內如同一個應有盡有的超市，進來的人各從其志、各得其所，有的人是為了自己的人天福報，有的人是因為畏懼惡趣，有的人是為了自己脫離輪回，有的人卻是為了救度眾生。

前幾種發心屬於中小士道發心，而後一種卻是殊勝之發心。僅僅為了自身的利益而皈依，如同以摩尼寶換得一顆糖吃，實乃鼠目寸光之舉。如果不考慮自身，僅僅為了眾生的利益，則如同種水稻不但可以獲得穀子，也能夠同時獲得稻草一

樣，即使將自身的解脫置之度外，也會水到渠成，不求自得。

我們應該捫心自問，皈依的目的是否真是如同每天所說的那樣，為度化一切眾生而皈依。如果自己都對此有懷疑的話，那麼應該重新調整自己的發心，在三寶前，真實無偽地為眾生的解脫而再次皈依。

無垢光尊者有一個皈依的簡單儀軌：於三寶所依前供養、懺悔，觀想前方虛空中佛陀等三寶如密雲般降臨，供養外內密等遍滿虛空的供品，誠心念誦:「我某某從即日起乃至菩提間為一切眾生而皈依上師、皈依佛、皈依法、皈依僧」三遍，通過表示（上師彈指或自己觀想）而獲得皈依戒。

這個儀軌簡單而有意義，如果諸法師過去沒有依照儀軌，僅僅是依憑想像而舉行皈依儀式的話，從今也可按此儀軌為他人作皈依儀式。我過去也有不按儀軌的情況，今後一定嚴格照此執行。

壬午年六月十五日
2002 年 7 月 24 日

寂寞

吃過午飯，我一如既往地去關閉房門。隔壁的喇嘛不解地問道:「你每天下午將自己關在屋裡，難道不寂寞嗎？」「不但不寂寞，還其樂無窮！」

我說的是實話，每天通過書本，和諸位大德聖哲心貼心地交流；通過內觀，與內在的智慧朋友平等地相處，遠勝過空耗時光的談天說地，勞而無功的遊山玩水。如果不辨取捨，與世間增長貪嗔癡的狐朋狗友在一起為非作歹，那就更是愚蠢之至了。

「與君子游，如日之長，加益不自知也；與小人遊，如履薄冰，幾何而不行陷乎？」與高尚的人相處，時間一長，不自覺地都會受其薰染；而與卑劣的人同行，就像行走於薄冰之上，怎麼

可能不陷於污水之中，而受其污染呢？前輩的大德們，就是世間早已難以尋覓、如同摩尼寶般的朋友，我怎能錯過學習他們的機會呢？即使有這樣品德智慧俱全的高尚之士，你又怎麼忍心每天前去打擾，而浪費他的寶貴時光呢？通過獨處，我深深體會到其中的無限風光。

每天關上房門，拉上窗簾，裝出一付不在家的樣子，與前輩偉人們傾心交談，與覺性朋友促膝相知，是每天最快樂的一段經歷。

如果因為懼怕寂寞，而去尋找世間友人，或是到處遊逛。其結果只是徒勞。一位修行人曾告訴過我他的感覺：如果你的心是寂寞的，即使你身處眾人當中，寂寞仍然難以排遣；如果你的心不寂寞，即使你在山洞中獨自度過一生，你也是快樂的。因為寂寞來自於內心！

對此，《竅訣寶藏論》中也有十分精闢的見解。如果明白了寂寞都是咎由自取的結果，不能通過調整外境來改變的道理，你還會走出戶外去消除寂寞嗎？

壬午年六月十六日
2002年7月25日

牧童

每天清晨，草尖上已掛著厚重的白霜，呵氣成冰的季節已悄然向我們走來。青草已逐漸失去了水分，顯得乾燥而枯黃。走出房門，迎面碰見一個十五六歲的牧童，他手拿念珠，衣著陳舊，赤裸著雙腳，與二十多年前的我如出一轍。

雖然牆上的日曆早已跨入了21世紀，在這個偏僻的角落，彷佛時間的腳步已經停滯了一般，如今的牧童仍然沒有屬於他們的鞋子。

我感受過走在秋天乾草上雙腳針刺一般的感覺，每當這個時候，我多麼盼望能擁有一雙鞋啊！記得有一次，父親終於給我買了一雙新膠鞋，但因為我福報不夠的原因，鞋的尺碼太小，穿在裡面，雙腳受刑一般難受。但為了不失去夢寐以求的新鞋子，我只有強忍著疼痛，只有到了無人的地方，才能脫下鞋子，撫慰一下我那委屈的腳。

雖然那時的我們不能擁

有物質上的財富，但卻擁有精神上最珍貴的東西——愛心。每當看到小螞蟻被水淹沒，每當看到蚯蚓被烈日暴曬，每當看到魚池的水即將乾枯，我們都會如同身受般解救它們於危難之中。

能擁有這樣的童年，難道不是比那些尾隨穿金戴銀的父母，身穿名牌服裝，坐著高檔轎車，居於豪華洋房，口啖生猛海鮮，天然的慈悲憐憫之心，已經因為父輩的扼殺而泯滅的兒童幸運千萬倍嗎？

看到眼前這位手拿念珠的牧童，他一定也如同我童年時期的夥伴一樣，擁有一顆金子般的愛心。我把他叫到屋裡，給了他許多水果和糖果，雖然沒有合適的鞋子可以給他，但他眼中流露出的興奮已是難以言表的了。他高興地向我告退，向著已經走遠的犛牛飛奔而去。

壬午年六月十七日

2002 年 7 月 26 日

魅力

一位修行人向我講訴了他最近的一些感受：

因為自己修行不夠、障垢深厚，在面對紛至遝來的各種外境時，被強烈的我執所控制，明知自己是作繭自縛，卻難以自拔。前段時間煩惱深重到難以自制的程度，我甚至想到了死。

當然，作為一個佛教徒，我不會選擇這條無異於深淵的道路，米拉日巴在面對困境準備自殺時，俄巴喇嘛的一段話令我至今記憶猶新：「自身的蘊、界、處就是佛陀，在壽命未終的時候，即使行轉識法，都有殺佛之罪。」更何況，心性本自清淨，只因見境思境，才會產生迷亂，才會引發痛苦。我怎能對眼前的迷幻產生實執呢？我反覆地「開導」自己，但在業障現前卻不能排遣時，那種痛徹心肺的疼痛卻是永生難忘的。

一天，我邁著沉重的步伐，走到窗口。望著街頭熙熙攘攘的人群，看著他們為

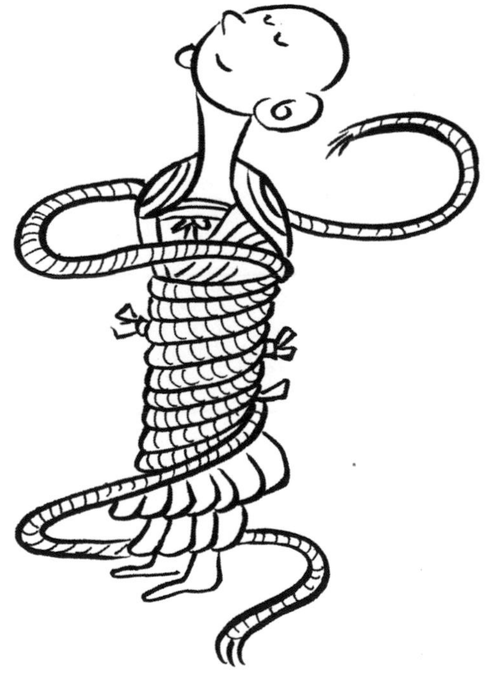

衣食、為名利而奔波的忙碌身影，我忽然意識到自己是多麼的幸福。當他們因為無明愚癡而為自己開闢了通往惡趣的通衢大道，自己卻渾然不覺時，我卻掌握了即生解脫的至尊法寶。雖然我還沒有擺脫痛苦，但通過所學的道理已經能審慎取捨以減少痛苦的因，並盡力去認識痛苦的本性，可以說離解脫已經不遠了。然而，還有那麼多的人卻仍將直面無窮盡、無了期的苦痛。想想他們，自己的痛苦又算得了什麼呢？一次又一次，我在上師三寶前發自內心地發下了普度眾生的弘願，如果連「我」的怪圈都不能走出，普度眾生就成了一句蒼白的臺詞。

我知道，消除我執目前唯一的選擇就是祈禱上師三寶，懺悔罪障、發菩提心。經過一段時間的努力，我終於走出了那段低谷，而且，即使將來再遇到違緣時，我想我也能有條不紊地面對了。應用佛法，我走出了困境，變得更加堅強，這對於一直身處順境的我，無疑是上了一堂生動的實踐課，令我對輪回是苦產生了切身的體會，對世間產生了並非造作的厭離心。如果沒有這些煩惱，我也不會有這些收穫，感謝三寶的加持，使我能從違緣、痛苦中發現人生的巨大價值——為救度眾生而圓證無上菩提。我將生生世世為這一目標而努力！

聽了他的講述，我為他在遭遇困難時，能以正知正念對治而深感欣慰。當我們面對世間的葛藤、牽絆而束手無策時，通過佛法，永遠能找到對治的途徑。這，就是佛法的魅力。

壬午年六月十八日
2002 年 7 月 27 日

翱翔

稍微具有一些見解的人都應明白，無論是起心動念還是安住之時，無論是高談闊論還是止語之時，平時行住坐臥等行為，酸甜苦辣等感受，一經詳細觀察，均為幻現，毫無實義。並最終了知內外一切幻象與法界智慧無二之等性。

證達心之本面的修行人，現見貪嗔等煩惱融入覺性如水融入水中一般，就不會為煩惱所牽引，如同解開捆縛身體繩索的囚犯，因自由而獲得大安樂。

可惜世上的人們不明此理，攥住貪嗔的繩索緊緊不放，從而飽受痛苦的煎熬。

針對這些過患，無垢光尊者為後人留下了彌足珍貴的教言：「時而觀察自他身行為，見似舞者顯現無實義；時而觀察口中所言語，聞似穀聲顯現無說義；時而觀察心現之苦樂，知覺性幻顯現實相義；時而觀察動念之本面，了知自逝顯現法身義；時而觀察無動之心性，見無散收顯現究竟義；時而觀察無尋之直定，見無所作顯現心安樂。」

寧瑪巴前輩大德的言教如同璀璨之杲日，為我們驅散無明迷霧，指點了一條通往大自在王國的陽關大道。如果我們能按此行持，一定能認識痛苦之實相，徹見心性之光明，迅速加入持明者的行列，使稚嫩的智悲雙翼早日豐滿，與大鵬金翅鳥一樣遨遊於法界澄淨的天空，徑直飛往普賢王如來之清淨剎土。

這些如意寶每天守候在我們身旁，我們是否已經察覺並加以利用了呢？

壬午年六月十九日
2002 年 7 月 28 日

老尼

目光穿過接待室的窗戶，看見在長長隊伍的盡頭，有一位藏族老覺姆，正在虔誠地頂禮。她身穿污穢不堪的僧裝，脖子上是一堆結滿了污垢的金剛結、像章，佈滿老繭的左手拿著掛滿繩結的念珠，斑白的頭髮與灰塵夾雜在一起，讓人找尋不到其本來的顏色。溝壑縱橫的臉如同理不清的網互相糾結著，不知是昨天還是今天早上殘存的糌粑麵還附著在嘴唇上，隨著不停念誦的振動而紛紛下落。腳上的襪子已經穿孔，露出長著黑長趾甲的腳趾頭，一雙烏黑的鞋子無力地散在一旁。只有蠕動著的粉紅舌頭與眼中的紅血絲是身上僅存的亮點。

看見我向她微笑示意，她咧嘴一笑，露出黑黃的牙齒，一瘸一拐地走上前來。

她用含混而沙啞的聲音告訴我說：她來自青海班瑪，丈夫早已過世，辛苦撫養成人的四個兒子都

對她十分厭棄。走投無路的她來到學院已經三年，在這個和睦的大家庭裡，不用再看人白眼、受人冷落；在上師的加持下，生活十分快樂。

我問她：你的兒子對你不好，你記恨他們嗎？她平靜地回答說：那都是前世的果報，沒有什麼值得埋怨的。只有祈禱佛菩薩、祈禱上師，懺悔自己的業障。學院有這麼多成就者，就是現在死去，也不用害怕了，我一定會被加持往生極樂刹土的。

聽了她的回答，我也被她那種毋庸置疑的信心所感染，在她骯髒的外表下面，有著一顆多麼珍貴的如意寶啊！能夠從心底裡以微笑來面對生活，能夠對三寶、對上師具有如此堅定不移的信心，遠遠勝過了那些冠冕堂皇的口頭見解；勝過了年輕氣盛的爭論答辯；更勝過了世間那些穿著考究的豪門貴族。

剛好別人送給我幾個熱氣騰騰的饅頭，我全部轉送給她。她一邊接過饅頭，一邊忙不迭地說道:「卡卓（謝謝）！卡卓！」

看著一邊念著觀音心咒，一邊搖著轉經筒踽踽遠去的背影，我深深地為她祝福，同時也希望天下所有的老人都能擁有一個真正幸福的晚年。

壬午年六月二十日
2002年7月29日

無悔

說起嘎秋喇嘛，在學院可謂名聞遐邇。法王如意寶曾在其座前接受過灌頂，他也曾到學院為全學院的僧眾傳過持明者果及頓哲的伏藏品，並為法王撰寫了長久住世祈請文，該祈請文至今仍被全學院的僧眾所傳唱。

他年輕時第一次去朝拜大昭寺，在覺臥像前叩拜時，同行的夥伴親見自覺臥佛心間發出一道燦爛的光芒進入他的心間，使他當場昏厥過去。當他蘇醒時，當下證悟了法界自然本智。從此，他便將一生的精力都用於修行。

文革期間，他示現腿部殘疾，得以逃避蹲監獄的厄運。並長期以辟谷方式修行，在冰凍三尺的嚴寒季節，他的帳篷內卻生長著夏日的青草。每當造反派揪鬥他時，他就事先發願，我今天要為度化一切眾生而修忍辱；當造反派對他拳打腳踢時，他也不生一絲記恨，安住於無緣當中；批鬥完畢，他便將一切功德回向給以批鬥他的人為主的一切眾生。

浩劫結束後，他的殘疾奇跡般地不治而愈。儘管面臨著外界的種種誘惑，他卻從不沾染追求名利的世間八法，一直潛心修行，直至2000年2月27日下午6點30分示現圓寂。

在他圓寂前的25日上午9點，他對身邊的弟子索華等講道:「我從小到現在，做過一些世間法，也修了一些佛法。追求過一些名聲，既處過卑地，也居過高位。現在死到臨頭，一切都沒有用處，只有以自他相換法迎接死亡。希望你們能虔誠祈禱濁世的怙主蓮花生大師。取捨因果如同自己的生命一樣重要，你們應善加護持。總之，要修一個臨死不後悔的法，死時不需要更多的語言，精心地陳設供品吧！」然後，一直在蓮師前祈禱，直至27日示現圓寂。

荼毗之時，他的身體顯得異常年輕，很多人親見他為白色的金剛薩埵像，因此都對他生起了無比的信心。

像這樣將一生都貢獻於佛法的老修行人不勝枚舉，無論他們面臨何等外境，始終無怨無悔、修行不輟，最終於本來清淨的無邊大樂當中自在地離去。同為修行人，當我們面對死亡的時候，回憶自己的一生，是否也能做到無怨無悔呢？

壬午年六月二十一日

2002年7月30日

法喜

今天，學院的四眾弟子個個欣喜若狂，法王如意寶自去年夏天示現身體欠安至今，停止了一年的傳法恢復了。這不僅意味著大家可以共沾法喜，也意味著他老人家的身體已經略有好轉。

法王如意寶為大家傳講的是《賢愚經》。他告訴大家，他從十幾歲開始即以講經說法度日，至今已幾十年了，若講密法或五部大論，即使現在眼睛不好，單靠以前的基礎，講起來也是輕而易舉。但於此五濁興盛、物慾橫流的惡世，前後世、因果不虛、輪回痛苦等概念，不僅僅在世間人心裡，而且在很多佛教徒心裡，都已喪失了它的警戒性。人們不顧因果、持顛倒行，早已忘卻等待自己的茫茫後世。為了警醒弟子，放棄惡行，讓大家對因果不虛再次生起強烈

的信心，講解《賢愚經》，實在是勢在必行、意義重大。希望大家不要將經中的故事當成神話，那些都是佛的金剛語，具有甚深的涵義。對於調服自相續的煩惱，並自利利人，具有不可思議的作用。

我在這次講解中，擔任同步翻譯。聽到上師的聲音，過去的美好時光彷彿又穿越時空回到了身邊，很多人臉上都淌著晶瑩的淚珠，我都好幾次有哽咽的感覺。大家實在太需要佛法甘露的滋潤了，沉浸於法喜當中，怎能讓人不喜極而泣呢？

壬午年六月二十二日
2002年7月31日

注意

一位出家人的房屋被焚毁，居住無著，十分可憐。我萬不得已從用於僧眾醫藥的扶貧款中支出了1000元錢，補助她用於修繕房屋。當時因為救急，沒來得及細想，事後卻想起堪布根華在《入行論講義》中引用的一宗公案：

幾個印度小孩在街上玩耍，一位具備各種醜相、腳踵朝前的餓鬼來到面前，小孩十分恐懼，餓鬼說:「我以前是那爛陀寺的堪布，名叫加秋，因在僧眾經堂裡未脫鞋，而感得今生腳踵朝前。又因將僧財中的一碗米送與別人，而轉生為餓鬼。」

記得當時法王如意寶講到此時，特別規定我們入經堂不得穿鞋，可能考慮到處理僧眾財產的人不多，沒有特意囑咐。

《賢愚經》也云:「獺利吒營事比丘，以自在故，用僧祇物花果飲食，送與白衣，

受此花報，於此命終，墮大地獄。」僧眾的財產實在是嚴厲的對境，如果處理不當，會招致無窮後患。

記得阿底峽尊者在與喀什米爾班智達會晤之後，不以為然地說道：喀什米爾班智達在教理方面的確是出類拔萃、名不虛傳，但在因果取捨方面卻很潦草。可見尊者對因果的重視程度。

如果我們認為自己沒有私心，而隨意安排僧眾財產，殊不知有意無意之間會造下多少惡業？

難怪學院一位學識淵博的堪布曾謹慎地說道：「我到其他寺院，只管講經，不管財產，否則會很麻煩。」

天理昭彰、因果不虛，我們還是應當慎重取捨因果。

壬午年六月二十三日

2002年8月1日

樂悲

一位居士打電話說:「堪布，我最近一直感覺情緒低落，十分悲觀，我想換一個好點的環境，可能對我的情緒會有所幫助的。」

聽了他的話，我想起一個故事：一位父親為自己的兩個兒子分別起名樂觀和悲觀，樂觀和悲觀從小在同一個環境中長大，卻分別擁有兩種不同的情緒。樂觀不論遭遇何種艱難都十分快樂，悲觀即使一帆風順也時刻心緒沉重。父親因自己為兒子

樂

悲

起名的不公而自責，為了補償悲觀，他將樂觀放在了一堆牛糞當中，而將悲觀放在了一堆珍寶玩具當中。

過了一段時間，父親去觀察自己的兩個兒子，樂觀出人意料地在牛糞中玩得十分開心，他告訴父親：「既然您讓我在這裡，牛糞中一定有什麼寶貝，我正在想辦法把它找出來。」令父親大失所望的是，可憐的悲觀卻傷心地坐在一堆珍寶中，很多玩具因為他的憤懣而被摔壞。

父親終於明白了，想扭轉人的情緒，依靠外境是於事無補的，要從悲觀轉為樂觀，只有調整自己的內心。

世間不如意事十有八九，叔本華曾說：「人生幸福的事情很少，痛苦的事情卻很多。」如果我們不能正視這些痛苦，將之轉為道用，而一味地責怨外境，妄想通過改變外境而改變自己的心態，簡直是癡人說夢。

哲學家愛默生也說過：「生活的樂趣取決於生活者本身，而不是取決於工作或地點。」快樂和悲哀並不會隨外境而轉，如果您遭遇到痛苦，靜下來調服內心比改變外境會更有意義。

壬午年六月二十四日
2002年8月2日

獅堡

獅堡，是上師如意寶年輕時傳講《七寶藏》的寂靜地。我對此地一直深懷神往之情，但此願望直至今日方得實現。

吃過中飯，慈誠羅珠、齊美仁真和我一起相約朝拜阿拉神山，走出喇榮溝不遠，即到了有三座佛塔的水庫旁。慈誠羅珠說:「我很疲倦，想在山坡上睡一會兒，你們去吧。」

齊美仁真和我只好拋下他，沿著山溝向上攀登。溝中的泉水清澈透底，陽山的柏樹和陰山的松樹遙相呼應，刺目的陽光照在背脊上，不一會兒，就感覺背上已沁出密密的汗珠。

走入茂密的森林，高大

獅　　堡

的喬木重重疊疊，遮擋了我們的視線。蔭翳蔽日，使林中顯得十分幽暗。為提防人熊的出現，我們發出高昂的喊叫聲以示威。

目的地終於到了，令人賞心悅目的奇妙風景立刻吸引了我們的視線，使我感到的確不虛此行。白色紅色的岩石有的像獅子、有的像堡壘、有的像堆放的經書，不知「獅堡」的名字是否由此而出?

草地上盛開著繽紛的花朵，讓人目不暇接。許多可食的野生果實令人垂涎地掛在樹上。

雖然經過了40年的滄桑歲月，上師當年茅屋的遺跡仍清晰可見，齊美仁真和我三頂禮後，開始念誦《大圓滿願詞》。

念誦圓滿後，我對齊美仁真感慨道:「這個地方泉水甘洌、野果清香，真是修行的好地方，晚年應該到此修行。」齊美仁真說:「何必等到晚年，現在又未嘗不可？」我們又互相講述了許多華智仁波切、無垢光尊者對寂地的讚頌之詞。感歎之餘不由得一致認為：如果今生能拋棄一切，在此地度過餘生，遠離嘈雜的鬧市那真是人生快事！

不知不覺，夕陽西沉，齊美仁真和我只得戀戀不捨地離開。見到慈誠羅珠，他一副望眼欲穿的樣子:「我等了你們很久！」齊美仁真和我只得竊笑，有道是:「山上一盤棋，世間幾千年。」聖山的加持力讓我們恍若隔世，早已忘記時光的流逝，沒讓你等上幾千年都算不錯了！

如果您問這個美妙的地方怎麼走。告訴您，就從阿拉神山下水庫旁的三佛塔上去，一直走就會到達。去一趟，您一定會領略到新的感受。

壬午年六月二十五日

2002年8月3日

護法

今天是五明佛學院一年一度供護法的日子。據說，一百多年前，一世敦珠法王與西山的土地護法木天女護法神產生了糾葛，並將護法女神趕到了爐霍，最後經當地大成就者從中調解，雙方最終達成協議：敦珠法王的傳承弟子于每年藏曆六月二十六日（也即雙方和解後，天女返回喇榮的日子）供養以天女為主的護法，天女也不得再興風作浪。此風近20年來一直未曾間斷。

早上八點，幾千僧眾手持各色旌旗，根據自己房屋所在區域，分別登上了學院的五台山。學院的五台山，是幾年前法王以特殊因緣迎請藏地的五大神山、漢地的五台山諸佛菩薩降臨的聖地，具有不可思議的加持力，被人們稱為藏地的五台山。

我所屬的摩尼寶洲是以東台為供養對境，我向來對供護法興趣濃厚，今天也同樣不顧背痛，興致勃勃地登上了山頂。

九點，五個台的僧眾們開始分別念誦儀軌，熏燒柏枝，五條哈達般的桑

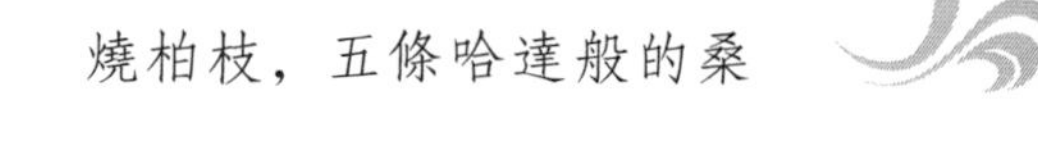

煙在空中彙聚，如同一朵美麗的白雲漂浮在廣袤無垠的藍天，為虛空美女的臉上嵌上了絢麗的妝飾。紅色的僧衣在綠草中遊動，仿佛飄動的紅色珊瑚；各色風馬在空中飛旋，宛如天女散出的花雨；遠處四周的雪峰，發出寶石般的光芒……我恍若置身於巨大的曼荼盤上，與僧眾一起以身語意供養十方聖尊。以此方法可消除一切惡緣，成就世出世間之一切功德事業。

今天也成了僧眾們難得輕鬆的日子，下午，大家三三兩兩聚集在草地上，感受和煦的陽光，迎接柔風的吹拂，親近花草的芬芳，傾聽小蟲的呢喃，人人臉上都掛著燦爛的笑。我想，此時的護法神也一定很開心吧！

壬午年六月二十六日
2002年8月4日

捨我

接待了一個鐘頭，與來自各地的各色人等進行了各種主題的交流。但令人遺憾的是，幾乎所有的話題都離不開一個「我」字。我的煩惱、我的家庭、我的修行、我的上師、我想解脫、我要成就……林林總總，都是這些話題。

為什麼跳不出這個「我」呢？無始以來，為了這個字，我們付出了太多的代價。「我」，如同一條無形的絹索，使人們生活在自我的禁錮與陶醉之中，因患得患失而始終不得自在。

《入中論》云:「最初說我而執我，次言我所則著法，

如水車轉無自在……」眾生因無明習氣，將四大聚合假立之我妄執為有，從而產生我執及我所執，由執起惑，因惑造業，以至於流轉輪回，無有了期。

當「我」在頭腦中占了上風的時候，仔細剖析一下「我」的本來面目，如果能通達一切身心，皆為虛妄，芝麻許之實性，也了不可得。既然身心皆無，何來因外境而生煩惱的道理，自然會逐漸減少我執。依此修習，終將斷盡我與我所執，煩惱也必將隨之而煙消雲散。

我們正行走在通往解脫彼岸的航線上，不要因為「我」的暗礁而使修行的航船拋下沉重的鐵錨。

壬午年六月二十七日

2002年8月5日

言行

疼痛又開始折磨可憐的背了，我忍不住一邊呻吟一邊問身旁的小喇嘛:「怎麼辦呢？背這麼疼。」「您不是告訴我們，生病的時候觀想自他相換，甘心代眾生承受他們的痛苦，就會減少我執，消除痛苦嗎？」

一句話，羞得我無地自容。我時常高坐於講臺上，口中誇誇其談，事不關己地用大道理去訓導別人：要將煩惱病痛轉為道用！事後卻將這些話拋之腦後，常知繩人，鮮以律己。真可謂「語言的巨人，行動的矮子」。

回想最近的行為，發現自己面對困難時，十分在乎自己的心情、自己的傷痛，頑固的我執常常占了上風。三界火宅，豈有無苦之理？異生凡夫，四大不調乃尋常之事，我又何必大驚小怪，徒生憂惱？身體不好，正是修行的大好時機啊！我一邊自責，一邊修自他相換，效果似乎還不錯。

平時我常用顯微鏡來觀察別人的過失，卻對自己的錯誤三緘其口。今天，小喇嘛的話令我有醍醐灌頂之感，使我發現了自己難以察覺的過失。古人云:「力行之君子，得一善言，終身受用不盡。不務躬行，縱讀盡世間書，於己仍無所益。」我必須將平時之所學、所說，身體力行地應用於日常生活，才不至於成為在湖邊渴死的傻瓜。

壬午年六月二十八日

2002年8月6日

山兔

山兔常被藏人譽為「菩薩」，本地的山兔一般有白色的腹部，灰黑色的後背。兩隻大大的眼睛，一對長長的耳朵，性情特別慈悲。

幾個月前，一隻山兔在我院子裡的一棵松樹下安了家，成為我的新鄰居。

每天，當太陽還躺在被窩裡沒有出來時，精勤的山兔已飽餐了帶有露珠的青草，回到窩裡開始「坐禪」。一個上午，它就這樣一動不動地「觀明點」、「觀虛空」，仿佛一位駕輕就熟的老瑜伽師。

直至下午，它才走出「關房」，開始品嘗肥嫩的青草。由於長期

的和睦相處，它已將我視為同類，對我不再有戒備，即使我路過它的「關房」，它也熟視無睹，不屑採取任何防備措施。

我樂於與它為鄰，因為它的清淨生活，因為它的慈悲胸襟。它從未傷害過任何眾生，遠遠勝過如今大城市裡吃海鮮、吮猴腦，渾身散發著血腥的人們。

一位學者的道歌這樣唱道:「晴朗天空中的月輪是獨立的；參天大樹下的山兔是獨立的；寂靜山林裡的修行人你不會孤獨……」獨自是多麼的悠閒自在!

陽光開始降下帷幕，夜空的遊舞即將上演，山兔回到了它的洞穴，我也開燈繼續著一天的功課。

壬午年六月二十九日

2002 年 8 月 7 日

掬水

《賢愚經》中記載了一宗公案，一位五戒居士，率領五百商人至海中取寶。海神施展各種神變進行阻撓，商主隨機應變，歷數地獄、餓鬼之苦，以及世間善者之行跡竭力進行勸誡。

最後，氣焰有所收斂的海神以手掬水並發問，一掬水與海水相比，何者多？商主回答說，一掬水多而不是海水多。海神再次重問，你確定嗎？商主說，千真萬確！絕非虛妄。海水雖多，末劫七日出時，須彌崩塌，七大海水終將窮盡。而以一掬之水，供養佛或僧眾，孝敬父母、佈施貧窮與飛禽走獸，此之功德，歷經數劫

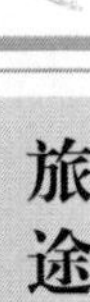

也不會乾涸，所以一掬水多於海水。海神聽聞後，歡喜異常，取出珍寶，贈送商主，並寄送奇妙寶物供養佛與僧眾。

平時，每當我們面對浩淼無垠的大海，總是感慨它的寬廣遼闊、無邊無際，何曾想到海水也有窮盡之時？這宗一掬水多於海水的公案提醒我們，若以智慧和方便攝持，即會產生不可思議的結果。即使一掬水，其功德也遠遠會超勝於海水。

每天早上，當您從沉睡中蘇醒，洗漱完畢，在佛堂前，以清淨心，供上一杯淨水，其功德遠遠勝過七大海水，何樂而不為？

壬午年六月三十日

2002年8月8日

噩耗

剛聽到一噩耗，一位名叫桑及讓波的熟人不幸去世。今天，他的屍體已被送至學院。

他長得個頭高大，相貌英俊。時常喜歡跨上駿馬、腰佩長刀，在草原上策馬馳騁，擅長與人打架鬥毆，並以此自矜。

不久前在多芒寺時曾見過他，記得當時我說:「你帶著這麼長的刀有什麼用呢？沒有刀挺好的。」他十分不以為然，沒想到那一次竟是訣別。

幾天前，因為一些雞毛蒜皮的小事，他與別人發生爭執，被對方捅了一刀，他只來得及說了一聲:「你殺了

噩　耗

我！」便口吐鮮血，不到三分鐘，便斷了氣，一個血氣方剛的生命就這樣結束了。鋒利的刀刃刺透了他的胸膛，猩紅的鮮血濺滿了綠色的草地，親人的哭聲震撼了淩霄。當公安局的警車趕到時，兇手早已策馬逃逸。當他的弟弟聽說哥哥被殺的消息後，怒不可遏地燒毀了兇手家的帳篷。但不論怎樣，失去的生命再也不能喚回，兩家的冤仇卻從此開始，冤冤相報，何時能了啊！

人的生命，珍貴勝黃金，短暫如水泡，不知珍惜這難得的人身，貪著親人，嗔恨仇敵，無端地造作惡業。《賢愚經》云:「大健鬥將，以勇猛故，身處前鋒，或以刀劍矛槊，傷克物命，故受此報。於是死已，墮大地獄，受苦長久。」世間人以勇猛善戰為榮，殊不知卻會因此而種下地獄之因。無視因果的人們，真是可憐之極！

在此，我默默地祈禱三寶能加持桑及讓波，令其迷途知返，早日度脫輪回。喇嘛欽！

壬午年七月初一
2002年8月9日

二利

作為凡夫，盡心盡力利他的最好方法就是修慈悲菩提心。如果能在相續中生起菩提心，並且不失壞，則不會墮三惡趣，即使業障深重，不幸墮入，時間也短如彈指。

一位居士曾問仲敦巴：「若不捨離菩提心，是直接或間接利益眾生的因嗎？」仲敦巴回答說:「這是利益眾生最好的因。若不捨離菩提心，則不會墮三惡趣，並成為不退轉者。若因前世業力深厚等特殊原因而轉生惡趣，也會因一剎那憶念菩提心的威力立即得以解脫，獲得人天善趣果位。」

某些自詡為大乘佛子的人，雖然在表面上做了一些利益眾生的事，實際上只是為了自己不墮三惡趣，或僅僅考慮自己的成就。雖然他在修法之前也發所謂的菩提心，最後也將善根回向菩提，但主要的原因是因為他害怕如果不發菩提心，就不能成為大乘法；如果不回向，一旦生起嗔心，善根就會失壞，

自己的功德就浪費了。這樣自己就不能成佛，就不能消除痛苦。這樣的發心，只是表面上的大乘法，實際與聲緣無異。

我們不能妄圖利用菩提心來達到個人的目的，這樣做的結果只能適得其反。無始以來，我們就是因為考慮自己太多，才會生生世世流轉輪回。而諸佛菩薩卻將個人得失棄置於不顧，反而獲得了佛菩薩的果位。由此可見，所謂的二利是相輔相成的，僅僅考慮自利，不但不能利他，連自利也是癡心妄想。

所以，在做任何善事之前，我們都應該捫心自問，自己發的究竟是什麼樣的菩提心？是否能做到問心無愧？自己相續中是否真正具有菩薩戒？

壬午年七月初二
2002年8月10日

美觀

虛榮心很強的人一般對自己的外表都很重視，穿上華而不實的服裝，打扮得珠光寶氣，除了自我欣賞、自我陶醉以外，還夢想博得別人的青睞，卻往往忽視了內心的完善。

一位印度的修行人對此深有感觸：我年輕時有種十分令人厭惡的惡習，特別愛穿價格昂貴的衣服。我時常花費大量的時間和金錢，到市場上去買回各種時髦的衣料，讓裁縫做出款式新穎的衣服，然後打著領帶，招搖過市，以討得女人的歡心。

上師的弟子們對我滿腹牢騷，上師表面上也似乎不聞不問，就這樣過了五年。每當上師話中有話地評價說「你的眼光很低」時，我總是自以為是地反駁道:「這可是上等的衣料！」

一天，當我沒有打扮，穿著樸素的睡衣去見上師時，上師一反常態，不住地稱讚

美　　观

道:「你很好看！」上師的話使我如夢初醒，終於明白了華麗昂貴的衣衫，並不意味著美。繼而放棄了喜穿高檔衣服的嗜好，開始致力於心靈的淨化。

上師正是通過這種方式，讓我最終瞭解到：世間的裝飾其實不名一文，最有價值、最永恆的裝飾就是對心靈的美化。

虎豹以搏噬為功，鳳凰以和鳴為美，世間人對美的詮釋也是因人而異的。但修行人最無可比擬的美，就是無偽的菩提心。

俗話說:「人靠衣裳馬靠鞍。」只重衣衫不重人的習慣，自古已然，於今猶然。然而，一旦以此為座右銘，自己首先就淪落為衣著的奴隸。作為修行人，要想自由無礙，就應打破這一陳規陋習，外表上的簡樸是通往精神自由王國的必由之路。不要做「金玉其外，敗絮其中」的人，應知足常樂，一簞食、一瓢飲、一身衣足矣。

壬午年七月初三
2002年8月11日

花祭

自從我在《智海浪花》中反覆提及對花的偏愛，我的院子裡、家裡便擠滿了別人送來的、真真假假的花。圓觀送來了粉色的月季，晉美慈誠送來了黃色的秋菊……我的院子成了百花盛開的大觀園。

儘管早上出門很早，我也不會忘記給它們澆上一壺水。也許是我的「憐香惜玉」至真至誠，它們總報我以一院子的燦爛，在這秋日臨近時分，院中仍浸潤著夏日的氛圍。

今天下課回家，尚未走到院門，眼見平時緊閉的院門歪斜地敞開著，就有一種不祥的預感。走進院子，各色的花瓣灑落一地，一片狼藉。一隻山羊躺在凋落的花叢裡呼呼大睡，旁邊的花盆裡盛著它排泄的新鮮大便。這個調皮的傢伙！

彷彿失落了最心愛的寶貝，心一下子沮喪起來。我家裡曾經多次被小偷光顧，偷走過不少價值昂貴的東西，

但從來沒有過今天這樣的悵然，也許這源自於前世為蜜蜂的等流果吧。

「菩薩摩訶薩應當發如是心，謂我此身份於諸眾生尚能捨棄，何況所有外財資具。」《羅延所問經》中的句子像頑皮的孩童在眼前晃來晃去，使我驀然清醒。站在斑駁淩亂的花草中間，先前的心情霧一般漸漸消散，身心竟如釋重負般有一種升騰的感覺。

隔壁的喇嘛也遭受了同樣的厄運，他一邊氣咻咻地罵著，一邊拿著石塊想報仇，作為「同是天涯淪落人」的我，十分理解他的心情，但還是一邊勸阻，一邊趕緊將山羊送到他看不見的地方，讓他眼不見，心不煩。

早上還是姹紫嫣紅的花園，現在已是紅消香斷、一遍殘紅。世間萬物都是這麼無常啊！喇嘛欽！

壬午年七月初四

2002年8月12日

誘惑

可怕的魔鬼往往擁有天使般的外衣，讓你不知不覺地受其引誘，等到醒悟，已悔之晚矣。

修行人也常常面對各種魔鬼的引誘，比如說金錢魔、名聲鬼等等。如果不能善加分辨，它們就會趁其不備，神不知、鬼不覺地成為我們修行路上的絆腳石。

噶當巴的修行人常將自己比為狐狸，名利等魔鬼比為獵人和獵網，網內承載著獵人布下的誘餌。狐狸對誘餌的香味垂涎三尺，最終因貪食誘餌而陷於網中不能自拔。

修行人被財物所惑，進入魔王波旬設置的陷阱——城市，最終被世間八法所俘獲，淪為被其任意鞭打、驅使的奴隸。

印度一位修行人的上師再三叮嚀他：一定要躲避三種最可怕的東西，即：金錢、

女人和名聲。離開上師後，他一直遵從師訓，嚴防外界侵擾。一次，他在河邊發現一些錢，他突發奇想：如果用這些錢來修建寺廟，倒是一件不錯的事情。結果，在尋找修廟工人的途中，他歷盡艱難，差點命歸黃泉。開局的不順利，使他消除了修廟的打算。

後來，一個女人闖入了他的世界，她先送給他一隻貓，因為貓需要喝奶，她又附送他一頭牛，女人因為要承擔放牛的工作而留了下來。他們順其自然地成了家，並生了孩子。當他意識到自己已陷入世間的網罟，早已遠離正法時，已悔之晚矣。

「浮名浮利過於酒，醉得人心死不醒。」女人更是包裝精美的毒酒，除了聖者，具縛凡夫很難抵擋。如今的大城市裡，佈滿了獵人的誘餌，若身陷其中，恐怕就難以自拔了。

壬午年七月初五

2002年8月13日

純金

人們喜歡以金子比喻美好的事物，如「金子般的心靈」、「真金不怕火煉」。也喜歡用金子製成裝飾品，讓自己更引人注目。

純金的首飾只能裝飾外表，而不能提升內心。珍貴的教言卻可以改變人的今生來世，並讓人最終走向解脫，可謂受益無窮，其價值如同純金一般，十分珍貴。

阿底峽尊者在21歲以前，就已精通了內外法門。後來依止那若巴尊者，於尊者前刻苦修學，並通達顯密教法。後來經上師、本尊授記，29歲依止西拉日結達的燃燈尊者，3年後，一切自他宗派皆了然於心。

遵照度母授記，他又乘坐海船，漂洋過海，用了13個月的時間，克服了難以想像的巨大困難，終於到達金洲（今印尼），並依止仰慕已久的金洲大師12年。他以虔誠的信心，從上師處獲得了純金般的教言，生起了純金般的菩提心，並得以面見各本尊金顏。

之後，羽翼已豐的他以超常的智慧，與13個宗派的

外道展開了激烈的辯論，均大獲全勝，作為失敗方的各派外道，心悅誠服地供養他13幅勝幢。

他的美名傳遍了四方，並獲得名噪一時的戒香寺僧人的極大信賴，他們將該寺18個門的鑰匙交與尊者掌管。（在當時，即使掌管該寺的一把鑰匙也是莫大的榮耀。）

後來，智慧光國王為迎請阿底峽尊者，以自己的生命換得與身體等重的黃金，湊足了聘師費用。菩提光用此黃金將尊者恭請到藏，並在藏地傳法13年。

每當提到金洲大師，阿底峽尊者便異常激動，深有感觸地說：「我相續中能生起純金般的菩提心，都是仰仗金洲大師的加持啊！」

當博、金、普三同門祈求阿底峽尊者傳授一個最殊勝的法時，他發人深省地說道：「最殊勝的教言是反觀自心，最殊勝的行為是不隨順世人，最殊勝的成就是減少煩惱，最殊勝的證相是知足少欲，最殊勝的善知識是擊中要害，最殊勝的勸善者是怨魔病痛。」

阿底峽尊者等前輩大德，為我們留下了純金般的教言，如果身至金洲，卻空手而返，就真是愚蠢之至了。

壬午年七月初六

2002年8月14日

依靜

於此末法時代，如果自己相續尚未成熟，就應依於寂地修持。龍欽巴在《竅訣寶藏論》中云:「自己尚未獲得自在前，令他自在矛盾又可笑；尚無成辦自利能力時，想成他利矛盾又可笑；自尚不具弟子之法相，想作上師矛盾又可笑；自如乾燥皮革不調柔，想調他心矛盾又可笑；自忙今生無有證悟見，教他修法矛盾又可笑；自尚未斷庸俗之行為，令他如法矛盾又可笑。」在修行的初期，若自不量力地想攝受弟子，最終不但一事無成，只會落到被人恥笑的結局。

吉袞巴在《善法明燈論》中也說:「任何修行人都應像野獸一樣，不依止其他地方而應到寂靜地，這樣利益眾生的事自然能成辦。到

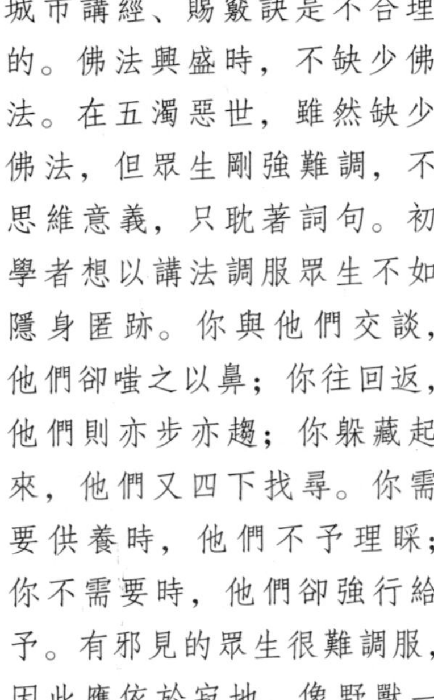

城市講經、賜竅訣是不合理的。佛法興盛時，不缺少佛法。在五濁惡世，雖然缺少佛法，但眾生剛強難調，不思維意義，只耽著詞句。初學者想以講法調服眾生不如隱身匿跡。你與他們交談，他們卻嗤之以鼻；你往回返，他們則亦步亦趨；你躲藏起來，他們又四下找尋。你需要供養時，他們不予理睬；你不需要時，他們卻強行給予。有邪見的眾生很難調服，因此應依於寂地，像野獸一樣。這樣，也能持如來教法，成為具信人之商主。即使是野蠻人，在看見住山之人時，也會生起信心。為了自他二利，應恒常依於寂地。」

四時有節，百花有序，度化眾生也要講究時序。這也是佛陀與前輩大德反覆苦口婆心教導我們的，不要把這些忠言當成耳邊風了！

壬午年七月初七
2002 年 8 月 15 日

恭敬

恭敬心，是修行人，特別是修習密宗者自相續獲得大小一切功德的源泉。若時常沉浸於慈悲、恭敬的氛圍中，則可感受佛法的精髓。要知道，一切意傳加持均來自於恭敬心。

如果所作所為缺乏恭敬，即使聰明、能幹、精進，並精通三藏十二部經典，也難以體悟言語所無法表達的境界。

無數的高僧大德，也是以常人難以企及的恭敬心，才得以以心印心，獲得無有絲毫垢染的傳承加持，證悟法界實相，成為引領群生，蔭蓋四方的一代傳承祖師。在很多高僧傳記中，都不惜大量的筆墨，濃墨重彩地描述前輩大德以恭敬心獲得加

恭　敬

持的細節。

我認識的一位原並不具有先天智慧，但修行境界卻令人矚目的修行人曾告訴我：「像我這樣愚笨的人，相續中生起的哪怕一絲一毫功德，無不得益於對上師三寶的恭敬。」

頂果欽則仁波切也曾說：「諸佛的加持總是加被在有強烈信心的人身上。陽光照射一切處，卻只有放大鏡聚焦之處才能引火燃草。當諸佛的慈悲通過你信心和恭敬心的放大鏡時，加持的火焰就在你心中燃起。」

為了加持的火焰能在我們心中燃燒得更猛烈，焚盡五毒的根苗，請再添上一把恭敬的柴。

壬午年七月初八
2002年8月16日

屍骨

短暫的夏天匆匆而過，漫無邊際的原野上已露出秋的痕跡。雖然夏末的花朵仍然頑強地挺立著，但卻怎麼也抹不去秋季來臨的蕭瑟。

距離色達十幾公里的亞龍寺旁，是盛夏季節鮮花最茂盛的區域。我和索頓一行興致勃勃地趕去，妄想在這裡找到一些夏日的尾聲。也許是精誠所至吧，零零散散的花兒強打著精神，裝點著氣數將盡的翠綠原野，居然也顯出了一點繁榮景象。

歡快的小溪似乎還沒察覺到封凍的臨近，哼著波爾卡般的曲調，沛然而下。流水聲與遠處牧民的歌聲、馬群的嘶鳴聲相和，組成了一曲輕快的多聲部迎賓曲，恭

候著我們的光臨。

同伴們開始生火燒茶，不便在一旁袖手旁觀的我只得溯水而上。離這裡不遠是一個著名的屍陀林，據說與印度的清涼屍陀林無二無別，有不少的鷹鷲千里迢迢從印度飛來。竹欽堪布菩提金剛的母親圓寂後，就是在此屍陀林天葬的。我想，這裡一定是空行聚集的勝地。

一具腐爛的犛牛骨架吸引了我的視線，不知何時、也不知何因它被棄置於此。令人窒息的惡臭吸引了逐臭的小生物們，各種小蟲附滿了整個骨架，令人厭惡，也讓我想起我的這付行將就木的臭皮囊。雖然明知終有一天我也難逃此劫，自己卻整日為這假合的身心勞碌奔波。這活生生的教材提醒了忘乎所以的我，如同花木飄零的秋季，如同奔流不止的溪水，如同身體強健的犛牛……世間的一切都是無常的老師，一種強烈的厭世心油然而生。我祈禱著十方諸佛及上空的空行們，祝願眼前的這些生靈能早日解脫。

時間不知不覺地過去了，遠處傳來了同伴們呼喚的聲音，太陽已將它一半的臉藏到了地平線下，我不得不揣著沉甸甸的心回去了。

壬午年七月初十
2002年8月17日

品味

我不喜歡口頭上的空頭支票，嘴上說得再動聽，若沒有將之融入自己的行動，即使你會講再殊勝的法，如果沒有通過修行品味到其真實的味道，到死時只是種下一些善根，對今生來世沒有多大的實際意義。

《華嚴經》云:「比如聾樂師，能令他眾樂，然自聽不見，不修法亦然。河中大海上，具船之舟子，能度載他眾，然自[illegible]其中，不修法亦然。比如糖甜味，說不能感受，咀嚼可品味。如是空性味，說不能感受，以修可品

品味

味。」可見，佛法的偉大也不在於停留在語言上，必須通過親修實證，才可品出其真正的涵義。

一些學佛人，參閱了許多經論及祖師語錄。可謂皓首窮經，博聞強記，但卻只停留在文字上，於消除煩惱無有絲毫幫助，這無異於說食數寶。本可用來解脫自他的佛法於這類人，只起到了滿足虛榮心的功效而已。

藏族也有一句諺語:「佛法僅僅知道不夠，必須修行；食物僅僅擁有不行，必須食用。」我們應放下萬緣，學以致用，日日夜夜品味法之勝味。既然手中掌握了通往解脫寶庫的鑰匙，就要想方設法打開這一寶庫的大門。

壬午年七月十一日

2002 年 8 月 18 日

出家

一名來自丹東的女大學生到我這裡來要求出家。看到眼前身材修長、面目清秀、正值青春韶華的年輕人，我想起了世間人對他們的種種不解，今天何不利用此機會打探一下她的想法呢？也可以此衡量她的決心。

「你為什麼要出家？很多人認為像你這種年齡的青春少女出家，無異於尚未怒放的花朵遭到了摧殘，是滅絕人性的，你對此有何看法？」

聽了我的提問，本來顯得十分靦腆的她彷彿打開了話匣子，滔滔不絕地向我傾訴起來：

「在很多人看來，在家可以滿足物質和精神方面的種種需求，比如：乘洋車、住洋房，還有他們一贊三歎的所謂愛情。為了這一切，他們付出了畢生的代價，然而卻往往事與願違。為了物質財富，即使絞盡腦汁，也不一定能滿足日益增上的貪欲。縱然腰纏萬貫，一呼百應，但又有幾人能不被牽累，來去自由，抽身于

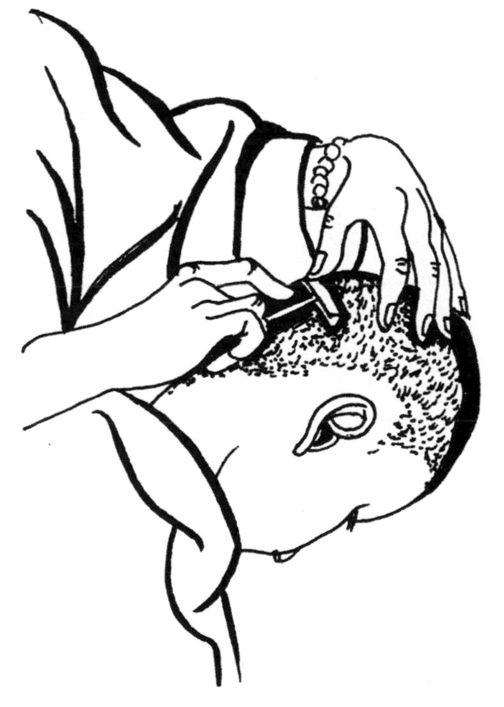

爾虞我詐的名利場?

再說所謂的世間情愛，又有幾對能真的相約到老? 大多數都只落得一拍即散、勞燕分飛的結局，能不反目成仇，已算是萬幸。這樣的在家生活真稱得上是幸福嗎?

出家不但不是滅絕人性，反而更能讓我們在修行中，找到真正的自我。人生最大的幸運，莫過於出家！」

聽了她的講訴，我釋然了。看來她不是處於一時衝動，而是經過認真思索才作出的決定。《大智度論》云:「孔雀雖有色嚴身，不如鴻雁能遠飛；白衣雖有富貴力，不如出家功德勝。」願我們都能擁有鴻雁翱翔滄溟，海闊天空的廣大胸襟，不要被孔雀沉重的華麗羽毛，拖累了我們遨遊法界天空的翅膀。

壬午年七月十二日
2002 年 8 月 19 日

嗡嗡

在藏族的謎語中，是這樣形容蜜蜂的：不是老虎卻有老虎的花紋；不是犏牛卻有犏牛的聲音；不是老鼠卻鑽老鼠的地洞。不管如何，在很多人眼裡，蜜蜂是辛勤勞作的象徵。

早上吃糌粑時，來了一隻大蜜蜂，不停地轉繞並發出嗡嗡聲。按照藏族的說法，如果一人被蜜蜂轉繞，就表示這是他中陰身的親人未得解脫，中陰法王開許其以蜜蜂之身來尋求善法。藏族人在此時一定會念一些觀音心咒、金剛薩埵心咒之類的咒語，以超度這些不甘的亡靈。

「你是我的哪一位親人呢？」回答我的是一陣「嗡嗡」聲，陰陽間的交流只能以這種方式進行，近在咫尺，卻無法以語言溝通，這是多麼的無奈！我無言以對，只有竭力念誦心咒、佛號，以告慰「親人」。

一些佛經中對此另有說法,《寶篋莊嚴經》中云:「大悲尊主觀世音菩薩至斯里蘭卡，見耶扣謀傑大城市糞便處住有成百上千種昆蟲，爾時觀音菩薩化為蜜蜂形象，發出嗡嗡聲，義為頂禮佛陀，其餘蟲類聽此亦隨念頂禮佛陀，從而以智慧金剛摧毀二十種薩迦耶見，終皆成菩薩，名為口香，往生到極樂世界。」「也許你是佛菩薩的化現，那麼請問您的『嗡嗡』聲包含何等密意？」回答我的仍是「嗡嗡、嗡嗡」。

無論它是前來求助的中陰身，還是普通的旁生，或者是諸佛菩薩的化現。我想，沒有比祈禱三寶更好的做法了。

無論我們在花園中觀賞五彩繽紛的鮮花，還是在草原上飽覽一望無際的原野，時常會碰到微小可愛的生靈，玩賞興奮之餘，不要忘記輪回眾生的境遇，更不要忘記怙主三寶的恩德。

壬午年七月十三日
2002年8月20日

見師

以歡喜心見上師，或聽聞上師名號後生起歡喜心有無量功德。能時時繫念上師，學佛的信心自然會增上。佛弟子在夢中、定中，若能見上師、見佛、見菩薩，是信心深固的明證。同時，有真實信心的，才會確信非佛法不能利濟自他。

具有法相的上師，至少是具足世俗行、願菩提心的菩薩，對如此菩薩無論以信心或以貪心目視，均有無量功德。《趨入定不定手印經》云：「譬如，將十方世界中一切眾生之雙目挖出，有人將彼等復原，或者將關於漆黑監獄中之十方世界一切眾生釋放，令彼等享受轉輪王或梵天之安樂，若有善男子、善女人以信心目視大乘信解菩薩，且讚頌之，則

福德勝過前者無數倍。」《聖者寶積經》中講述了商主之女勝德母，因對樂生菩薩生起熾火般的貪心，以致命絕身亡，以此果報，死後轉生三十三天的公案。

《百業經》中也記載了婆羅門子因見佛生喜，以此功德得以在十三個大劫中不墮惡趣，又於十三個大劫中轉生天人，享受諸樂，最後轉為人身，出家修持三十七道品，證得獨覺果位的公案。

由此可見，對總集三寶為一身的上師生起貪戀之煩惱也有很大功德，更何況以信心目視、供養上師？

上師是引領我們逃離痛苦淵藪、駛抵解脫彼岸的筏渡，是一切幸福的根源。不論你是快樂還是憂傷，時常以歡喜心面見或憶念上師，源源不斷的加持甘露就會灌滿你的心田。

壬午年七月十四日

2002年8月21日

天葬

古印度有八大天葬台，藏地也有難以計數的大小天葬台。喇榮西山也有一座遠近聞名的天葬台。方圓幾百里甚至遠至拉薩、昌都的信徒，死亡之後都會被親人用車、馬、犛牛將屍體運至此處天葬，這也反映了他們對上師如意寶的信心。

每天少則五、六具，多則十幾具屍體，先被運至大經堂門口，由學院僧眾超度後，再送往天葬台。

今天下午，雖然身體略有不適，但為了讓自己能再上一堂無常課，我還是與眾人一起去到了久違的天葬台。

好一幅壯美的風景圖！山風獵獵，吹拂著各色經幡；清清溪水，穿越著茵茵草地；

天　葬

雁陣悠悠，裝點著無雲蒼天。但這一切詩情畫意並不能掩蓋時而飄來的腐爛氣息。

屍體被紛紛運到，散亂地排列在一起。他們中有年老病逝的，也有英年早衰的，有男人，也有女人，甚至夭折的嬰兒。從服飾可以看出，他們分屬於貧富不同的家庭，但此時都平等地

還原為初來人世赤身裸體的樣子。

在天葬師的操作和鷹鷲的配合下，幾天前還是一個活蹦亂跳的生命，幾分鐘就被分食殆盡。

生命，雖然有極其驚人的求生能力，卻無法抗禦無常的降臨。無論富貴貧賤，無論年邁少壯。這是不以人的意志為轉移的法則。

有人懼怕屍體，不敢到屍陀林（天葬台）。米拉日巴云：「最可怕的身體就是活著的身體。」看看弱肉強食的社會，難道不比這裡更可怕嗎？

失去親人的人們默默地擦拭著眼淚，仍不能喚醒九泉之下的亡靈。

鷹鷲們展開翅膀，很快從視線中消失了。給我留下久散不去的悵然。

壬午年七月十五日
2002 年 8 月 22 日

捨眾

如果發了菩提心，則意味著無論眾生如何加害於我們，我們也不能有捨棄之心。

此話說起來容易，做起來卻困難重重。業障深重的人們常常令人失望，即使你對他恩深如海，他卻視而不見，甚至恩將仇報。這就會使一些菩提心不堅固的人心灰意懶，滋生出捨棄眾生的青苔，蜷縮進利己的蛋殼中，原本搖搖欲墜的菩提心，也在頃刻間化為齏粉。

金厄瓦曾想閉關，但又怕捨棄眾生，就帶著捨棄眾生界限的問題，專程趕到熱振詢問仲敦巴尊者。尊者回答說：「一旦你生起對此等眾生不饒益的心，就是捨棄眾生。眾生遭遇損害，甚至全部毀滅，自己也幸災樂禍。無論黑茶、白茶也不給，就犯了捨棄眾生

舍　众

罪。對自己周圍的眷屬，你盡心利益他們，換來的卻是仇視。這樣，你就會發願再不利益他們，就捨棄了菩提心。所以，即使對此等人，也應恒時以大悲心利益他，以善妙心攝持他。」

《大日經》云:「佛法以菩提心為正因，以大慈悲為根本。」與眾生樂，除眾生苦是我們義不容辭的責任，沒有任何附加條件。正如慈父不因頑子的難教而失教子之念，我們也不能因眾生的難度而懈度生之心。即使阻礙重重，即使道路崎嶇，也要沿著利益眾生的道路披荊斬棘、勇往直前。

如果你已視某人為仇敵，那麼就應捫心自問，自己相續中是否還具有菩薩戒?

壬午年七月十六日

2002年8月23日

貧富

一位居士向我感慨道：「您經常教育我們要放下對金錢的貪戀，但我在修行當中卻時常感受到金錢的必要性。有錢可以供養僧眾、有錢可以救護生命，有錢可以印刷經書，有錢可以賑災救難……我們不能礙口識羞地否認金錢的利益。所以，有錢還是必要的。」

聽了他的一番話，心裡有種說不出的滋味。世人可以讚美清貧，卻不會謳歌貧困。「心依於法，法依於貧，貧依於死，死依於壑」的觀念，是不可能被世人接受的。我不否認金錢的作用，但這種作用是極其有限的，它不能給世間人帶來思索、創造、欣賞的樂趣，更不能給修行

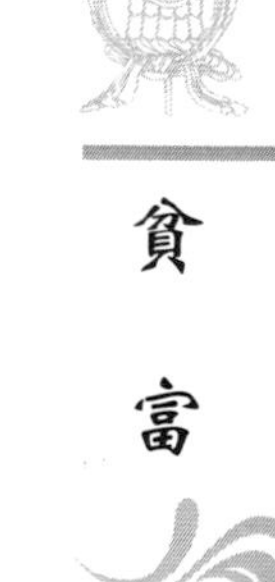

人帶來究竟的解脫。

米拉日巴是著名的窮光蛋，連強盜光顧他的山洞，也找不到可以帶走的一針一線；石渠求學時期的法王如意寶也是身無分文，每天僅以分得的少許優酪乳果腹；六祖慧能在五祖身邊時，也不過是囊空如洗的碓米和尚。他們卻證悟了鑽石也折射不出的光明；積累了有錢人做夢也想像不出的功德；成就了金錢無法交換的事業。他們以有目共睹的事實，睥睨著世間對功名利祿的盲目推崇。

世人云：「窮則獨善其身，達則兼濟天下。」但是，修行人若能在靜處發無偽菩提心，不僅可以利益自己，一樣可以利益眾生。

以清淨心意幻供養諸佛菩薩，遠遠超過了以染汙心供養世間七寶的功德。對上師最上等的供養不是財物，而是修行。

古詩云：「夢裡堆藏總是金，一場富貴喜難禁。枕頭撲落忽驚醒，四壁清風無處尋。」不要被金錢所帶來的一些表像迷住了雙眼，滾滾紅塵中的富貴名利終究是南柯一夢。何苦於為了金錢而投機鑽營，浪費了這萬劫不復的人生？

壬午年七月十七日
2002年8月24日

鬥牛

今天，一位客人送我一本畫冊，雖然對攝影一竅不通，但為了不辜負別人的好意，只得胡亂翻看翻看。忽然，一幅令人觸目驚心的畫面跳入了我的視野。

那是一幅鬥牛的場面，一位身穿白衣的男子，正與一頭公牛進行著生死的決鬥。牛的身上已經鮮血淋漓，飛濺的血染紅了男子的衣服，他們的眼中都露出令人心悸的寒光。我看了看標題，名為《力與美的較量》。我不知道為什麼會起這個名字，我實在從中看不出有什麼「力與美」，映入我腦海的全是殘忍、恐怖、野蠻等字眼。

據說，鬥牛源自於克里特島的米洪斯文明，是西班牙人最推崇的一項競技性表演。無數的文學家、藝術家們，都各展所長，以不同的方式對其進行渲染。眾所周知的，如梅里美撰寫的小說《卡門》，以及比才以其為主題創作的舞曲《西班牙鬥牛士》，已成為人們心中西班牙的象徵。

在很長一段時間，鬥牛士成了英雄的代名詞。在鬥牛場上獲勝的「勇士」，用

自牛身上摘下的花結奉獻女人的示愛方式，被很多女人視為最高的榮耀。欣賞殺戮的過程，成為眾人心目中一種高雅的樂趣。一想到這些觀念仍殘存在人們的腦海裡，這種殘暴的場景還在上演，並被人們津津樂道，我就有種針刺般的疼痛。

這些可憐的牛成了供人消遣的道具，上場的牛必將死亡，絕無逃脫機會。曾經，它們中的一員「企圖」反抗，用犄角穿透了鬥牛士伊約的心臟，令伊約當場殞命，最終它也逃脫不出陪弁的下場。它的頭被送至博物館，成為供人們觀賞的戰利品，以宣佈人類的最終「勝利」。

曾經有一位義大利的神甫，為了阻止人們的暴行，不顧自己的安危，在鬥牛場上苦口婆心地勸說人們放棄這一滅絕人性的行為，被失去理智的人們用亂石砸死，沸騰的鮮血映紅了冰冷無情的鬥牛場。

神甫的死終於引起了人們的反思，該項活動被停止了一段時間。雖然我已記不清這位神甫的名字，但他在鬥牛場上上演的英勇一幕，將永遠銘刻在我以及稍有良知之人的記憶裡。

我無意貶低西班牙人，鬥牛也不是西班牙人的專利。我之所以冒天下之大不韙，只是想告訴人們，以其他眾生的生命來換取快樂、尋求刺激、填補空虛，博得英雄的頭銜、女人的青睞，實在是黑白混淆、善惡顛倒，愚昧而又荒唐的舉動。最終孰勝孰負，因果自有決斷。任何一個殘殺生命，或為之歌功頌德的人，終將逃不脫閻羅無情的宣判。

如果有機會，我願追隨神甫的腳步！

壬午年七月十八日
2002 年 8 月 25 日

眼識

人們習慣於讚美日出日落。儘管日心說已誕生500年，太陽從地平線升起、隕落的觀念仍在人們的心中揮之不去。即使在讀小學時，老師再三地告訴他們，不是太陽圍繞地球旋轉，而是地球的自轉導致了日出日落的假像，但人們似乎更相信自己的眼睛。

如果你再告訴他們，不僅日出日落是錯覺，而且眼中所見的日月星辰、山川大地均是幻象時，他一定會張大雙眼，並考慮是否將你送進瘋人院。

無始以來，人們執著於自己的眼睛所看到的東西，認為是實有，從而產生貪嗔癡等染汙意識，並建立了自己心中固有的世界觀。一旦看到佛教中關於世界觀的提法、關於佛刹的種種描述，立刻會用自以為證據確鑿的現量眼識加以否定，並有更多的人簇擁左右為其搖旗吶喊。這種自以為是的行為，實在無異于井蛙之見。

《三摩地王經》云:「眼耳鼻非量，舌身意也非，若此為正量，聖道復益誰？」說明了凡夫的眼識不是究竟的。在你眼前一名活生生的美女，

若詳細觀察，不僅可將其粗分為皮、肉、骨、血，甚至可分至無分微塵，並最終抉擇為空性。這個「大膽」的觀點，一定會讓很多世間人大跌眼鏡，然而它卻是放之四海而皆準的真理。

如同牛不僅是色盲，而且在它眼中，所有的東西都是橫著的。鵝看一切東西，都比實際的尺寸小，才導致了它不可一世的個性。在昆蟲的複眼裡，世界一定又是另外一番模樣。六道眾生、菩薩與佛陀觀察世界所得出的結論也是大相徑庭的。所以，眼見為實的觀點怎麼會是究竟的呢？

千萬不要相信自己的眼識！

壬午年七月十八日
2002年8月26日

羚羊

從收音機裡聽到一則消息：一條殺屠絨（音譯，即為藏羚羊絨）製成的披肩，在義大利時裝市場，可以賣到十幾甚至幾十萬美圓。聽了這則使不少屠夫商人心跳的消息，不由得令我憂心忡忡。在高額利潤的引誘下，必然會有膽敢以身試法而為之效勞的「勇夫」。不論法律如何禁止捕殺，藏羚羊終究擺脫不了被殺的命運。

在廣袤靜謐的藏北草原，藏羚羊自來與人類和諧相處，世世代代無憂無慮，安享天年。突如其來的厄運使它們手足無措，柔弱的藏羚羊豈能與手持武器的人類抗爭？

我們可以想像這樣的一幕，奄奄一息的藏羚羊靜靜地躺在草原上，哀望著漸漸模糊的草原，送走此生最後一個夕陽。耳邊是殺手們肆無忌憚的笑聲，他們正為即將到手的鈔票慶賀著。它就在這樣的痛楚與仇恨中咽了氣。在通往中陰的路上，殺手的面孔和笑聲將在冤屈的神識裡久久縈繞，無法消散。

那些銷售與購買披肩的人們，怎能不意識到，在高檔時裝的背後是堆積如山的藏羚羊頭骨，每一條披肩上面都遊蕩著藏羚羊的靈魂。披著這樣的披肩怎能不戰慄、不膽寒，怎能心安理得？

索南達傑為保護藏羚羊而被人謀殺，殊不知那些暗自慶倖的人們正因此而謀殺了自己的天良；謀殺了自己的今生來世；謀殺了自己的解脫慧命。

這一切只是人類殘忍發展史中的一段小小篇章，若任由這種獸行繼續，甚至為其推波助瀾，滅絕地球也只是彈指之間。又有多少人會在乎藏羚羊或某種動物將在極短的時間內，將從人類的視線中消失呢？

天網恢恢，疏而不漏。六道輪回，滄海桑田。誰能斷定自己下世不會淪為畜生？誰能逃脫因果的定則？人類為了滿足錦衣玉食的需求，必將付出綿長的代價。

令人稍感欣慰的是，保護動物的意識，已經在一些人的心中生起了苗頭。酷愛狩獵的英國查理斯王子，因為一張屠殺野鴨的照片，在西方輿論界引起了一場軒然大波，也使捕獵者的囂張氣焰有所遏制。

我期待著遍地羚羊的景象能在藏北草原上重現，但願這美好的願望，不會變成一場黃粱美夢。

壬午年七月十九日
2002年8月27日

故鄉

人人都眷戀、讚美自己的故鄉。漂泊海外的遊子盼望葉落歸根；學有所成的成功者期待衣錦還鄉；即使毫無建樹的普通凡人，無顏見江東父老的失敗者，也會癡心不改地對故鄉吟唱著：「只有風兒，捎去我的一片深情。」無論與故鄉間隔千山萬水，蟄伏的鄉戀情結，始終揮之不去。

一想起生養我的宗塔草原，我的心中就會泛起陣陣漣漪。故鄉的山山水水，恰似「遮不住的青山隱隱，流不斷的碧水悠悠」，總會將我帶向悠遠、縹緲、無法言傳的世界。

對於修行人而言，這種情結恰恰是必須斬斷的。無

垢光尊者提醒後人:「故鄉是最究竟的監獄，要斷除對它的執著。」對故鄉的貪執就是永處輪回的因，一切痛苦的源泉。「人生要識本來面，莫把他鄉作故鄉。」此生的故鄉，只不過是寄居肉體的客棧，輪回長路的驛站。具有遠見卓識的人，決不會被故鄉的山水，擋住尋求解脫的雙眼。

「月是故鄉明」，但對修行人而言，這個「故鄉」不是指地理版圖上的故鄉，而是究竟的故鄉、家園——心的本來歸宿，本來面目。

我們已找到回鄉的路，何時才能回到真正的故鄉呢?

壬午年七月二十日

2002年8月28日

真賊

一位尼姑愁眉苦臉地向我講述家中被盜的情況。看到她痛苦不堪的樣子，我一邊想法為她解決生活上的暫時困難，一邊用輕鬆的話題安慰她。

我告訴她，有一樣東西就有一樣東西的煩惱，家徒四壁，室無長物，並不一定是壞事。我這樣說並不是站著說話不嫌腰痛，而是有切身體會的。

記得有次，別人從國外給我帶來一節上等布料。之後很長一段時間，每當看到放在桌上包裝精美的布料，我就會浪費一些時間思考如何最佳地利用它，直到有一天它落入樑上君子之手。看到空空如也的桌子，反生如釋重負之感。

前段時間，因為不堪房間東西繁雜，尋找資料困難的重負，我將暫時不用的書籍和日用品瓜分與人。看到整潔而又條理有序的房間，我長長地舒了一口氣。

如今，賊主動承擔了整理房間的義務，我們理當心存感激之情。

但是，對另外一種狡猾的賊，就要處處提防，不要給他一絲鑽空子的機會。那個可怕的賊，就是煩惱大賊。

普通賊看重的只是蠅頭微利，只能暫時給我們的生活帶來不便。煩惱賊虎視眈眈的，卻是我們解脫的大安樂，它偷走了我們的智慧之劍，蒙蔽了我們的雙眼，使我們沉溺於輪回泥潭……煩惱賊的罪過可謂罄竹難書。

我們常常對偷走物品的小偷咬牙切齒，卻對煩惱大賊熟視無睹。當我們明白了二者的危害孰輕孰重後，就知道誰是我們更要瞪大眼睛防護的真賊了。

壬午年七月二十一日

2002年8月29日

蜘蛛

剛從睡夢中驚醒，就想起麥彭仁波切在《贊供文殊燈》中提到的，在文殊像前供燈有很大功德的內容，連忙將熄滅的酥油燈點亮。翻開《茗山夢遊記》，忽見牆上趴了一隻大肚蜘蛛，正拼命地往上爬。

我所見的蜘蛛有兩種，一種是夏天較多，喜在角落結網，然後在網上守株待兔，以黏附在網上的小昆蟲為生，性格詭計多端的「夏蜘蛛」。一種是秋天特多，不會殺生，以土糞為食，與夏天的蜘蛛相比較為遲鈍的「秋蜘蛛」。它，屬於第二種。

我決定與這個小傢伙開開玩笑。「老蜘蛛，你這樣奔波究竟為何？你應該觀觀無常，外面秋意漸濃，已開始降下白霜。雖然屋裡暫時溫暖，但屬於你的時日已經不多。死神即將來臨，你為何還如此安然？」

聽了我的話，老蜘蛛停下腳步，昂起頭，不屑一顧地對我說道:「名相上的修行人，口中講的總是那麼漂亮。你為何不反觀自己，你的兩鬢早已斑白，牙齒也開始疏鬆，眼望著大雁一次次南飛，手觸著春水一回回轉寒，卻不知好好修行，你的無常修

得可真好啊！」

我用不滿的語氣反駁道：「你嘴裡說著不清淨的話，挺著一個肥碩的肚子，不知偷吃了些什麼，你這個貪嗔癡俱全的傢伙，有什麼可得意的？」「我肚子雖大，裡面只不過裝了一些土糞，你們整天貪著信財、亡財，卻不知憶念回向。你們的肚子真是填不滿的無底洞啊！」

聽完它的狡辯，我不由得羞愧難當、啞口無言，只有撲哧一笑而為自己解嘲。儘管它身為旁生，內心卻一點也不遲鈍，甚至比很多自詡為智者的人心裡更清澈啊！

無地自容的我為了早點結束這種尷尬場面，只有裝模作樣地說道：「既然你轉為旁生，我不能幫你做別的，給你念一些佛號吧。聽聞佛號有不可思議的功德，你應仔細聆聽。《涅槃經》云：『四種法為涅槃之近因。一者，親近善友；二者，專心聽法；三者，憶念思維；四者，如法修行。』」

聽完我的話，蜘蛛不再調皮，它發出細微的長鳴，身體緊貼板壁，似乎在豎耳恭聽並表示感謝。我為它念了寶髻佛、釋迦牟尼佛等佛菩薩的名號後，它顯得心滿意足，稍事休息後，沿著板壁悠緩地上行而去。

壬午年七月二十二日

2002年8月30日

吸奶

在短暫的一生中，需要學習的知識太多。從廣的方面講有大小五明，世間的科學知識、電腦、外語等等，可謂不可盡數。即使夜以繼日、目不窺園地窮盡一生，即使上知天文、下知地理，博覽群書，學富五車，也僅能嘗到茫茫知識海洋中的一滴水。

要精通佛教中的五部大論，也需要花費幾十年的光陰。所以，抓住要點、提綱挈領，按照上師教言修持極為重

要。阿底峽尊者在《訓導詩》中講道:「人生苦短,需要學習的知識無邊無際,一輩子也學不完。我們應像天鵝從水中吸奶一樣,從許多法中找到精要而進行學習。」

如同格魯巴以宗喀巴大師的《緣起贊》作為修學的重點;噶當巴以無常為主修課程;寧瑪巴專注於大圓滿的境界。任何一個人修行,都應找到與自己根基相應的法,然後一門深入地苦修。

無垢光尊者曾說:「學問如天上的星星一樣眾多,如何學也學不完。因此,擁有人生時,應修持獲得法身果位的法。」

剩下的時光已經不多,將主要精力放在殊勝意傳加持的大圓滿上,從而獲得普賢王如來的本體,難道不是很重要嗎?

壬午年七月二十三日
2002年8月31日

比較

與精進的人比較，懶惰的人即使在清淨道場熏習多年，其收效也微乎其微。如同《水木格言》所說:「多聞若未實修，則於自心無益，百年住於水中，石性乾燥而存。」然而精進的人卻能在很短的時間內，積集眾多的資糧。

今天一位漢族喇嘛向我彙報最近的修行成績。他在一年九個月零二十三天中，磕長頭一百萬，並同時念誦法王如意寶祈請文:「自大聖境清涼五台剎，文殊意之加持入心間，祈禱晉美彭措師尊足，加持密意傳承得證悟」的偈頌一百萬遍。在此期間，他幾乎一直持守禁語，還背誦了很多經論。

記得一年前他發願時，我並不是很在意，每天在我這裡發願的人不計其數，但往往很多人在發願後，就將所發之願包裝起來並束之高閣。等到再想起來時，各種時機因緣早已坐失。所以，我往往對別人停留在口頭上的誓願持保留態度。他卻能

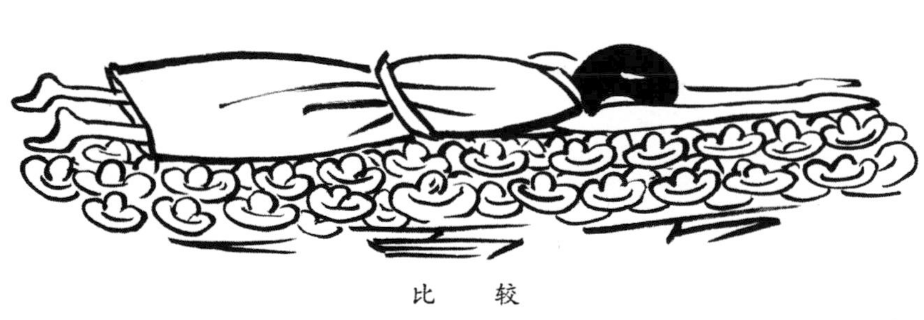

比　　较

按所發之願踏踏實實地實修，這種精神是彌足珍貴的。能有這種精神，又有什麼願望不能成辦呢？

有的人學佛很多年，求了很多灌頂、傳承，自以為了不起，卻連五十萬加行也沒有完成，更遑論在一年多的時間之內，完成如此之多的數量。為了修行，連自己的閒暇都不願捨棄，又何談所謂的眾生利益，所謂的菩提心呢？

時光飛逝如電，回想在此之前的一年九個月零二十三天，我們又做了些什麼？與這位漢喇嘛相比較，豈能讓我們不生慚愧之心？好好把握住以後的每一天，不要再讓它空過了。

壬午年七月二十四日

2002年9月1日

秋感

雖然明知道盛夏已經過去，柔弱的花朵們正承受著風刀霜劍的襲擊，草原上已不復有欣欣向榮的景象。但骨子裡對夏日的眷戀，再一次將我驅趕到了縣城附近的金馬草原，希望能以我的誠心感動上蒼，借我一根韁繩，羈住夏日逃逸的腳步。

和我做著同樣美夢的還有齊美仁增和諾爾巴。上天很善待我們，天格外地清澄，發出藍寶石般的光芒，沒有一絲瑕疵。難怪古印度的大德，會以秋季的天空形容清淨的心性。天地廣袤無際，極目遠眺，怎麼也找不到天地接壤處，令人發出「秋野共長天一色」的長吟。

旁邊的一堆瑪尼石，讓

我馳騁的心又回到了每日在石頭上鑿刻觀音心咒的少年時代。有一塊石頭上的心咒刻得特別深，鑿刻的人一定花了不少功夫。他的手是否也像我當年一樣起泡了？龜裂了？凍僵了？

草原上一種頑強得令人動容的小花，在已泛出些許金黃的大地上，鋪天蓋地地挺立著，吸引著色彩斑斕的蝴蝶穿梭其間，慰藉著我們因無常而傷感的心。水中不知情的魚兒漫無目的地遊蕩著，令我生起一種衝動，想以我的體溫捂暖這日漸趨寒的溪水，讓這些生靈不用感受冬日的嚴寒。大自然提醒我，生命只是荷葉上的一顆露珠，短暫的繁榮終將過去，面對這無常的大教室，我情不自禁地發出感歎：

盛夏紅橙黃綠紫，秋成槁木終飄逝，蜜蜂蝴蝶舞翩蹮，怎敵三日風霜劍？如今少壯空蹉跎，轉瞬惆悵韶光失，萬法本性皆無常，惜取寸金汝莫遲。

壬午年七月二十五日
2002年9月2日

關懷

上師今天在課堂上告訴大家：有一位聞思修行很精進的出家人，最近生病無錢醫治，希望大家能對他伸出援助之手。很多修行人，在求學的過程當中都會顯現各種困難，我當時在石渠求學時也是這樣。如果能在此時給予一些關懷，遠遠勝過順境時的錦上添花。過去學院人不多時，我都儘量在財物上給予幫助，現在學院人太多，想一一幫助也力不從心了。

聽了上師的話，我想這位修行人一定會在上師的加持下，得到大家很好的照料。作為上師的弟子，能在身處逆境時，感受到上師的關懷，內心湧起的那一份感激，一

定也是刻骨銘心的。對此，我深有感觸：

記得84年我剛到學院時，由於家人的不理解，我得不到物質上的周濟，生活十分拮据。上師將喇嘛經堂旁一間關山羊的屋子借給我，使我暫時安頓下來。他老人家從新龍回來時，給了身無分文的我50元錢，這對於當時的我，簡直就是一筆天文數字，我得以依此維持了很長一段時間的生計。

藏曆年到了，道友們都置辦完年貨，開始團聚一堂，歡度節日。我因為初來乍到，人生地不熟，沒有可去之處，只有小小的一口袋糌粑陪伴著我。想通過看書驅趕心中的那份淒涼，但書上那一串串單調的符號怎麼也融不進內心，懷揣著鬱悶的心情走上了對面的山坡。山下，快樂的人影在晃動，快樂的笑聲在飄蕩，但這些都離我那麼的遙遠，只有揮之不去的孤獨亦步亦趨。

忽然，一個熟悉的身影映入了我的眼簾，上師的妹妹阿裡美珠端著一個盆，步履艱難地走進了我棲身的小屋。當她出來時，盆已經不在了。

好奇的我三步並作兩步，迅速回到家中。剛推開房門，就受到滿滿一大盆油餅和包子的熱情迎接。

滿滿的一大盆啊！

我的眼睛潮濕了，我可以過一個豐盛的年了！我擁有的不僅是油餅和包子，更重要的是來自上師的關懷。我用這些美味宴請了一個叫仁增尼瑪的喇嘛。雖然幾天後，這些美味吃完了，但上師的關懷，卻一直伴隨著我度過了那段艱辛窘困的日子。

壬午年七月二十六日

2002年9月3日

沉默

人人都希望有很好的談吐，於是拼命地練習口才，以備將來能在人前施展，從而贏得豔羨的目光。殊不知，語言往往會招致大禍。

戰國時期的蘇秦因具有遊說六國、合力抗秦的口才，才引起齊人的擔心而招來殺身之禍。古人常常告誡別人：「禍從口出，而口則有唇，合之可以防禍也。」語言如風，無足而行，無翼而飛，出言不當，駟馬不能追。先聖們都奉行「當言而懼，發言而憂，如蹈水火臨危險也」的古訓，我們更應閉住自己的雙唇，不要讓它招致是非。

往往動筆，都是在深思熟慮之後；但常常在言語脫口而出之後，人們才會思維這句話的對錯。所以，古人才會總結出「意在筆先，慧生牙後」的精闢結論。

作為修行人更是應自顧

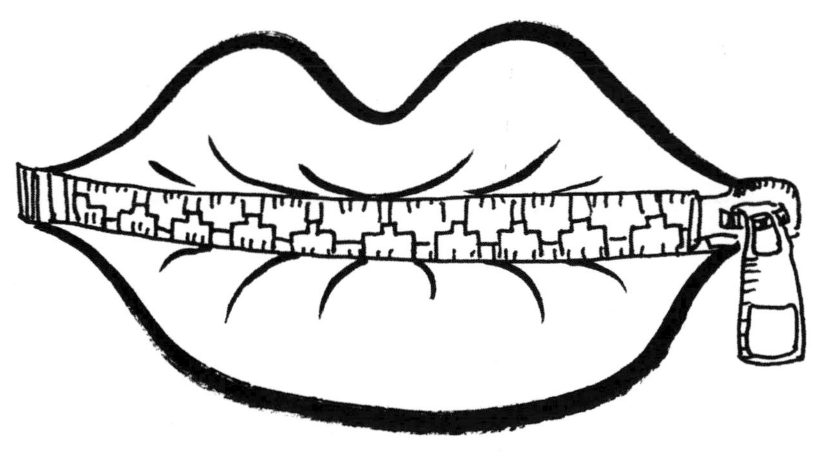

調心，莫道他人短長。若是為了引導眾生趨入正法，可以適當地說一些柔和語、具義語。在其他情況下，就應管住自己的嘴。寡言少語，無人認為你愚笨；若乘興而談，總會露出自己的淺薄。《維摩詰 經》云:「防意如城，守口如瓶。」我們天生的兩隻耳朵、一張嘴，就是讓我們要多聽、少說。

當你不知道說什麼時，千萬不要信口雌黃，沉默是最好的語言。

壬午年七月二十七日
2002 年 9 月 4 日

日程

我是一個很貪婪的人，貪婪的主要對境就是書和傳法，我的絕大多數光陰也都耗費於此。

每天早上四點，我就不得不從舒服的床上起來，例行的供養、念誦之後，就要為當天所講的《大圓滿心性休息大車疏》、《竅訣寶藏論》，以及上師講解《賢愚經》的同步翻譯作準備。五點多稍作洗漱，喝一點糌粑湯，就振作起即將衰竭的精神，拖著不聽話的身體，步履緩慢地離開家，前往講課的小屋。

六點到八點上課，八點到八點半是規定的接待時間。每天，排著長長隊伍的人們仿佛有傾訴不完的喜怒哀樂。我這顆易動的心，也隨著談話內容的起伏，時而上升，時而下降。為了盡力滿足每個人的要求，接待的時間總是會超過預定的半小時。之後，是半小時的治療時間，我這不爭氣的背總是佔用我寶貴的光陰。當我正想看一點書，《賢愚經》的翻譯已經在等候著我了。直到十一點半，我才能回家喘口氣。

往肚裡胡亂塞點東西，我就開始了每天的翻譯與寫作工作。目前翻譯的法本有《札嘎山法》、《蓮師刹土雲遊記》、《大圓滿心性休息大車疏》密宗部分，寫作的部分包括《破除邪說論》以及每天的日記，常常因為懶惰，我於第二天才將前一天的日記補上。每當我在院子裡休息的時間超過十分鐘，我都會後悔半天，譴責自己浪費了太多時光。為避免別人不必要的造訪，我緊緊地關上了院門，並拔掉電話線。直至晚上十點半，在完成了必需的念誦之後，我才能夠鑽進被窩，開始享受遨遊夢境的閒適輕鬆。

別人送給我的很多精美食品，我也常常無暇顧及，有佈施與人的心，卻沒有佈施的時間，只有眼睜睜地看著它們過期變質。

也許有人認為我這樣顯得過分執著，但一想到如果有一天自己離開人世，留下來的法本或許還能繼續利益眾生，我翻譯和寫作的腳步就怎麼也不能停息。

壬午年七月二十八日
2002年9月5日

燃指

有一位尼姑，來學院已經一年多時間，十分本分老實。今天，見她少了一根手指，問她緣故，方知是燃指供佛的結果。

她告訴我:「我的家鄉在海邊，受父輩的影響，我常常與人一起捕魚撈蝦。海中有的魚類幾乎與人一般大小，我也毫不忌諱。不論大魚小蝦，從不軟手，因而造作了很多惡業。出家以後，想起往昔所造的種種惡業，心裡十分後悔，不知如何償還。

三年前，當我在《楞嚴經》中看到以自身供佛的功德後，仿佛在黑暗中找到了一線光明。我毫不遲疑地發願：我要在三聖寺佛像前，以燃指供佛。

我先用線緊緊地纏住手指，讓它血脈不通，血液自乾，纏指的滋味苦不堪言，但為了能供佛，我咬緊牙關挺了過來。第四天，當我拆開捆線，用刀子切開手指時，疼痛的感覺已然消失，只看見裡面黑糊糊的、已經凝固的血液。我在手指上塗上油，點燃了手指……當燃到中途時，別人都因害怕而竭力勸阻，我不得已只好暫時停止。第二天，我才偷偷地燒完了整個手指。

寺院的方丈認為我精神

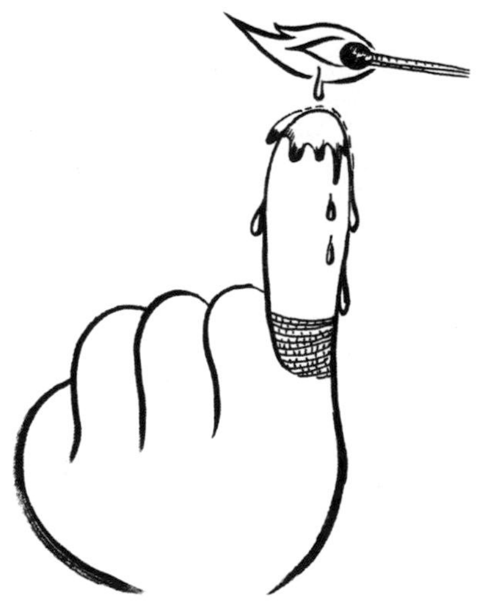

有問題，想將我趕出寺院。我告訴方丈，不是我精神有問題，而是自己業障太重，不知如何懺悔清淨，才燃指供佛，以除罪障，方丈才勉強同意我留下來。

後來我在其他寺院待了一段時間，最終來到了學院。」

聽了她的講述，令我想起近代詩僧八指頭陀，在阿育王寺佛舍利前燃指供佛後，曾寫的《自笑詩》:「割肉燒燈供佛勞，可知身是水中泡，只今十指唯餘八，似學天龍吃兩刀。」從字裡行間，可見其視肉身為泡影的無畏氣概。對此，我一直十分佩服。今天看見身邊的道友能有此行為，怎能讓我不讚歎、隨喜?

有的人認為，密宗是不許損害五蘊的，燃指供佛不是自殘身體嗎? 其實，在了知身體本來清淨的前提下，為了懺悔業障而燃指供佛，與密宗的見解並不相違。不損害五蘊是指不能侮辱自身，燃指供佛是消除貪心的一種修行方式。某些經典中對損害身體予以遮止，是因為考慮到凡夫地眾生在感受痛苦後，容易生起後悔之心，從而毀壞善根的緣故，其實二者並不矛盾。那些對身體的每一部分，包括頭髮、指甲都執著無比的人，難道就是守持密乘戒最好的弟子嗎? 非也!

壬午年七月二十九日

2002年9月6日

嫉妒

嫉妒是極其普遍而又殺傷力極大的一種心理活動。

女人嫉妒別人的美貌，男人嫉妒別人的才華，兒童嫉妒別人能擁有夢寐以求的玩具，餓鬼嫉妒他人手中的食物……林林總總，無所不嫉。先哲們才會總結出「槍打出頭鳥」、「木秀於林，風必摧之；堆出於岸，流必湍之；行高於人，眾必非之」等流傳千古的言教。

薩士比亞筆下的奧賽羅，因為懷疑妻子的不忠，妒火中燒，殺了妻子與假想的情敵後，自己也同歸於盡；「羽扇綸巾，談笑間，檣櫓灰飛煙滅」的周公瑾，因嫉妒諸葛亮的才華，在發出「既生瑜，何生亮？」的感慨後，鬱悶而死。他們的死引起後人諸多哀歎，但又有幾人能拍著胸脯說奧賽羅與周瑜身上沒有自己的影子？

修行人當中也是這樣，當別人得到眷屬弟子的擁戴；

當別人得到上師的器重和青睞；當別人被人稱讚持戒清淨、智慧超群、證悟圓滿時，總有一些人的心裡會有一些無形的蟲子在啃噬。甚至，這種情緒在一些嫉賢妒能的卑瑣小人身上會衍生成憎恨，表現在行為上就是給對方以莫須有的人身攻擊。最「好」的結果是兩敗俱傷。也許，勞神費力半天，不但不會給別人造成一絲傷害，自己卻會被人們視為跳樑小丑。要知道，在嫉妒的戰場上，只有失敗，沒有戰利品可得。既然如此，我們為什麼還要抓住嫉妒緊緊不放呢？

嫉妒是可怕的惡魔，它能吞噬人的理智；嫉妒是燃燒的火焰，它能焚盡智慧的苗芽；嫉妒是兇猛的烈日，它能蒸發慈悲的甘泉。

趁它還沒有徹底毀滅我們之前，趕快把這萬惡的禍根趕出去！

壬午年七月三十日
2002年9月7日

雞頭

今天，一位來自天津塘沽的出家人告訴我：「我的家鄉靠近海邊，祖祖輩輩都是漁民。我不信佛教的時候，跟著家人造作了不少殺業。當地有一種陳年老規矩，每當逢年過節的時候，家家都會宰殺一隻雄雞，並用雞頭供奉天尊、海神、觀音娘娘，祈禱他們保佑全家平安、財富圓滿、身體健康。現在想起來，心裡十分後悔。」

聽了他的話，另一位居士也告訴我，在他的家鄉，每當清明為祖先掃墓的時候，都會殺雞、宰鴨，用生靈血肉供奉祖先，以示孝敬。如今，此等風俗比比皆是，在攀比心理的作祟下，此風越刮越烈，屠殺悲劇此起彼伏，大家早已司空見慣，不以為奇。這一切，都是婦孺皆知的事實，絕非危言聳聽。

真是愚昧、無知之舉！

藏地黑教興盛的時期，也有以剛宰殺的鮮腥動物血肉，供養天尊的行為，因此殘害了無數眾生。現在的藏地，這種公開的荒唐行為已經被制止了，想不到在漢地佛教興盛的地方，仍有這種惡習殘存。

經書中一再提到以燈、香、花鬘、世間七寶或意幻

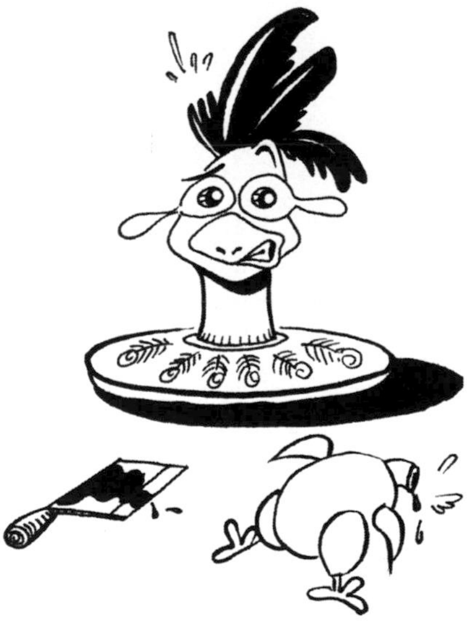

供養佛陀的功德，從未提及以眾生之血肉供養的內容，不知血肉供養的傳承由何而來？莫非是魔的加持？

華智仁波切曾說:「菩薩視眾生如子，豈能以子肉供母？」以眾生之血肉供養佛菩薩，如同以兒子的血肉款待母親，是對佛菩薩最大的不敬。發起殊勝的菩提心，盡力饒益眾生、不傷害眾生，就是對佛菩薩最大的供養。

《一切智光明仙人慈心因緣不食肉經》中也說:「寧當燃身破眼目，不忍行殺食眾生。諸佛所說慈悲經，彼經中說行慈者。寧破骨髓出頭腦，不忍噉肉食眾生。如佛所說食肉者，此人行慈不滿足。常受短命多病身，迷沒生死不成佛。」視殘害其他生命為孝敬，是實實在在的邪見。以此行為報答祖先，不但不能使祖先受益，反而增加其罪業，自己也必將承受殺生的果報。

如果想成為真正的孝子或佛教徒，一定要遵循因果的規律，千萬不要反其道而行之！

壬午年八月初一
2002年9月8日

生厭

上師今天講《賢愚經》中的微妙比丘尼品。

因為前世貪戀、嫉妒、撒謊等罪業，微妙比丘尼在此生承受了丈夫被蛇殺死、病死、被砍頭，兒子被大水沖走、被惡狼吞食、被殺死，父母等一家老小被大火燒死，自己被活埋、吞食自己兒子等一系列的厄運。最終因前世供養聖者的善業，在佛陀的教化下出家，並證得阿羅漢果。

公案講完後，上師在課堂上殷切地告訴大家：通過公案，向我們揭示了世俗生活的種種危害。戀人間的卿卿我我，家庭中的魚水之歡，如同山澤中燃燒的大火，具有吞噬一切的能力，我們一定要引以為戒啊！

人因為貪戀，便會患得患失，以至於生起嗔心，互相殘殺，最終墮入三塗，永無出期。家庭生活比牢籠更

能讓人痛苦不堪。我們應看清世俗生活的真相，以此公案為借鑒，對世俗生起真實的厭離心。

我們很多人都有與微妙比丘尼相似的經歷，都感受了世間生活的酸甜苦辣。「亡羊補牢，為時未晚」，我們今天有幸能聞聽到正法，也應效法微妙比丘尼，將世間的悲苦化為修行的動力，這就是佛陀為我們講述此公案的目的。

如果你沒有看過或已經忘記了這段公案，就請翻開《賢愚經》吧，你一定會從中有所收穫的。

壬午年八月初三

2002年9月9日

衛生

說起衛生，誰也不能作出一付超然的態度。

大至整個國家的環境衛生，小至家庭及個人衛生，都與我們每個人息息相關，愛護自己的生存空間，是每個人不可推卸的責任。

現在一些大城市的人，整天忙於衛生、打扮，每天洗臉化妝都會花費三四個小時，將大好的寶貴光陰白白浪費，實在是可惜。

而有的修行人又走到另一個極端。認為打掃衛生耽誤時間，不洗衣服不洗碗，整日蓬頭垢面，家裡如同狗窩，佛堂滿布灰塵，還自視境界很高。不但給自己的健康、壽命帶來障礙，也讓其他人生起邪見。

如果你是一名遠離世間、獨自修行的瑜伽士，你盡可以隨心所欲。如果你尚未證悟等淨無二的境界，拋不下與人相處的環境，尚在紅塵中打滾，那還是有所顧忌好

一點。

在小乘戒律以及密乘事續部中，都再三強調沐浴、衛生的重要性。講究衛生，對我們的修行和健康都有很大的益處。

五明佛學院是聚集了幾千人的大家庭，喇榮溝是前輩成就者修行過的聖地。我們更應愛護這裡的環境，使其成為聞思修行的最佳場所，讓我們能更加舒心地享受正法的美味。

當然，在所有的衛生裡面，最重要的是保持心靈的衛生。即使你的家中纖塵不染，身上潔淨整齊，也要時刻反觀內心，檢查心中的塵埃是否已經洗淨。要知道，能常保內心的潔淨，才是最究竟的衛生。

壬午年八月初四

2002年9月10日

林棲

我喜愛「停車坐愛楓林晚」中所言及的，絢麗多彩、燦爛如霞的楓林；也喜愛希什金畫筆下，俄羅斯色調濃重、神態憂鬱的森林；更喜愛藍天之下，雪山身旁，宛如松耳石般蔥綠茂密的森林。

山林，是無數修行人極力讚歎的地方。那裡有清新的空氣、絢麗的鮮花、清澄的泉水、晶瑩的月光，遠離塵世的喧囂與爭鬥，是我們修行的極佳場所與助緣。

世間的人們在身心疲勞之時，也往往會選擇山林，以期遣除煩惱憂愁，讓困頓的身心得到休憩。

釋迦牟尼佛示現降生、

林　栖

成道、涅槃都是在樹下，可見樹林對我們的修行，有著不可思議的殊勝緣起。

《華嚴經》云:「稀有智果樹，植妙深固本，眾行漸增榮，普覆於三有。」《深心教誡經》中也云:「佛言，慈氏，於彼菩薩及所化人，當成就四法……三者，常樂坐臥林野。」

作為住林的修行人，平時如果修行、看書時間過長，適當地移動視線，看看綠色的山林，對舒緩眼部和身體的疲憊會有很大的幫助。山林，可以幫助我們蕩滌掉心靈的塵垢與垃圾，獲得淨如月光的善妙功德。

修行人不僅應喜愛山林，更應培植智慧的功德之林。但願我們能早日成為展翅翱翔於智慧功德林中的一隻自由大鵬。

壬午年八月初五
2002年9月11日

準備

任何一個有智慧的人，都應該為將來作準備。如果你想蓋房，就應該事前準備水泥、磚瓦、木料，並聯繫好施工修建人員；如果你想出國，就應當為護照、簽證等手續作準備；作為修行人，就應當為死亡作準備。

莎士比亞云:「啼鳥婉轉的地方，有毒蛇嗞嗞作響。」雖然我們現在都生活得有滋有味，但死亡隨時可能降臨。如果你的修行已經到達一定境界，對死亡有十分的把握，那就不用再杞人憂天。如果因為懈怠，沒有精進修持，未得往生驗相，對生死沒有把握。那麼，當你的人生帷幕落下的時候，無論在臨終還是中陰，就像我們以前所講的那樣，憶念阿彌陀佛，對往生有極大的利益，這是佛經中所講的不虛金剛語。

麥彭仁波切專門針對我們這些人，留下了寶貴的《淨土教言》，我們應當記住下面的一段話：

「假設沒有獲得如此明顯的驗相。然而，不用說今生反覆生起信心與意樂會往生，

甚至在臨終時，令其耳聞佛號，並對極樂世界生起嚮往之心也能往生，因臨死的神識具有極強之力，再加上阿彌陀佛的殊勝願力。在中陰界憶念佛號也能作為立即往生彼刹的因。因為在中陰界時，神識容易轉變，並且阿彌陀佛的誓願具有強大的力量。所以今生、臨終、中陰的這些修要極為關鍵。」

感謝佛菩薩為我們這些懶惰的人們留下至真至切的言教，使我們哪怕在臨終的一刹那醒悟，也能抓住一根通往極樂淨土的救命稻草。千萬不要再把它丟失了！

壬午年八月初六
2002年9月12日

慚愧

早上八點是我例行的接待時間，在每天的半個鐘頭裡，我都難以控制自己易感的心，常常隨著來訪者的喜怒哀樂而變換。

今天發生的一件事，就讓我生起極大的慚愧心。

在來訪的人流中，有一位新近出家的知識份子。她祈求其他的人，希望能給她一會兒與我單獨交談的機會。當其他的人迴避後，她從包裡取出一個信封，並告訴我說:「我剛出家，不懂規矩，怕別人笑話，我有一個祈求，希望您能答應。」得到我肯定的回答後，她繼續說道:「我昨天看了您的《放生功德文》，使我終於明白：在世間，生命是最珍貴的。為了其它動物的生命，減少自己暫時的衣食需求，是大乘佛子的本分。我本來錢不多，這三千塊錢本預備用來買一間房，現在我準備放棄買房的計劃，將這筆錢用於放生。如果您方便的話，能否幫我借一個小小的安身之處，只要能遮擋風雨就行。」

「你一定要慎重考慮清楚，現在我恐怕暫時借不到房子。拿出這筆錢，你將來的生活是否會有困難？」

「房子的事，我可以再去想其他的辦法。每月五十元的生活費，已經能滿足我生活方面的需求，我不會後悔，

希望您能成全我。」

看到她意志已堅，我收下了這筆涉及生命的、沉甸甸的現金，想到嚴酷的隆冬即將來臨，她卻沒有抵擋風寒的衣服和房子，我的心也水淋淋地往下沉。我用力提起筆，在信封上重重地寫下「放生款」三個字。

看著她遠去的背影，一種慚愧之情在心中蔓延滋生。我每天在課堂上、在書本上，多麼動聽地給別人宣講：為了眾生的利益，要無私地奉獻。可是我是否真正做到了為眾生而捨棄自己的一切呢？我的這些行為與鸚鵡學舌又有何異呢？古人云：「聞善不慕，與聾聵同；見善不敬，與昏瞽同；知善不言，與囂暗同。」作為五根俱全的人，對如此善行，怎能讓我不慕、不敬、不言、不慚呢？我每天給別人上課，今天卻被別人上了一堂課。

壬午年八月初七

2002 年 9 月 13 日

淚水

對於哭泣，有的人歌詠，有的人貶斥。城崩杞婦之哭，竹染湘妃之淚，為女人哭中之上品；屈大夫之《離騷》，杜工部之《草堂詩集》，為寄哭於詩之佳作；李後主以詞哭，八大山人以畫哭；《西廂》為王實甫之哭泣，《紅樓》為曹雪芹之哭泣。然而，自遠古以來，被人們所認同的哭泣仍然屈指可數。常言也道：「男兒有淚不輕彈。」受傳統思想的影響，我從小就學會了「淚往肚裡流」。

很久沒有嘗過流淚的滋味了。不管是父親去世，還是遭遇其他磨難。今天我卻破例在課堂上流了淚。

幾天前聽別人講，德巴堪布有一天冒著暴雨乘坐拖

泪　水

拉機回家，心裡十分不是滋味。今天在課堂上講到:「觀解脫道商主上師恩，深心生起敬信淚漣漣」時，聯想到這一情節，滿懷激情地向大家講起，一下子抑制不住內心的酸痛，淚水潸然而下。這絕非是矯情，是德巴堪布引領我從佛法上的蒙童，成長為一名僧人。他對我的恩德，是任何世間感情都無法比擬的。過去與他在一起的日日夜夜，將永遠鐫刻在我的記憶深處。也只有像這樣的師徒感情，才會讓我流淚。

恰好今天我接到電話，德巴堪布將要去漢地治療，我雖然沒有太大的號召力，但也想為德巴堪布與漢地居士結緣盡微薄之力。我趕緊寫了一封介紹信:

「有緣信士惠鑒:

德巴堪布是一位德高望重、深受愛戴、非常了不起的善知識。我本人最早出家時，也曾在他老人家坐下恭聽過《大圓滿前行》等法要，從而對佛法生起了堅定不移的定解，實在是受益匪淺。堪布對我可謂恩德深厚。

此次堪布去漢地治療，機會難逢，希望有信之士不要坐失良機，應當在其前聆聽傳承，祈求加持，如此則利益無窮。

堪布如今已至七旬，年邁體弱，法身欠佳，望多方予以幫助。

願一切吉祥!

索達吉

二OO二年九月十五日」

我真誠地希望這封信，能成為德巴堪布與漢地眾生之間的紐帶。讓堪布的智慧甘露，也能像當初滋潤我們一樣，去澆灌他們乾裂的心田，使那些撒播已久的種子，能早日生根、發芽、開花、結果。

壬午年八月初八

2002年9月14日

報仇

回到羅科馬鄉，聽到一件令人傷感的事。

我曾在「噩耗」中提到的桑及讓波的弟弟，為了報殺兄之仇，已連續一個多月流浪在外，尋找兇手。他放下家中的一切事務，帶著隨時可能燃燒的仇恨，風餐露宿、披星戴月、翻山越嶺，日復一日的失望已讓他喪失理智。嗔恨的火焰加速度地上升，最後一點忍耐的水分已經被蒸發。如果此時能找到仇敵，蓄積已久的仇恨一定會迫使他將對方撕成碎片。

為了化解他心中的結，我決定與他談談。當我看到站在我面前的他眼中難以熄滅的怒火，原有的信心已消去了一半。但一種責任感驅趕著我，使我不得不硬著頭皮告訴他：「人死不能復生，如同覆水難收，破鏡難圓。世間的一切皆由因緣註定。這也是他們之間的孽緣，如果你殺了他，只會增加你的罪業，對你哥哥沒有絲毫價值。希望你能豁達大度一點，將你們之間的冤仇一筆勾銷。」

聽了我的話，他毅然決然地回答我：「於我而言，哥哥是我最親的人。即使一百萬也抵不上我哥哥的一根小

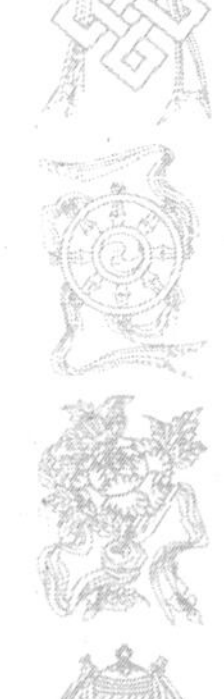

指頭，更不要說他的性命。此仇不報，我在鄉鄰當中也抬不起頭。即使我傾家蕩產、囊空如洗，也一定要雪恥！」看來，所謂的因果、所謂的前後世，在他心中已化為灰燼。想讓他現在幡然醒悟，簡直是癡心妄想。只有讓時間的浪花，去沖刷磨礪掉他心中的仇恨，重還他應有的理智。

草原上，一個煢寂的身影終日在晃動。不知何時，他能抬頭望一望頭頂蔚藍的天空，讓自己的心胸也變得同樣寬廣起來。

也許在一些人看來，他的這種做法是一種英勇行為，為了親人，情願捨棄自己的一切。其實，這正是世人愚昧之所在。世間因緣，瞬息萬變，為了今世的親人，不惜造作惡業，誰能保證自己來世是以什麼樣的因緣與親人和仇敵再會呢？「啖父身肉打其母，懷抱殺己之怨敵，妻子啃食丈夫骨，輪回之法誠稀有。」在智者的眼裡，世人上演了多少愚癡的荒唐鬧劇啊！

壬午年八月初九
2002年9月15日

欺騙

自從去年夏天鄉親們發願不隨意殺生之後，羅科馬鄉牧民們的犛牛就成了牲口販子眼中的「天鵝肉」，他們一直對那些膘肥體壯的犛牛虎視眈眈、垂涎欲滴。

終於，他們杜撰了一個美麗的謊言，欺騙了這些善良的人們。在很多人從未去過的紅原，販子們描繪了一幅「天蒼蒼，野茫茫，風吹草低見牛羊」的畫面，那

裡有豐美的水草，那裡有怡人的氣候，那裡有甘甜的河流……當牧民們正為草場的緊促而焦急時，聽到這一消息，無不倍感歡欣，以為牛羊們從此找到了滿意的歸宿。

聽說此事後，我感到疑惑不解，據我瞭解，當地犛牛的草場問題尚沒有著落，怎能有這些犛牛的棲身之地？簡直是天方夜譚！一定事出有因。

我找到了那些販子，並細問其端倪，比如，犛牛具體生活的地方，經營的管道……從他們前後矛盾的話語中，我已猜出一鱗半爪。在我抓住馬腳窮追猛打的追問下，販子們終於黔驢技窮，交代了事實真相。那些牧民們以為找到美好家鄉的牛羊們，早已被他們賺夠了鈔票，販賣到屠宰場，成了別人的刀下肉、盤中餐。

善良的人們被激怒了，他們將販子們團團圍住，非要說個子曰不可。迫於壓力，販子們不得不交出了剛收購的50頭羊、12頭牛，用於放生，以彌補罪過。事到如今，也只好如此解決。

只可惜那些已經邁入鬼門關的可憐牛羊們，不知命運之神會將它們安排至何方？

壬午年八月初十

2002年9月16日

慈育

兒童的成長環境往往決定了他的一生。從小在慈悲的氛圍中孕育出的兒童，會有一顆不造作的愛心。從小在憶念三寶的環境中成長的兒童，會有一顆虔誠信仰的心。

兒童就像一張白紙，你用什麼顏色的筆，就能描出什麼顏色的圖畫。

圖登諾布仁波切於一九九九年九月九日，在青海果洛創辦的小學，已經歷了三年的風風雨雨。隨著教學制度的不斷完善，教學規模的不斷擴大，教學設施的不斷更新，該校現已擁有98名學生，16名教職員工。

每天清晨六點半，在悅耳的四皈依音樂的伴奏下，孩子們從睡夢中蘇醒，揭開了一天生活的帷幕。起床後排好隊，整齊地向三寶合掌頂禮，皈依發心，圍著寺廟轉繞三圈。七點開始洗漱，

完畢後入禪堂，各就其位後齊聲合掌念誦:「無上導師佛珍寶，無上醍醐正法寶，無上引導聖僧寶，供養怙主三尊寶。我等眾眷世代中，永不捨離三寶尊，恒時供養三寶故，願獲三寶之加持。眾生以此妙淨善，圓滿福慧二資糧，福慧二資之所生，淨妙二身願成就。」

早飯後稍事休息，八點開始正式上課，主要課程有藏文、中文讀寫。午餐後是午休時間，下午兩點開始上課。六點晚餐，七點晚自習，九點入寢室。當所有的學生休息後，盡職盡責的老師們才回到自己的房間。

這些學生都是孤兒或貧窮家庭的孩子，他們的出生是不幸的，但如今他們所得到的愛與教育，卻遠遠超出了健全家庭的孩子。

在這種慈愛與敬信的環境中成長的兒童，就像一顆具有生命力的種子，將來必定會在人間播植出更多慈愛與敬信的幼苗。

壬午年八月十一日
2002年9月17日

阻撓

一位杭州國際政治大學的學生，在聽聞了有關輪回痛苦的道理之後，對凡塵世間產生出不可遏制的厭離心。她拋棄了大都市的舒適生活，來到條件艱苦的藏地，一心一意地等待著出家機緣。

然而天不遂人願的是，她父母在得知她的打算之後，一直在想方設法加以阻撓。今天，他們打電話發出最後通牒：如果她出家，他們就會自殺！聽到這一消息，她頓時面有難色、猶豫不決了。

幾乎每個出家人或佛教徒，在面對尋求解脫與處理家人關係時，都會遇到類似問題。釋迦牟尼佛當年也是這樣從兩難的境遇中艱難地跋涉過來的。如果既想出家，又想面面俱到是不可能的。修行人為了長遠的利眾，不得不放棄一些短期目標。

作為家人，也不應該阻撓別人的出家因緣。《佛說出家功德經》云:「佛告阿難，若復有人，破壞他人出家因緣，即為劫奪無盡善財福藏，壞三十七助菩提法涅槃之因，設有欲壞出家因緣者，應觀察如是之士。何以故？緣此罪業，墮地獄中，常盲無目，受極處苦。若作畜生，亦常

身盲。若出餓鬼中，亦常身盲。再三惡苦，久乃得脫。若生為人，在母腹中，受胎便盲。」該經中還指出，如果破壞他人出家善因緣，不但所生常盲，且不能睹見佛之法身。

若阻撓他人出家，尚有來世貧窮、難遇佛法等果報，《佛說老女人經》中云:「佛告阿難，是老女人者，是我前世發意學道時，是母慈愛，不肯聽我去，我憂愁不食一日，因是五百世，來生世間則貧窮。」

《賢愚經》中也講了阻撓他人出家，罪同毀塔的過患。看到如此教證，怎能不讓我們思量再三?

若能幫助他人，受持一夜清淨戒，勝過於諸佛前以七寶供養一百年之功德。更何況隨喜、幫助他人出家之功德。

總之，無論是自己的朋友，還是親密的家人，如果誠心發願出家，我們一定不要製造違緣，拖延其出家時間。否則，因果的制裁也是無情的!

壬午年八月十二日

2002 年 9 月 18 日

善言

有一位出家人希望我能贈送他一些教言。我為難地告訴他：「我是一個普通的出家人，煩惱業障都很深重，連弟子的法相都不具足，又怎麼敢傳什麼教言給你呢？」聽了我的話，他仍然毫不氣餒地苦苦哀求。最後，心已被說軟的我只好勉為其難，自不量力地用誠摯的語氣向他說道：

「頂禮上師本尊！若想獲得成就，必須時刻祈禱三寶。本尊是一切悉地的來源，應精進觀修；護法是遣除違緣的根本，應常時供養。想要修行圓滿，必須多年依止善知識，在寂地觀修無常。如果只是在有吃有穿、天氣好、心情好的情況下觀修，缺吃少穿、炎熱酷寒、心情沉悶的情況下，就表現脆弱，甚至退失道心，這是修行人最大的毛病。

對於好的修行人來講，一切都是順緣；對於不好的修行人來講，一切都是違緣。就看你如何對待。修行有八萬四千法門，無論是誰，都能從中找到適合自己的修行途徑。

依止具相師，以三門恭敬承事，令師生喜，獲得密法竅訣。以毫不動搖的信念誠心修持，最終獲得傳承上師的意傳加持，證悟心的本性。

大圓滿的教法，世間的一切財富都不可比擬，無有定解與感受的人不能證達。安住於大圓滿的境界當中，即使外面狂風暴雨、世界戰爭暴發、瘟疫災難流行、洪水猛獸襲擊、千百萬人以強力扭轉，心也始終像無波的大海一樣平靜。」

他一邊聽一邊記錄，聽完我的話，滿意地離開了我的宿舍。雖然我說的都是一些胡言亂語，但也是出於好心的勸言。我把大致的內容記錄下來，也許對某些人會有一點作用。

壬午年八月十三日
2002年9月19日

佛理

千百年來，世間稀有的事情層出不窮，新發明不斷誕生，新事物不斷湧現，新觀念也日新月異。人們更加崇尚科學，很多宗教在面對新時代、新理念、新領域時，顯出了一定的局限性。跟不上時代的步伐，處於停滯或倒退階段，面臨著瀕臨崩潰的信仰危機。仿佛大浪淘沙，只留下閃亮的金子一般。佛教卻在新浪潮的衝擊下，越發磨礪出絢爛奪目的熠熠之光。

西方心理科學方面的學者，曾嘗試以挑剔的目光對佛學進行審視，但無論他們如何考察，都找不出佛理方面的一絲瑕疵。不僅如此，佛教的理論還讓他們大開眼界，以前很多使他們困惑多年而難以解開的疑惑，以佛教理論都能所向披靡、迎刃而解。

以前對佛教抱有成見的西方學者，已開始接受並認同佛教的一些理念，並將之應用於臨床治療及臨終關懷等方面，並取得了令人驚訝的成果。他們不得不以全新的視角，對深奧的佛教理論重新進行探討。

研究的結果使他們發現，佛教並不是他們一開始所理解的單純的宗教信仰，而是

集哲學、科學、醫藥、文學等各類學科為一體的，以世俗分別念所不能臆測的學問。具有高瞻遠矚的目光，高深莫測的智慧，高屋建瓴的氣魄，高義薄雲的境界。一片桃花源在西方橫空出世，令世人大跌眼鏡。他們在驚詫之餘，也開始以各種途徑將佛教理論進行傳播。

《深厚密嚴經》云:「一切比丘或智者，如燒砍磨煉純金，三加觀察我所語，方可接受莫恭從。」出家比丘、世間智者都知道，對黃金的鑒別是在十六次的燒煉，以及詳細觀察、研究之後，才能辨別其真偽。對待佛教理論也是這樣，在睜大智慧雙目，以挑剔的眼光對其進行審視之後，如果發現其確實是經得起實踐檢驗的真理，再加以接受才是明智之舉。佛教從不要求任何人必須以恭敬之心，而屈從於某些勢力或權威。

「緣起空性」的理論是經得起煅燒的純金，現代科學與生理、心理科學的發展都一次次證明了佛教理論的顛撲不破，無數不可一世、奉真理為圭臬的科學家、哲學家、文學家，最終都拜倒在佛學的殿堂裡。

佛教以比量、現量、教量三種方式得出的結論，現代科學實在無法與之比肩。

在印度北方，東西方各個領域的專家濟濟一堂，就佛教與科學、生命與心理學等話題召開研討，經過七次的討論、研究，專家們對佛學理論給自己領域所提供的啟示深感滿意。

在科學昌明的時代，有智之人應以寬廣的胸懷涵納一切，而不應固步自封，將自己關在成見的黑暗空間裡，對自己不明白的一切擅自誹謗。

打開緊閉的窗戶，你就會看到明媚的春光！

壬午年八月十四日
2002年9月20日

中秋

今天是中秋節，一說起中秋，人們自然而然地會聯想到月亮。

中秋之夜，月亮最圓、最亮，月色也最嬌美。皓魄當空，彩雲初散，舉家團圓賞月的風俗與嫦娥奔月、吳剛伐桂、玉兔搗藥、楊貴妃變月神、唐明皇遊月宮等神話故事結合，使中秋充滿浪漫色彩。

據《周禮．春官》記載，遠在距今幾千年的周朝，就已經有「中秋夜迎寒」、「中秋獻良裘」、「秋分夕月（拜月）」的習俗。

中秋節吃月餅據說始於元代。當時，朱元璋領導漢族人民反抗元朝暴政，以互贈月餅的辦法把字條夾在月餅中傳遞消息，並最終建立了明朝的江山。

對於修行人來說，最大的暴政莫過於煩惱。消除煩惱，也是我們特有的一種抗擊暴政。

一九九五年，我曾將《三十忠告論》作為禮物奉獻於各位道友，也許多多少少勝過了世間月餅的功效。今年，我將新出爐的《蓮師刹土雲遊記》奉獻諸位，不知能否再次作為消除煩惱的一劑良藥？

月餅是圓形的，它象徵著團圓，反映了人們對家人能夠永久團聚的美好願望。然而眾所周知，在器情世間的風雲變幻中，滄海桑田早已顯得平淡無奇，一成不變卻反而令人刮目相看。古人云：「人有悲歡離合，月有陰晴圓缺。」又有多少家庭能永保團聚？我們在賞月之餘，能否低下頭來再次思維人生的無常？

壬午年八月十五日
2002年9月21日

無奈

法王如意寶在課堂上剛講完殺人魔王指鬘的故事，我就急匆匆地趕到縣城放生。

彷佛在一夜之間，縣城已建立了好幾家屠宰場，使原來彌漫著酥油和糌粑清香的縣城籠罩著令人作嘔的血腥氣味。

我在其中一家屠宰場買了20頭犛牛，在另一家買了13頭，加上從別的屠夫手中救出，即將送上砧板宰殺的犛牛一共80條生命。

從離開它們賴以生長的熟悉草原，來到這個差點使它們斷送生命的地方，它們已經連續4、5天沒有吃喝了，饑渴難耐的程度可想而知。大夥在得知情況後，連忙給它們喂甘露、草料，以經書在其頭上加持，並給它們在頭上掛上紅繩，這預示著它們今生將告別被宰殺的命運，終於可以無憂無慮地在草原上安享天年了。

眾生的業力就是這樣讓人無法主宰，有一頭黑色犛牛，無論我們如何勸說，屠夫怎麼也不願意出售給我們用於放生。首先他以沒有肉為托詞，當我們買來肉送給他，他仍然一意孤行，無論我們如何將價碼提高到令人咋舌的地步。

當天，大小屠宰場的其他屠夫都發願不殺生，只有這唯一的例外成了當天最大的遺憾。我傷感地看著這頭犛牛，它睜著欲哭無淚的雙眼，緊緊地盯著我，眼中寫滿了悲憤。使我無地自容、羞愧難當，實在無法面對它的責備、祈求和埋怨，只有竭盡全力為它念誦咒語和佛號，以減輕它內心的哀痛。

今天的縣城減弱了一些殺戮之氣，但明天，慘劇仍將繼續上演。這是如何的一個世界啊？！

壬午年八月二十八日
2002年10月4日

男女

正值國慶放假期間，全國各地的旅遊者紛紛來到學院，工作組也加強了這段時間的安全保衛工作。

一群來自北京的男女，在眾多的來客中顯得尤其活躍，他們中有國務院的翻譯，有新聞單位的記者……也許是他們的行頭引起了大家的關注，在工作組的安排陪同下，限定了一個小時與我見面的時間。

他們中的大多數人，對佛教都有一定程度的瞭解，其中一位據說在當地小有名氣的女記者，就佛教中對女性歧視的問題提出了自己的不滿：「在佛教的很多經書中，都提到了女人的過失。為什麼佛陀要重男輕女呢？」

面對這位主張男女平等的現代青年，我平靜地回答道：「這不僅僅是佛教要回答的問題，也是整個世間都面臨的一種尷尬局面。女性不能處於主導地位，不是佛教所獨有的。放眼看世界，在這麼多國家當中，以女性作為最高統帥的國家，難道不是屈指可數嗎？回頭觀過去，在人類幾千年的歷史中，能成為一代梟雄的女人又有幾何？在湧現出的無數豪傑中，你掐指算算，女性的分量又有多重？」聽完我的話，大

家不禁莞爾，女記者也低下了深思的頭。

「的確，佛在眾多經書中提到了女性的過患，比如女性嫉妒心強、貪心重等特點，這也是大多數女性不能回避的弱點。《佛說父母恩重難報經》云:『世間女人，短於智力，易溺於情，生男育女，認為天職。』因為這些，女性為感情所付出的精力、自殺的比例均高於男性，這就為她們施展自己的才能設置了重重障礙，這是一個不爭的事實。正因為這些不容忽視的短處，而形成了女性福報淺薄的表像。

據說，最近國家有一個政策，在每四名縣長中，必須有一名女性。但這一政策在具體實施時，就遇到了阻礙，有的地方實在找不出稍微合適的人選，這難道也是佛陀不慈悲嗎?

不過，在密宗裡女性是智慧的象徵，沒有男女不平等的見解。如果有一天你真正成為密乘的弟子，就會深刻地體會到高層次的男女平等。」對於我的話，他們表現出滿意的神色。

此時，工作組宣佈:「接待時間到了。」一行人只得不情願地離開了接待室。

壬午年八月二十九日
2002年10月5日

黃葉

「獨對當窗木，看移三面陰。」隨著瑟瑟秋風的進駐，窗外的山色已染上了點點金黃。

想起去年的此時，我正在九寨溝遊覽。那裡也正是以秋景著稱的勝地。各國遊人不遠萬里蜂擁而至，正是為了飽覽那些即使印象派畫家的神來之筆，也難以描繪的秋色。

色達，意即金色的壩子。這裡也擁有同樣的黃葉，只是規模略小而已，但風景並不遜色。如果你用心來關照，每一棵樹都是秋景圖中最靚麗的一筆。與紅色的木屋、金色的壇城、經堂的琉璃瓦相映成輝。其帶予人的感官享受，是任何世間顏料都不能重現的。值得一提的是，在欣賞自然風光的同時，這裡還能感受到佛土的莊嚴氛圍，與九寨溝豔麗有餘而莊重不足的景色相比，實有其難以企及之處。

拾起一枚剛剛墜落的樹葉，橙色的、梭狀的葉子在陽光下發出粲然的光芒，雖然它的邊緣因為缺水而發暗、捲曲，但中間的葉脈仍顯示出年輕時代的青綠。我不就像這枚葉子嗎？雖然肉體因為年齡的老化發出陣陣抗議，一顆不服老的心仍顯出年輕的倔強。然而，樹葉終將歸落塵土，人也必定命歸黃泉。對著不能言語的葉子，頓生惺惺相惜之感。比我更勝一籌的是，在葉落歸根之後，樹葉自己可以變成肥沃土地的養分，人卻只能被中陰的狂風吹趕，不由自主地步入後世。

「陋室當空，當年笏滿床；衰草枯楊，曾為歌舞場。」世間的一切都是那麼無常，無論你現在如何威風，終將不如一枚樹葉。一想到這些，還有什麼可得意的？

壬午年八月三十日
2002 年 10 月 6 日

供燈

講完《賢愚經》中貧女難陀供燈的公案，上師苦口婆心地告誡大家：「我們應了知供燈的重要性，噶當派的三同門雖然擁有很多佛像，在佛堂卻只供奉著釋迦牟尼佛像、佛塔和經書，並不間斷地供水、供燈。藏地大德參吉巴一生都不間斷地在佛陀前供燈，托嘎如意寶供養三寶也以供燈為主……」

上師的一番教誨，也讓我感慨良多：《佛說施燈功德經》云：「由持明燈施佛故，安隱豐足無所畏，豪富自在饒財寶，得勝瓔珞及園林。斯由然燈奉施佛，當得睹見佛世尊，見已心便生敬信，以欣喜心供養佛，棄捨王位而出家。佛無量智究竟智，具可歎德能化人，於此佛塔施燈已，其人身光如燈照。牟尼牛王清淨眼，以好燈明照彼塔，得於無漏無上道，其身光明照十方。見四真諦具十力，不共之法亦究竟，得遍見眼成善逝，此果皆由佈施燈。」由此可見，供燈於世出世間均有無量功德。

前輩大德們的這些示現，

為我們做出了最 好的榜樣。通過供燈，可以生生世世遣除無明，照亮眾生被愚癡黑暗籠罩的心靈，廓清修行道路上的迷霧，重現朗朗之法界虛空。除此之外，妄想另闢蹊徑，通過其他世間八法積累資糧、淨除障垢，也是難上加難的。

希望大家在有生之年，只要有條件，哪怕每天以清淨心供養一盞燈——無論酥油燈，還是蓮花燈，都有無邊功德。實在條件不許可，也至少應在15、30等特殊日子點上一盞燈，表達自己對三寶的至誠之意。

願智慧之燈長明！

壬午年九月初一

2002年10月7日

選擇

慈誠羅珠在成都買了3車共計70多頭犛牛。為了給它們找一個安樂的家，我放棄了今天的課程，於昨天專程趕至爐霍。

剛走到肉聯廠附近，就聽到一陣犛牛的哀鳴。我連忙趕去，才知道這是該廠新購進的80多頭犛牛，它們將于今天和明天全部宰殺完畢。它們被緊緊地捆在一起，旁邊是被宰殺同伴的骨架，它們互相用眼光默默地交流著，同伴的下場已告知它們自己的命運，很多牛的眼中充滿著淚水。看到此情此景，豈能叫人不為之動容？想起蓮池大師的一句話:「世間至重者生命，天下最慘者殺場！」

今年到目前為止，他們一共宰殺了221頭犛牛，雖然與95年4000只羊、3000

选　择

頭犛牛的數字相比，有一定程度的下降，但這也是一群活生生的生靈啊！對於苦樂，它們也有與人無異的感受。

昨天早上，一些金剛道友聽說我要去放生，就紛紛解囊相助，一共捐了一萬多元錢，但與購買犛牛所需的款項相比，簡直是杯水車薪。

顧不了許多，我用了整整一晚上，與他們談妥以進價 1.6 元一斤，加上出差費、凍庫電費、飼養費每斤均攤 0.9 元的條件。今天過磅後，計算出共計金額 17.7 萬元。

想到囊中的窘況，我不得不再用三、四個小時提出種種理由與他們軟磨硬泡，最後終於達成協議，賣價降到了 15 萬元。雖然這個價錢在當地偏高，但生命的價值更是無法用金錢衡量的。

我一邊與他們交涉，一邊從我的記憶庫裡查詢可以調遣的資金。我終於想到了一筆錢，那是道友們給我用於印刷《顯密寶庫》《妙法寶庫》的十幾萬元。雖然要承受一些因果的報應，但永明延壽禪師為了放生，不惜己命動用國庫的故事一直在我心中徘徊。前輩已為我們做出了最好的表率，不容我有絲毫猶豫。

下午 4 點，我們將這些犛牛，以及街上零星收購的一共 90 多頭犛牛打上記號。念經加持後，從血腥的屠場送往牧場，使它們得以頤養天年。周圍的群眾見到這一場景，都不由得拍手稱快。

下午 5 點，雖然很疲倦，但我們卻對自己的選擇感到滿意，懷著悠閒的心情返回了學院。

晚上，我做了一個吉祥的夢，夢見一群犛牛前來道謝、頂禮。早上醒來，只覺得神清氣爽，周身通泰。喇嘛欽！

壬午年九月初三
2002 年 10 月 9 日

拜師

進入深秋，清晨的冰霜像白雪一樣覆蓋著喇榮溝。寒風乍起，經霜猶豔的黃葉紛紛飄落，在地上留下一簇簇金黃。山上已退去往日炫目的色彩，換上了樸素的灰色裝飾。灰冷的情愫在心中蔓延，遮蔽了往日的生機。

講完《賢愚經》中的象護品，法王進一步向我們闡述道：「在如今時代，必須依止懂得教理的善知識。如今，無論上師還是弟子，懂得教法的人如同白天的星星。大家都喜歡具有神通、精通打槍治病、刀法治療，或者在法會中念破瓦能使人倒地的上師。一些抽煙、喝酒，持瑜伽禁行、不在乎前後世的人，被愚昧的人們奉為上師。

當然，佛菩薩度化眾生有無邊善巧，沒有能力的人是難以觀察的。此時，最可靠的方法是按照華智仁波切的《普

賢上師言教》或無垢光尊者的《大圓滿心性休息大車疏》等論點中所講的：先觀察、後依止，最後以信心而獲得意傳加持的次第行持。

米拉日巴曾說：神通僅僅是表相，戒律清淨、廣聞博學、慈心廣大才是真正的上師法相。按此原則拜師，則不會後悔。否則，今天因為神通拜得一位師父，日後自己得不到超人神變，就會後悔，甚至誹謗。所以，千萬不要盲目、草率地拜師。」

上師一席話，如同一陣春風吹開了我心中灰冷的結，令我與周圍的人生起頓悟之感。世間的人常以神通作為衡量上師的標準，從不看對方是否具有真正法相。法王如意寶已為我們指明了方向，是無主見地繼續盲從，還是低頭反省，擦亮眼睛，就看我們自己的抉擇了。

壬午年九月初八

2002年10月13日

小心

昨晚下了一夜的小雪，外面雪風飛揚。旁邊院子的小喇嘛去提水，老喇嘛大聲地告誡他:「路很滑，要小心！」小喇嘛把話當為耳邊風，飛也似的跑出去，剛出門，就摔了一跤，痛得嗷嗷直叫。

善良的人們在別人遇到危險時，時常提醒他人:「要小心謹慎！」但還是有很多人因不小心，而引來無窮後患。

上師們講到修行時，也常諄諄教誨弟子:「要小心翼翼！」就是要弟子在行持佛法時，時時警策，檢點三門。

行、住、坐、臥以正念攝持，驅除非理作意。如果弟子對上師的話不加理會，散亂放逸，就會喪失正念，失去方寸。若因此而走上歧途，就悔之晚矣。

薛暄云:「成大事業者，從戰戰兢兢之小心來。」弘一法師云:「青天白日之節義，自暗室陋屋中培來，旋乾轉坤之經綸，自臨深履薄處得力。」也就是說，像青天一般高尚的節操，是在簡陋昏暗的房屋中培養出來的；而足以扭轉乾坤的才華膽識，卻是從如臨深淵、如履薄冰的小心中來。

我們應當像前輩一樣，時時保持如臨深淵、如履薄冰、戰戰兢兢的戒備心理。只有這樣，才能知慚有愧，才能作到謹慎而不放逸，才能成就最終之目標。

小心腳下的絆腳石！

壬午年九月初九

2002 年 10 月 14 日

結語

今天講《賢愚經》的最後三個公案，雖然漢文版中的個別公案，因為版本的原因而沒有講解，但藏文版本中51個公案的傳承，今天已圓滿結束。

第49個公案通過獅子對身穿僧裝的獵人生起歡喜心的故事，教導我們要尊重出家人，不能隨意誹謗，即使他僅僅穿了一套僧裝，而不具備內心修持。

第50個公案通過一位比丘貪污僧眾財產，並惡言辱罵僧人，因此轉生於沸騰屎尿之坑中為蟲，賢劫千佛都將弟子帶于此坑，開示此蟲往昔所造因緣的故事，告訴我們對僧眾財產應小心守護，不能生一絲貪心。

第51個公案通過年輕比丘辱罵老年得果比丘為狗，因而五百世轉世為狗的故事，告誡我們不能以旁生的名字辱罵他人。

講完三個公案後，法王如意寶殷切地說道:「《賢愚經》已講解圓滿，大家應認真思維經中內容，不能將它拋之腦後。極樂法會以後，我將講解《大圓滿前行引導文》，希望大家不要到漢地、印度等地遊逛，聞思的功德很大。如果傳聞某人在坐著或站著時圓寂，不一定是成

就相。但如果在聞思的時候圓寂，一定是成就的標誌。

堪布熱巴在眼睛已看不到經文之後，弘法利生的事業仍然沒有間斷。他按照別人的念誦，繼續為弟子講經，就這樣一直持續了十幾年。我曾發願向他學習，如今終於如願以償。堪布根加圓寂前兩天仍在為人講經，雖然我現在身體非常疼痛，這絕不是妄語，但也發願像他一樣，為人講經直至離世。

《大圓滿前行引導文》，我有不共的近傳加持，希望能在這個冬天傳講完。聞思的機會千百萬劫難得，不要斷了傳承，否則十分可惜。」上師的一席話說得十分懇切，表達了對弟子的一片希望。在這群魔亂舞的時代，通過聞聽正法來消除邪見，十分的迫切，我們應珍惜這個機會。

但願《大圓滿前行引導文》的傳講能圓滿完成！

壬午年九月十一日

2002年10月16日

不毛

整日忙忙碌碌地處理各種雜務，來不及梳理紛亂的思緒，思想的禾田裡沒有長出一根完整的苗芽。

壬午年九月十四日
2002年10月20日

齋戒

今天一位居士告訴我，他正在守持八關齋戒。我連忙隨喜，並將自己所知的守持八關齋戒的功德告訴他：

《住處經》中云：「恒河等五大河以及大海之水以瓶可量，守持八關齋戒之功德不可量。於阿羅漢前供養珍寶之功德與之相比，百分不能及一、乃至千百萬分亦不能及一。」

《彌勒授記經》云：「每月初八、十五，以及神變月守持八關齋戒者，已持吾之教法，極為殊勝。」

宗喀巴大師的大弟子克主傑在《三戒論釋》中講道：「清淨守持八關齋戒者，將於

彌勒佛之教法中成為眷屬，並成就聖者果位。」

經云：「帝釋天曰：『每月初八，以及神變月守持八關齋戒者，與我等同。』佛曰：『汝勿出此言，每月初八，以及神變月守持八關齋戒者，實與我等同。』」

另外，守持齋戒之功德在《三摩地王經》、《寶篋經》、《藥師經》、《涅槃經》、《護淨經》等經中均有廣說，有興趣者可詳閱。

我們得到這樣的人生很不容易，看到守持八關齋戒之功德，作為在家人又有誰不想受持呢？

有一點需要提醒的是：有的人雖然嚴格守持八關齋戒的八條戒律，但卻在齋戒日頻生貪嗔之心，忘失菩提之念，甚至對別人怒目相對、惡口相向，這樣守持八關齋戒，即使有幾分功德，也會被新的惡業抵減數分。因此，希望稍有智慧的人能以此為鑒。

壬午年九月十五日
2002年10月21日

空白

身體不適，大腦一片空白。

想起《六祖大師法寶壇經》中的一段話:「心量廣大，猶如虛空，無有邊畔，亦無方圓大小，亦非青黃赤白，亦無上下長短，亦無嗔無喜，無是無非，無善無惡，無有頭尾。諸佛刹土，盡同虛空……」

壬午年九月十六日

2002 年 10 月 22 日

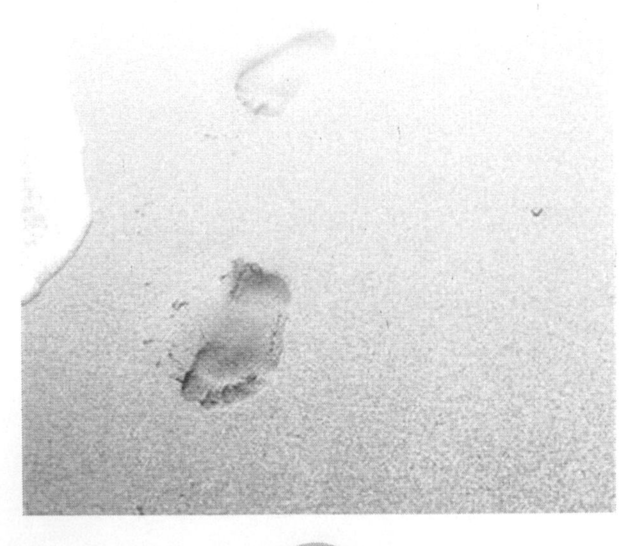

荒涼

腦海中仍是一派荒涼。

如今的四眾弟子們，都能在上師的蔭蔽下共沾法樂。如果有一天無常來臨，我們是否會變成荒涼沙漠中無依無靠的孤兒呢？

喇嘛欽！

壬午年九月十七日
2002年10月23日

法會

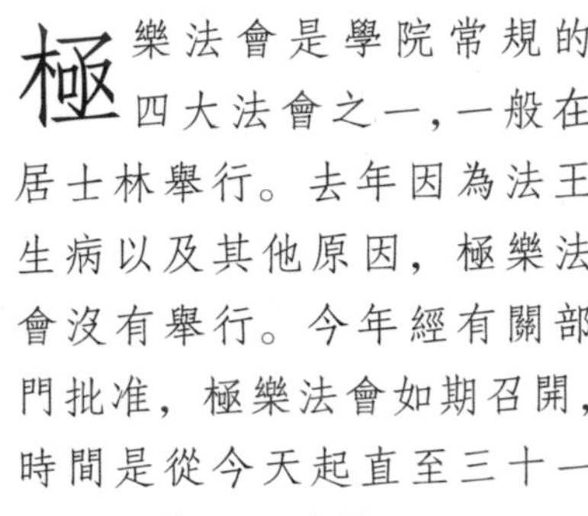

極樂法會是學院常規的四大法會之一，一般在居士林舉行。去年因為法王生病以及其他原因，極樂法會沒有舉行。今年經有關部門批准，極樂法會如期召開，時間是從今天起直至三十一日，一共八天時間。

各地信眾聽到這個令人振奮的消息，呼朋喚友、扶老攜幼地紛至遝來。據有人統計，兩天前，為參加法會專門開來的包車已達十幾輛。

居士林的陽山上人頭攢動，大家都沉浸在無邊的法喜當中。法王因為身體欠佳，

沒有到會。山門措空行母為大家灌阿彌陀佛頂，大家都很珍惜這次機會，十分虔誠地聽受。

法會期間，每天早上八點開始念誦《普賢行願品》，中午念誦列繞朗巴的《阿彌陀佛極樂捷徑修法》，下午念誦喬美仁波切的《極樂願文》，中間念誦阿彌陀佛心咒，下午六點結束。

法會期間要求每人念誦30萬阿彌陀佛心咒，在諸多論典中都眾口一詞地寫道：如果念誦完畢，並具備四因，必定會往生極樂世界。其四因為：明觀福田、積資淨障、發菩提心、發清淨願。法會為往生四因提供了外在的條件，是否具足內因，就看修行人自己了。

無數的事例可以證明，如果如法地虔誠念誦，依《阿彌陀佛極樂捷徑修法》以及阿彌陀佛的發願力，我們一定能往生極樂刹土。

夕陽照在喇榮溝上，金色的陽光與紅黃的僧衣交相輝映，顯得格外壯觀。看著令人稱羨的繁榮景觀，身心不由得為之一振。

願眾生皆能往生極樂刹土！

壬午年九月十八日
2002年10月24日

慎重

可能因為是法會期間，今天在接待室等候的各地信眾特別多，各種巨細事務也特別繁雜，我的大腦也開始呈現出昏沉狀態。但人群中一位身穿藍色羽絨服、三十歲左右的女士所說的一席話，卻如同警鐘被叩響之後消散不去的回音，在我耳邊久久長鳴。使我驚醒，促我深思。

「我畢業於上海一所高等院校，並在新加坡取得了學位。學佛後，依止過漢藏兩地的很多大德。

幾年前，我認識了一位元仁波切，並成為他十分器重的弟子。我竭盡全力八方周旋，幫助他建立了一所孤兒院，通過與他的交往，我學到了很多藏傳佛教的教言，從而對佛法生起了不退轉的堅定信心，我從心底裡感激他，如果沒有他，也就沒有我的現在。

但隨著時間的推移，他的一些行為也讓我難以接受。每次出門，他都住在住宿費高達400多元一天的賓館裡；在餐廳用餐，他也喜歡講排場，常常點了價格幾十元一份的大菜，卻幾乎未動。看到剩下堆積如山的飯菜，我曾試圖勸說他：作為上師，雖然應該吃好點、住好點，但100多元一天的房間，條件也不錯了，點太多的菜也吃不完。孤兒院的孩子還張著饑餓的眼期待著我們，剩下的錢還可以去放生，救護更多的生命，這樣浪費實在可惜。

每次聽了我的話，他在顯現上都不太高興，認為這是他的福報，理所當然。我看過很多書，對密法有堅定不移的信心，堅信這是佛菩薩度化眾生的方便，沒有生邪見，但最終也不得不選擇離開他。」

聽了她的話，心裡十分沉重。現在很多所謂上師，經常在外大吃大喝，肆無忌憚。要知道，出家人享用的信財、亡財，都是很嚴厲的對境，如果隨意揮霍，後果不堪設想。除了佛菩薩度化眾生的方便以外，一般的修行人，對自己的一言一行，都應慎重對待，千萬不要讓弟子生起邪見。

關於遠離上師，高僧大德們都有不同看法。榮索班智達認為：如果上師性格不好，適當的遠離也無妨。札嘎仁波切卻認為身體的遠離也就是心裡的捨棄：身體都不願待在上師身邊，心裡觀想就更不可能。所以，即使身體上的遠離上師，作弟子的也應該謹慎抉擇。

作為續佛慧炬的上師，更應護持弟子的信心，如果因為自己的行為，而令弟子破密乘戒，作上師的是不可能將所有的責任都推卸掉的。

請上師們慎重考慮！

壬午年九月十九日
2002年10月25日

慎　重

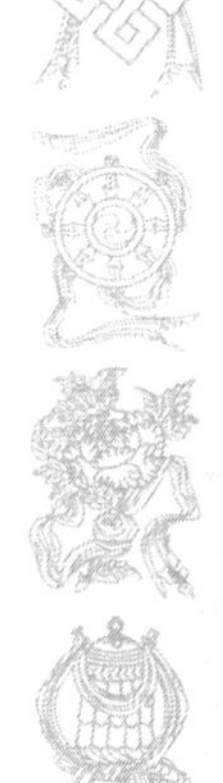

短信

與我相識與不相識的有緣信士：

今天是佛教四大節日之一的天降日，於此首先祝大家節日快樂！

天降日的來歷，源自釋迦牟尼佛成道後，為報母恩，前往三十三天為母說法，圓滿後返回人間的緣起。

在今天，無論做任何善事都能增上無量功德。因此，藏地的很多法會，都選擇在此期間舉行。今天，也正值五明佛學院極樂法會期間，無數的有緣眾生也在共同祈禱阿彌陀佛，發願往生極樂世界。

法會結束後，法王如意寶將傳講華智仁波切的《大圓滿前行引導文》，該書講解的內容是一切修法基礎的基礎，它囊括了一切顯密修要，是趨入正法不可或缺之言教，具有不共之意傳加持。

末法時期，很多修行人因宗派之見染汙自相續的緣故，力抒己見，排斥他宗，徒增煩惱，棄離正法，這都是未真正領會佛法精髓的標誌。

我誠摯地建議，無論你屬於藏地的格魯派還是寧瑪派，漢地的華嚴宗還是淨土宗，若能放下門戶之見，按照此書的次第，從人生難得、壽命無常、輪回過患直至最後的往生法，積銖累寸、循序漸進地修學，對於消除業障、斷三毒煩惱，增長智慧，增上菩提心和信心，一定會有意想不到的效果。

願以法王如意寶重講此文的殊勝緣起，消除目前此起彼伏的宗派門戶之爭。使大家樹立正知正見，攜手並進，截生死流，至泥洹岸，同趨解脫大城。

如今的大城市中，佛教書

籍多如牛毛，善法邪說魚龍混雜，使人難以鑒別。很多人置身於數不勝數的修法與多如牛毛的堪布活佛之間，卻感歎法寶難得、善知識難遇。這本書無疑是價值連城的珍貴法寶，將給渴望正法的世人降下期盼已久的妙法甘霖。

她是明燈，將為我們荊棘叢生的修行道路帶來光明；

她是船筏，將承載著我們駛離波濤洶湧的輪回苦海；

她是陽光，將為我們陰冷的娑婆世界帶來無限溫暖；

她是善知識，將為我們傳授走向解脫的無上法門。

我殷切地希望大家能對此書見而生信，依書所教認真修學，獲得堅如磐石的定解，早日證得菩提之果位！

如果你還沒有這本法寶，可向我們郵購。每本結緣價10元。經濟困難者，若對密法有堅定信心，並發願看兩遍以上的，我們也可免費結緣。聯繫方法：……

壬午年九月二十二日

2002年10月28日

吃素

午夜，手捧一盞清茶，獨享寒夜的清幽，收拾著連日來因各種事務纏繞而變得琳琅的心情。

身邊，大成就者夏噶措智讓珠所著的《大悲書函》無聲無息地吸引著我的視線，就著幽幽的燈光，顧不得陣陣襲來的倦意，我再一次翻開了這本讓我刻骨銘心的書函。很快，紛亂的思緒又被書中情真意切的教誡所打動，我再一次全身心地沉浸於勸戒殺戮、力奉食素的章節中。

合上書本，任思緒信馬由韁地馳騁：動物，歷來是人類最親近的夥伴，波光瀲灩的清潭，蒼翠碧綠的草原，靜謐深幽的森林，處處是它們棲身的溫馨家園。它們世世代代在大自然的恩賜中繁衍生息，欣欣向榮的動物家族與天地渾然一體，組成了一幅安詳悠然、其樂融融的壯麗風景。

然而，這份寧靜卻時常被兇殘的人類所搶奪。雖然手無寸鐵、勢單力薄的動物熱切地盼望著能與人類和睦相處，但這只不過是它們一廂情願。在面對人類的一次次無情之後，它們心中的希望，如同肥皂泡一般徹底化為烏有。

血肉被吞噬，子女被宰割，慘遭殺戮的淒涼情節歷歷在目，昔日的溫馨家園也因鮮血的橫流、白骨的堆積而變得滿目瘡痍。不可抗拒的災難隨時可能降臨，和諧亮麗的風景也因為恐怖愁雲的遮障而即將墮於黑暗。殺戮之行，也是誘發饑饉、瘟疫、戰爭的緣由……

想著想著，心不由得為之而開始震顫！在震顫之餘，不僅反問自己：難道，我也要因啖食血肉的行為，而甘願成為屠殺生靈大軍的其中一員，或者成為他們的幫兇嗎？我反覆地責問自己，心也因此而緊縮起來。

由於從小的生活環境，使我養成了比較堅固的吃肉習慣。接受佛法的薰陶後，雖然有過多次短暫吃素的歷史，但終因各種因素而未得持續。吃素的情結雖然掩藏已久，卻一直難以攻佔吃肉惡習佔據的那片城堡。

最近，針對自己久積的陋習，再次重溫先輩大德關於戒殺茹素的教誨，慚愧之心猶如一根無形的鞭子，一陣陣地抽打著我那顆堅硬的心，慈悲的烈焰也開始在胸中灼灼燃燒。強勁的動力，終於使我蟄伏已久的情緒開始萌動，使我再也無法隨意吞嚼父母血肉而無動於衷。

我決定從今天起，用吃素一年作為行動的起點，並以專門的章節，將戒殺吃素作為主題，進行更深層次的思考。以提醒自己以及周遭的人們，早日能以慈悲之風驅除心中的暴戾之氣，將綿延已久的對其他生命進行殺戮、暴虐的行徑，消融在慈悲的融融春意之中。

在《涅槃經》、《楞伽經》等大乘經典，以及蓮池大師、印光大師等高僧大德的眾多論著中，有關殺生食肉的無盡過患，救助生命的無量功德之類的種種言說，早已使我們耳熟能詳。弘一法師也曾為此痛下針砭：「是亦眾生，與我體同，應起悲心，憐彼昏蒙。普勸世人，放生戒殺，

不食其肉，乃謂愛物。」

慈悲，本應該是人類亙古不變的主題。但是，許多像我一樣心如頑石的佛教徒，在面對如山的慈悲教言時，卻仍然毫不動容。為了滿足自己的口腹之欲，仍不惜以其它生靈失去生命的痛苦作為代價。更可恨的是，一些別有用心的人甚至以修習密宗為幌子，肆無忌憚地大開殺戒、茹肉飲血。作為一名真正的修行人，我們應當捫心自問：在曾為父母的動物血肉面前的麻木不仁，是否真是證得等淨無二境界的標誌？

遙望蒼天，直面銀漢，斗轉星移，草木榮枯。人類文明的進程已跨入一個飛躍的時代，我們怎麼能再回到那溫情匱乏的蠻荒歲月呢？在西方已視素食為時尚的今天，相信不久的將來，戒殺茹素的風尚就會在全世界盛行。但願佛法的春風，能早日遣除殺戮的陰霾，使朗朗悲日重新在人們心中冉冉升起，並放射出耀眼的光輝！

壬午年十月初七

2002年12月11日

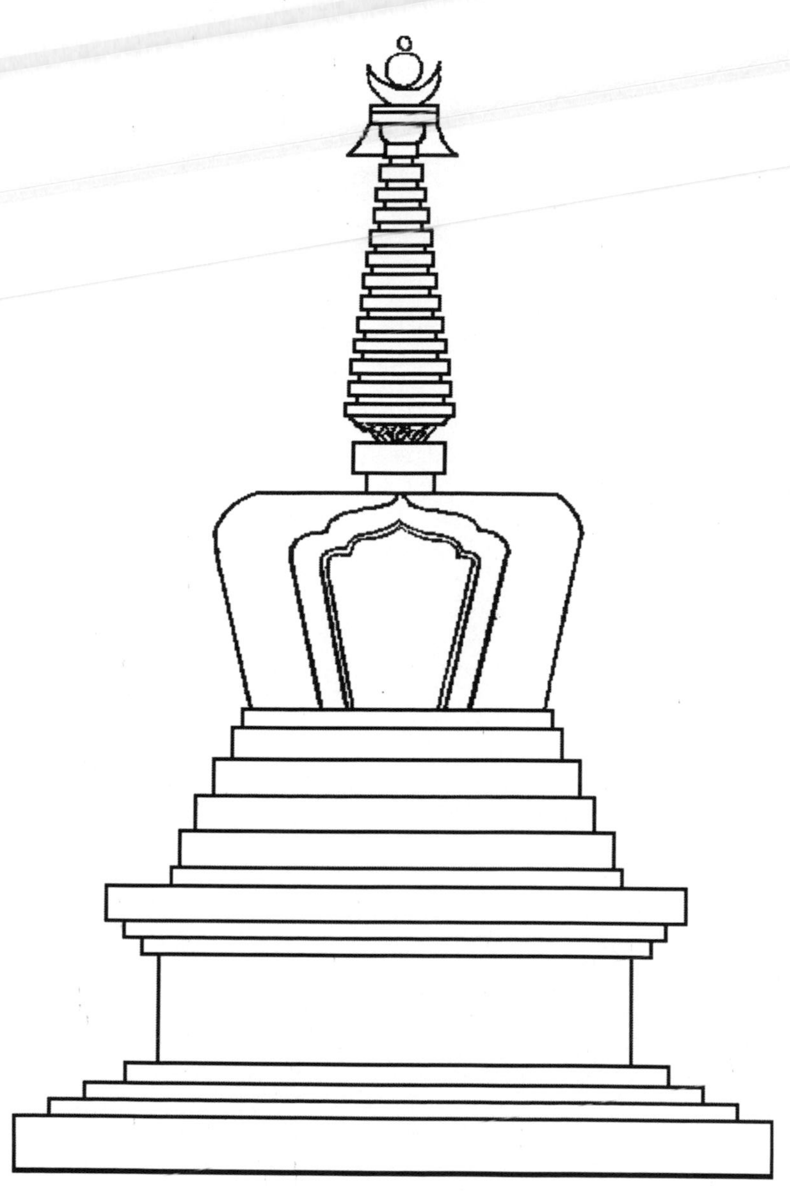

菩提塔